DE JONGEN DIE OPGROEIDE ALS HOND

De jongen die opgroeide als hond

En andere verhalen uit de praktijk
van een kinderpsychiater

Bruce D. Perry *&* Maia Szalavitz

SCRIPTUM PSYCHOLOGIE

Voor mijn clan:
Barbara, Jay, Emily, Maddie, Elizabeth,
Katie, Martha, Robbie

Ter nagedachtenis aan
Arlis Dykema Perry (1955–1974)

Maia Szalavitz:
Voor mijn moeder, Nora Staffanell

Eerste druk, augustus 2007
Tweede druk, mei 2009
Derde druk, juli 2010
Vierde druk, maart 2011

Oorspronkelijke titel: *The boy who was raised as a dog and
other stories from a psychiatrist's notebook. What traumatized
children can teach us about life, loss and healing*

Vertaling Marie-Christine Ruijs
Vormgeving omslag Joost van de Woestijne
Grafische vormgeving binnenwerk igraph bvba

ISBN 978 90 5594 529 0 / NUR 770 – Psychologie Algemeen

info@scriptum.nl
www.scriptum.nl

Inhoud

Opmerking van de auteur

DE VERHALEN in dit boek zijn allemaal waar, maar gegevens met betrekking tot de identiteit zijn omwille van de privacy gewijzigd. De namen van de kinderen zijn veranderd, en de namen van hun volwassen familieleden zijn veranderd als de identiteit van het kind door die informatie bekend zou kunnen worden. De namen van andere volwassenen zijn hun echte namen, behalve wanneer er een asterisk bij staat.

Afgezien van deze noodzakelijke wijzigingen is elk geval zo nauwkeurig en waarheidsgetrouw mogelijk weergegeven. Zo zijn de gesprekken precies zo weergeven als ze herinnerd werden en/of vastgelegd op papier, geluidsbanden of beeld.

De droeve werkelijkheid is dat deze verhalen slechts een klein percentage vormen van de vele die we hadden kunnen vertellen. In de afgelopen tien jaar zijn door ons klinische team in de ChildTrauma Academy meer dan honderd kinderen behandeld die getuige zijn geweest van de moord op een ouder. We hebben gewerkt met honderden kinderen die op vroege leeftijd ernstig zijn verwaarloosd in tehuizen of bij hun ouders of pleegouders. We hopen dat de kracht en de pit van de kinderen over wie dit boek gaat, en van de vele anderen die een soortgelijk lot moesten ondergaan, doorklinken op deze bladzijden.

Inleiding

H ET IS NU MOEILIJK voor te stellen maar toen ik begin jaren tachtig medicijnen studeerde, besteedden onderzoekers maar weinig aandacht aan de blijvende schade die het gevolg kan zijn van psychologische trauma's. Er werd zo mogelijk nog minder nagedacht over hoe kinderen beschadigd kunnen worden door een trauma. Het werd niet belangrijk gevonden. Men geloofde dat kinderen van nature veerkrachtig waren en over een aangeboren vermogen beschikten om 'er weer bovenop te komen'.

Toen ik kinderpsychiater en neurowetenschapper werd, was het niet mijn doel om deze misplaatste theorie te weerleggen. Maar als jonge onderzoeker begon ik in het laboratorium waar te nemen dat stressvolle ervaringen – vooral vroeg in het leven – de hersenen van jonge dieren kunnen veranderen. Talrijke onderzoeken naar dieren hebben aangetoond dat ogenschijnlijk geringe stress tijdens de babytijd van blijvende invloed kan zijn op de bouw en de chemie van de hersenen en dus op het gedrag. Ik dacht: waarom zou dat niet gelden voor mensen?

Die vraag werd nog prangender voor me toen ik met probleemkinderen ging werken. Ik kwam er al snel achter dat de levens van de grote meerderheid van mijn patiënten gevuld waren met chaos, verwaarlozing en/of geweld. Deze kinderen kwamen helemaal niet er weer bovenop, anders waren ze niet in een psychiatrische kliniek voor kinderen beland! Ze hadden een trauma meegemaakt – ze waren verkracht of getuige geweest van een moord – waardoor de meeste psychiaters de diagnose posttraumatische stressstoornis (PTTS) zouden overwegen als het om een volwassene met psychische problemen was gegaan. En toch werden deze kinderen behandeld alsof hun traumatische verleden irrelevant was en alsof ze 'toevallig' symptomen als depressie of aandachtsstoornissen hadden ontwikkeld, waarvoor vaak medicijnen werden voorgeschreven.

De diagnose van PTTS werd natuurlijk pas in 1980 in de psychiatrie geïntroduceerd. Eerst werd de aandoening beschouwd als iets zeldzaams, een toestand die slechts een groepje soldaten betrof die aan oorlogservaringen waren onderdoor gegaan. Maar al snel werden vergelijkbare symptomen – dwanggedachten over de traumatische gebeurtenis, flashbacks, slaapstoornissen, een gevoel van onwerkelijkheid, een toename van schrikreacties, extreme onrust – herkend bij slachtoffers van verkrachting, natuurrampen en bij mensen die levensbedreigende ongelukken hadden meegemaakt of ernstig gewond waren geraakt. Tegenwoordig is men ervan overtuigd dat deze conditie bij minstens 7 procent van alle Amerikanen voorkomt en dat een trauma verregaande en blijvende gevolgen kan hebben. Van de verschrikking van de terroristische aanslagen op 11 september 2001 tot de verwoestingen van orkaan Katrina, we begrijpen dat catastrofes een onuitwisbare indruk achterlaten op de geest. We weten nu – zoals mijn onderzoeken en die van vele anderen hebben aangetoond – dat de gevolgen bij kinderen nog veel groter zijn dan bij volwassenen. Ik heb er mijn levenswerk van gemaakt om te begrijpen wat een trauma doet met kinderen en om vernieuwende manieren te ontwikkelen om hen te helpen ermee om te gaan. Ik heb kinderen behandeld en bestudeerd die dingen hadden meegemaakt, die zo verschrikkelijk zijn dat je je er bijna geen voorstelling van kunt maken – kinderen die de vuurzee bij de Branch Davidian-sekte in Waco in Texas hadden overleefd, totaal verwaarloosde Oost-Europese weeskinderen en overlevenden van genocide. Ik heb ook rechtbanken geholpen bij het puin ruimen na de onterechte vervolgingen van zogenaamde plegers van 'satanisch ritueel misbruik', gebaseerd op de afgedwongen beschuldigingen door gemartelde en doodsbange kinderen. Ik heb mijn best gedaan om kinderen te helpen die hun ouders voor hun ogen vermoord hadden zien worden, en kinderen die jaren aan een ketting hadden gelegen in een kooi of opgesloten waren geweest in een kast.

De meeste kinderen zullen zelden zoiets vreselijks meemaken als wat veel van mijn patiënten hebben moeten ondergaan, toch zullen kinderen zelden helemaal vrij van trauma's zijn. Volgens voorzichtige schattingen zal ongeveer 40 procent van de Amerikaanse kinderen op achttienjarige leeftijd minstens één mogelijk traumatiserende ervaring hebben gehad: hieronder valt ook de dood van een ouder, broer of zus, herhaaldelijke lichamelijke mishandeling en/of verwaarlozing, seksueel misbruik of het meemaken van een ernstig ongeluk, een natuurramp, huiselijk geweld of een ander geweldsmisdrijf.

In 2004 kwamen er naar schatting drie miljoen officiële meldingen van kindermishandeling of verwaarlozing binnen bij kinderbeschermingsinstanties; ongeveer 872.000 van deze gevallen werden bevestigd. Het werkelijke aantal mishandelde en verwaarloosde kinderen ligt natuurlijk veel hoger, omdat de meeste gevallen nooit gemeld worden en omdat sommige gevallen niet voldoende bevestigd kunnen worden om er van overheidswege iets tegen te kunnen ondernemen. Uit een groot onderzoek bleek dat ongeveer een op de acht kinderen onder de leeftijd van zeventien jaar het afgelopen jaar verklaarde het slachtoffer te zijn geweest van een vorm van ernstige mishandeling door een volwassene, en dat ongeveer 27 procent van de vrouwen en 16 procent van de mannen als volwassene verklaarde in hun jeugd slachtoffer te zijn geweest van seksueel misbruik. In een landelijk onderzoek dat werd uitgevoerd in 1995 gaf 6 procent van de moeders en 3 procent van de vaders zelfs toe hun kinderen minstens één keer lichamelijk te hebben mishandeld.

Verder worden tien miljoen Amerikaanse kinderen jaarlijks blootgesteld aan huiselijk geweld en overlijdt jaarlijks een ouder van 4 procent van de Amerikaanse kinderen onder de vijftien jaar. Bovendien brengen ongeveer 800.000 kinderen enige tijd door in een pleeggezin en zijn er miljoenen het slachtoffer van natuurrampen en ernstige autoongelukken. Hoewel ik niet wil suggereren dat al deze kinderen ernstig 'beschadigd' zullen zijn door deze ervaringen blijkt uit de meest voorzichtige schattingen dat, op elk gegeven moment, meer dan acht miljoen Amerikaanse kinderen aan ernstige, te diagnosticeren, traumagerelateerde psychische problemen lijden. Miljoenen meer kampen met minder ernstige, maar nog steeds pijnlijke gevolgen van een trauma.

Ruwweg eenderde van de kinderen die mishandeld worden, zal daardoor kampen met enkele, duidelijk psychologische problemen, en uit onderzoeken blijkt steeds weer dat getraumatiseerde kinderen later in hun leven ook meer last hebben van op het oog 'lichamelijke' problemen als hartklachten, zwaarlijvigheid en kanker. De reacties van volwassenen op kinderen tijdens en na een traumatische gebeurtenis kunnen van doorslaggevend belang zijn voor de uiteindelijke gevolgen ervan, zowel in goede als in kwade zin.

In de loop der jaren is er door het onderzoek in mijn lab en dat van vele anderen veel meer inzicht ontstaan in wat een trauma doet met kinderen en hoe we ze kunnen helpen om ervan te genezen. In 1996 heb ik de ChildTrauma Academy opgericht, een interdisciplinaire groep vakkrachten, die zich wijdt aan het verbeteren van het leven van risicokinderen en -gezinnen. We zetten ons klinisch werk voort en hebben nog veel te leren, maar het is ons voornaamste doel om behandelingen te ontwikkelen op basis van onze huidige kennis. We trainen mensen die met kinderen werken, of dat nu ouders, advocaten, politieagenten, rechters, maatschappelijk werkers, artsen, beleidsvormers of politici zijn, zodat ze weten wat de doeltreffendste manieren zijn om de gevolgen van een trauma tot een minimum te beperken en het genezingsproces zo optimaal mogelijk kunnen ondersteunen. We overleggen met regeringsinstanties en andere groepen om deze te helpen met de implementatie van de beste praktijken om met deze kwesties om te gaan. Mijn collega's en ik reizen de hele wereld af om met ouders, dokters, docenten, mensen van de kinderbescherming en ordehandhavers te spreken, en met partijen op hoog niveau zoals wetgevende instanties of raden en betrokken rechtspersoonlijkheden. Dit boek is een resultaat van onze inspanningen.

In *De jongen die opgroeide als hond* ontmoet je een paar van de kinderen die me de belangrijkste lessen hebben geleerd over wat een trauma doet met jonge mensen. Ook kom je te weten wat zij van ons – hun ouders, voogden, huisartsen, regering – nodig hebben om een gezond leven te kunnen leiden. Je leest hoe kinderen worden getekend door traumatische ervaringen, hoe die van invloed zijn op hun persoonlijkheid en hun vermogen tot lichamelijke en emotionele groei. Je ontmoet mijn eerste patiënt, Tina, die mij door haar ervaring met misbruik leerde inzien welke gevolgen een trauma voor de kinderhersenen kan hebben. Je ontmoet een dapper meisje dat Sandy heet, dat op driejarige leeftijd in een getuigebeschermingsprogramma werd geplaatst, en dat me liet zien hoe belangrijk het is dat een kind bepaalde aspecten van haar therapie zelf kan sturen. Je ontmoet een verbazingwekkende jongen die Justin heet, van wie ik leerde dat kinderen kunnen genezen van onvoorstelbaar wrede deprivatie. Ieder kind met wie ik heb gewerkt – de kinderen van de Branch Davidian-sekte, die er troost uit putten om voor elkaar te zorgen; Laura, die pas weer ging groeien toen ze zich veilig en bemind voelde; Peter, een Russische weesjongen bij wie de klasgenootjes in de eerste klas zijn 'therapeuten' werden – heeft mij en mijn collega's geholpen om een nieuw puzzelstukje op zijn plaats te leggen waardoor we onze behandeling van getraumatiseerde kinderen en hun families konden verbeteren.

Ons werk brengt ons in het leven van mensen wanneer zij het meest wanhopig, eenzaam, verdrietig, bang en gekwetst zijn, maar de verhalen die je hier leest zijn voor het leeuwendeel succesverhalen – verhalen over hoop, overleving en overwinning. Verbazingwekkend genoeg wordt het beste van het menselijk ras pas zichtbaar wanneer je door de emotionele puinhoop waart, die het gevolg is van de wreedste daden van diezelfde mensheid.

Ten slotte, wat bepaalt hoe kinderen trauma's lichamelijk, emotioneel of geestelijk overleven, is of de mensen om hen heen – en vooral de volwassenen die ze zouden moeten kunnen vertrouwen – hen met liefde, steun en aanmoedigingen bijstaan. Vuur kan verwarmen of verteren, water kan dorst lessen of je doen verdrinken, wind kan strelen of snijden. Hetzelfde geldt voor menselijke relaties: we kunnen scheppen en vernietigen, koesteren en terroriseren, elkaar traumatiseren en genezen.

In dit boek lees je over bijzondere kinderen met verhalen die je helpen de aard en de kracht van menselijke relaties beter te begrijpen. Hoewel deze jongens en meisjes vaak ervaringen hebben die veel extremer zijn dan ze – godzijdank – in de meeste gezinnen voorkomen, kunnen alle ouders lessen trekken uit deze verhalen om hun eigen kinderen te helpen om de onvermijdelijke stress en spanningen van het leven beter het hoofd te bieden.

Door mijn werk met getraumatiseerde en mishandelde kinderen ben ik ook voorzichtiger geworden over de aard van de mensheid en het verschil tussen mensheid en menselijkheid. Niet alle mensen zijn menselijk. Een mens moet leren menselijk te worden. Dat proces en hoe het soms vreselijk mis kan gaan, is een ander aspect van waar dit boek over gaat. In de verhalen in dit boek wordt er gezocht naar de noodzakelijke voorwaarden voor de ontwikkeling van inlevingsvermogen – en vergelijkbare voorwaarden, maar dan voor wreedheid of onverschilligheid. Die onthullen hoe de hersenen van kinderen groeien en gevormd worden door de mensen om hen heen. Ze laten ook zien hoe onwetendheid, armoede, geweld, seksueel misbruik, chaos en verwaarlozing nadelig zijn voor de groei van hersenen en ontluikende persoonlijkheden.

Ik interesseer me al heel lang voor de menselijke ontwikkeling en vooral waarom sommige mensen opgroeien tot productieve, verantwoordelijke en vriendelijke volwassenen, terwijl andere hun toevlucht nemen tot mishandeling of misbruik omdat ze dit zelf als kind ook hebben meegemaakt. Door mijn werk ben ik veel te weten gekomen over morele ontwikkeling, over de wortels van het kwaad en hoe genetische aanleg en omgevingsinvloeden belangrijke beslissingen kunnen vormen, die op hun beurt weer van invloed zijn op latere keuzes en uiteindelijk op wie we worden. Ik geloof niet in het 'abuse excuse' voor gewelddadig of kwetsend gedrag, maar ik ben er wel achtergekomen dat er in de vroege jeugd complexe interacties beginnen die van invloed zijn op ons vermogen om keuzes te overzien en die later ons vermogen kunnen beperken om de beste beslissingen te nemen.

Mijn werk heeft me naar het snijpunt tussen brein en geest gevoerd, naar de plaats waar we keuzes maken en waar we invloeden ervaren die bepalen of we menselijk en werkelijk mens worden. In *De jongen die opgroeide als hond* staat iets van wat ik hier heb geleerd. De kinderen in dit boek – en vele anderen met hen – hebben ondanks hun pijn en angst veel moed en menselijkheid aan de dag gelegd, en zij geven mij hoop. Ze hebben me veel geleerd over verlies, liefde en genezing.

De lessen die ik van deze kinderen heb geleerd, zijn belangrijk voor iedereen. Want om het verschijnsel trauma te begrijpen, moeten we snappen hoe het geheugen werkt. Om te begrijpen hoe kinderen genezen, moeten we begrijpen hoe ze leren lief te hebben, hoe ze omgaan met uitdagingen, hoe stress van invloed is op hen. En door de destructieve invloed te zien die geweld en dreiging hebben op het vermogen om lief te hebben en te werken, kunnen we onszelf beter leren kennen en de mensen in onze omgeving, en vooral de kinderen, koesteren.

1 | Tina's wereld

Tina was het eerste kind dat ik als patiënt kreeg, nog maar zeven jaar oud toen ik haar ontmoette. Ze zat in de wachtkamer van de psychiatrische kinderkliniek van de universiteit van Chicago: klein en kwetsbaar, tegen haar moeder en haar zusje en broertje aan zittend, onzeker over wat ze van deze nieuwe dokter kon verwachten. Terwijl ik haar voorging naar mijn spreekkamer en de deur sloot, kon ik moeilijk zeggen wie van ons nerveuzer was: het een meter twintig lange Afro-Amerikaanse meisje met de zorgvuldig gevlochten haren of de een meter vijfentachtig lange blanke man met de lange, ongekamde krullenbos. Tina zat me even op mijn bank te bestuderen, me van top tot teen bekijkend. Vervolgens liep ze door de kamer, kroop op mijn schoot en maakte het zich gemakkelijk.

Ik was ontroerd. Wat schattig. Wat een lief kind. Stomme ik. Ze verschoof iets en verplaatste haar hand naar mijn kruis en probeerde mijn rits los te maken. Mijn stemming sloeg om. Ik voelde me verdrietig. Ik pakte haar hand beet, haalde hem weg uit mijn kruis en tilde haar voorzichtig van mijn schoot af.

De ochtend voordat ik Tina voor het eerst ontmoette, las ik haar 'dossier' – een velletje papier met een minimum aan informatie die een collega van ons tijdens een telefonisch intakegesprek had verzameld. Tina woonde met haar jongere broertje en zusje bij hun moeder, Sara. Sara had de kliniek voor kinderpsychiatrie gebeld omdat de school van haar dochter erop had aangedrongen dat ze haar liet onderzoeken. Tina gedroeg zich 'aggressief en ongepast' bij haar klasgenoten. Ze gedroeg zich exhibitionistisch, viel andere kinderen aan, gebruikte seksueel getinte taal en probeerde ze over te halen om mee te doen aan seksspelletjes. Ze lette niet op tijdens de les en weigerde vaak instructies op te volgen.

De belangrijkste informatie over Tina was dat ze gedurende twee jaar misbruikt was, van haar vierde tot haar zesde. De dader was een zestienjarige jongen, de zoon van de oppas. Hij had zowel Tina als haar jongere broertje Michael aangerand toen hun moeder op haar werk was. Tina's moeder was alleenstaand en arm. Ze kreeg geen uitkering meer, maar werkte tegen een minimumloon bij een avondwinkel om haar gezin te onderhouden. De enige kinderopvang die ze zich kon veroorloven, was een informele regeling met haar naaste buurvrouw. Die buurvrouw liet de kinderen helaas vaak achter bij haar zoon om boodschappen te gaan doen. En haar zoon was ziek. Hij bond de kinderen vast en verkrachtte ze, penetreerde ze anaal met voorwerpen en dreigde ze te doden als ze iets zouden zeggen. Uiteindelijk werd hij betrapt door zijn moeder waardoor het misbruik ophield.

Sara liet haar buurvrouw nooit meer op haar kinderen passen, maar het kwaad was al geschied. (De jongen werd aangeklaagd; hij moest in therapie, niet naar de gevangenis.) En daar zaten we dan, een jaar later. De dochter had ernstige problemen, de moeder had geen inkomsten, en ik wist niets van seksueel misbruikte kinderen.

'Kom, we gaan kleuren,' zei ik terwijl ik haar zacht van mijn schoot duwde. Ze leek van streek te zijn. Had ze iets verkeerds gedaan? Was ik boos? Ze keek me bezorgd aan met haar donkerbruine ogen, kijkend naar mijn verrichtingen, luisterend naar mijn stem of ik haar een non-verbale hint gaf zodat ze de interactie zou kunnen plaatsen. Mijn gedrag strookte niet met haar interne catalogus van haar eerdere ervaringen met mannen. Ze had mannen alleen gekend als seksuele roofdieren: in haar leven kwam geen liefhebbende vader, geen steunende grootvader, geen vriendelijke oom of beschermende oudere broer voor. De enige volwassen mannen die ze had ontmoet, waren de vaak foute vriendjes van haar moeder en haar verkrachter. De ervaring had haar geleerd dat mannen seks wilden, of van haar of van haar moeder. Vanuit haar perspectief was het dan ook logisch dat ze ervan uitging dat ik hetzelfde wilde.

Wat moest ik doen? Hoe verander je gedrag of overtuigingen, die zijn ontstaan door jarenlange ervaringen, in een uur therapie per week? Noch mijn ervaring, noch mijn opleiding had me op dit meisje voorbereid. Ik begreep haar niet. Ging ze met iedereen om alsof ze seks van haar wilden, zelfs als het vrouwen en meisjes waren? Was dit de enige manier die ze kende om vrienden te maken? Hield haar agressieve en impulsieve gedrag op school hier verband mee? Dacht ze dat ik haar afwees? En welke invloed had dat op haar?

Het was 1987. Ik was staflid Kinder- en Jeugdpsychiatrie aan de universiteit van Chicago, en ik was net begonnen aan de twee laatste jaren van een van de beste geneeskundige opleidingen in het land. Ik had er bijna twaalf jaar aan postdoctorale opleidingen op zitten. Ik was doctor in de medicijnen en de wijsbegeerte en had een klinische opleidingsperiode van drie jaar tot geneeskundig en algemeen psychiatrisch arts achter de rug. Ik gaf leiding aan een neurowetenschappelijk onderzoekslaboratorium, waar stressreactiesystemen in de hersenen werden onderzocht. Ik had geleerd wat er te leren viel over hersencellen en hersensystemen en hun complexe netwerken en chemie. Ik had jaren getracht het menselijk brein te doorgronden. En toch kon ik alleen het volgende bedenken: ik ging met Tina aan een tafeltje in mijn kantoor zitten en gaf haar een doosje kleurpotloden en een kleurboek. Ze sloeg het open en bladerde erdoorheen.

'Mag ik hierin kleuren?' vroeg ze zacht, duidelijk niet zeker wat ze moest doen in die vreemde situatie. 'Natuurlijk,' antwoordde ik.

'Zal ik haar jurk blauw of rood maken?' vroeg ik aan Tina.

'Rood.'

'Oké.' Ter goedkeuring hield ze het boek omhoog. 'Heel mooi,' zei ik. Ze glimlachte. De veertig minuten die erop volgden, zaten we rustig naast elkaar op de grond te kleuren. We leenden elkaars potloden en lieten elkaar zien wat we hadden gedaan, terwijl we eraan probeerden te wennen in een ruimte te zijn met een vreemde.

Na de sessie liep ik met Tina mee naar de wachtkamer van de kliniek. Haar moeder had een baby op schoot en praatte met haar vierjarige zoon. Sara bedankte me en we maakten een nieuwe afspraak voor de volgende week. Toen ze weggingen, wist ik dat ik met iemand moest spreken die meer ervaring had dan ik en die me kon vertellen hoe ik dit meisje kon helpen.

Supervisie bij opleidingen voor geestelijke gezondheidszorg is een misleidende term. Toen ik als coassistent leerde een infuuspoort aan te brengen, Advanced Cardiac Life Support te verlenen of bloed te prikken, waren er altijd oudere, meer ervaren artsen aanwezig om te instrueren, tegen me te vloeken, me te assisteren en me te onderwijzen. Vaak kreeg ik direct feedback, meestal was die negatief. En hoewel we leefden naar het credo 'eerst kijken, dan doen, dan onderwijzen', was er altijd een oudere, meer ervaren arts in de buurt om te helpen bij alle handelingen met de patiënten.

In de psychiatrie gaat dat anders. Als stagiair werkte ik bijna altijd in mijn eentje met een patiënt of met een patiënt en diens familie. Nadat ik de patiënt had ontmoet – soms had ik die al meerdere keren ontmoet – besprak ik het geval met mijn supervisor. Een kinderpsychiater in opleiding heeft meestal meerdere supervisoren voor het klinische werk. Vaak besprak ik hetzelfde kind of dezelfde kwestie met meerdere supervisoren zodat ik verder kon bouwen op hun inzichten, die elkaar hopelijk aanvulden. Het is een interessant proces met een paar duidelijke voordelen maar waar ook opvallende tekortkomingen bij horen, die ik op het punt stond te gaan ontdekken.

Ik vertelde mijn eerste supervisor, dr. Robert Stine*, over Tina's geval. Hij was jong, serieus, intellectueel en in opleiding om psychoanalyticus te worden. Hij had een volle baard en leek elke dag precies dezelfde kleding te dragen: een zwart pak, een zwarte stropdas en een wit overhemd. Hij leek ook veel slimmer dan ik. Hij bediende zich met het grootste gemak van het psychiatrisch vakjargon: 'het moederlijke introject', 'objectrelaties', 'tegenoverdracht, 'orale fixatie'. Elke keer wanneer hij dat deed, keek ik hem aan en probeerde ik met gepaste ernst en nadenkend te kijken, knikkend alsof zijn woorden het helemaal duidelijk voor me maakten: 'Ach, ja. Oké. Goed, ik zal eraan denken.' In werkelijkheid dacht ik: waar heeft hij het in godsnaam over?

Ik gaf een korte, formele uiteenzetting van Tina's symptomen, verleden, gezin en de klachten van haar school. Ook beschreef ik de belangrijkste gebeurtenissen tijdens mijn eerste ontmoeting met haar. Dr. Stine maakte aantekeningen. Toen ik klaar was, zei hij: 'Goed, wat denkt u dat ze heeft?'

Ik had geen flauw idee. 'Ik weet het niet zeker,' antwoordde ik om tijd te rekken. Tijdens zijn opleiding heeft een jonge arts geleerd veel

---

* In dit hele boek betekent een asterisk (*) achter een naam dat het om een pseudoniem gaat.

minder onwetend over te komen dan hij of zij in werkelijkheid is. En onwetend was ik.

Dr. Stine zag dat en stelde voor om de diagnosehandleiding voor psychiatrische stoornissen te raadplegen, de Diagnostic and Statistical Manual (DSM). Destijds ging het om de DSM-III. De handleiding wordt om de tien jaar herzien zodat er nieuwe onderzoeken en ideeën over stoornissen in kunnen worden opgenomen. Dit werk wordt gedaan aan de hand van objectieve principes, die echter zeer ontvankelijk zijn voor sociaal-politieke en andere niet-wetenschappelijke processen. Zo werd homoseksualiteit in de DSM ooit beschouwd als een stoornis en nu niet meer.

Het grootste probleem van de DSM blijft echter dat het een catalogus van stoornissen is, gebaseerd op lijsten van symptomen. Het is een soort computerhandleiding, geschreven door een commissie zonder kennis van de daadwerkelijke hardware of software van het apparaat, een handleiding die de oorzaak en de oplossing van de problemen van de computer probeert te vinden door je te vragen na te denken over de geluiden die de computer maakt. Door mijn eigen onderzoek en opleiding wist ik dat de systemen in de 'machine' – in dit geval het menselijk brein – zeer complex zijn. Daarom dacht ik ook dat dezelfde 'output' veroorzaakt zou kunnen zijn door een willekeurig aantal verschillende problemen erbinnen. Maar daar geeft de DSM geen verklaring voor.

'Dus ze let niet op, een disciplinair probleem, impulsief, ongehoorzaam, uitdagend, tegendraads en ze heeft problemen met haar leeftijdgenootjes. Ze voldoet aan de diagnostische criteria voor aandachtstekortstoornis en oppositioneel-opstandige gedragsstoornis,' souffleerde dr. Stine.

'Ja, het zal wel,' zei ik. Maar het voelde niet goed. Tina maakte iets meer of anders door dan wat door die diagnose-etiketten werd beschreven. Uit mijn onderzoek naar het brein wist ik dat de systemen die zijn betrokken bij het beheersen en sturen van onze aandacht, bijzonder complex waren. Ik wist ook dat er veel genetische en omgevingsfactoren waren die ze konden beïnvloeden. Was het niet misleidend om Tina het stempel 'opstandig' te geven, gezien het feit dat haar 'ongehoorzaamheid' waarschijnlijk het gevolg was van haar slachtofferrol? Hoe zat het met de verwarring waardoor ze dacht dat seksueel gedrag bij volwassenen en leeftijdgenoten in het openbaar normaal was? Hoe zat het met haar spraak- en taalachterstand? En als ze aandachtstekortstoornis (ADD) had, was het seksueel misbruik dan belangrijk om inzicht te krijgen hoe je iemand als zij moest behandelen?

Toch stelde ik die vragen niet. Ik keek dr. Stine alleen aan en knikte alsof ik wat hij me vertelde in me opzoog.

'Ga meer lezen over psychofarmacologie voor ADD. Daar hebben we het dan de volgende week over,' adviseerde hij me.

Toen ik bij dr. Stine wegging, voelde ik me verward en teleurgesteld. Was dit het werk van een kinderpsychiater? Ik was opgeleid als algemeen psychiater (voor volwassenen) en bekend met de beperkingen van supervisie en met de grenzen van onze diagnostische benadering, maar ik was helemaal niet berekend op de schrijnende problemen van de kinderen die bij me op consult kwamen. Ze waren sociaal uitgerangeerd, liepen achter in hun ontwikkeling, hadden grote schade opgelopen en waren naar onze kliniek gestuurd zodat wij dingen konden 'herstellen', die mij niet te herstellen leken met de middelen die we tot onze beschikking hadden. Hoe konden een paar uur per maand en een recept Tina's perspectief en gedrag veranderen? Geloofde dr. Stine echt dat Ritalin of een ander medicijn tegen ADD de problemen van dit meisje zou oplossen?

Gelukkig had ik nog een andere supervisor: een wijze, geweldige man, een ware reus op het gebied van de psychiatrie, dr. Jarl Dyrud. Net als ik kwam hij uit Noord-Dakota, en we konden meteen goed met elkaar overweg. Dr. Dyrud was net als dr. Stine opgeleid in de analytische methode. Toch had hij ook jaren echte levenservaring opgedaan waarin hij had geprobeerd mensen te begrijpen en te helpen. Hij had zijn perspectief verkregen op basis van die ervaringen en niet alleen op basis van Freuds theorieën.

Hij luisterde aandachtig toen ik Tina beschreef. Daarna glimlachte hij naar me en zei: 'Vond je het leuk om met haar te kleuren?'

Ik dacht een minuutje na en antwoordde: 'Ja, ik vond het leuk.

Dr. Dyrud zei: 'Dat is een heel goed begin. Vertel nu maar verder.' Ik begon Tina's symptomen op te sommen, en de klachten die volwassenen hadden over haar gedrag.

'Nee, nee. Vertel over haar. Niet over haar symptomen.'

'Wat bedoelt u?'

'Waar woont ze? Hoe ziet haar huis eruit, hoe laat gaat ze naar bed, wat doet ze overdag? Vertel eens over haar.'

Ik bekende dat ik niet over die informatie beschikte.

'Zorg er dan voor dat je haar leert kennen – en niet alleen haar symptomen. Onderzoek haar leven,' adviseerde hij.

De volgende paar consulten brachten Tina en ik kleurend door, speelden we eenvoudige spelletjes of praatten we over wat ze leuk vond om te doen. Wanneer ik kinderen als Tina vraag wat ze willen worden wanneer ze groot zijn, antwoorden ze vaak met: 'Als ik dan niet dood ben,' omdat ze in hun dagelijks leven zo vaak geconfronteerd zijn met dood en geweld, thuis en in de buurt, dat het bereiken van de volwassen leeftijd iets onzekers is geworden. Tina vertelde me tijdens deze gesprekken soms dat ze lerares wilde worden en andere keren dat ze kapster wilde worden, zoals elk meisje van haar leeftijd snel veranderende verlangens heeft. Maar toen we te spreken kwamen over de specifieke kanten van deze verschillende doelen, duurde het even voor ik in staat was haar te helpen inzien dat de toekomst iets is wat je kunt plannen, voorspellen en zelfs veranderen, in plaats van dat het een reeks onvoorziene gebeurtenissen zijn die je gewoon overkomen.

Ik sprak ook met haar moeder over haar gedrag op school en thuis en kwam meer te weten over haar leven. Er was uiteraard de dagelijkse routine van school. Na school zat er helaas een paar uur tussen de thuiskomst van Tina en haar jongere broer en het tijdstip waarop Sara uit haar werk kwam. Sara liet haar kinderen naar haar opbellen zodra ze thuis waren, en er waren buren op wie ze een beroep konden doen in geval van nood, maar ze wilde het niet riskeren dat een oppas hen weer zou misbruiken. Daarom waren de kinderen alleen thuis en keken ze meestal tv. Sara bekende dat ze, door wat ze hadden meegemaakt, soms ook seksspelletjes deden.

Sara verwaarloosde haar kinderen niet, maar ze moest hard werken om haar drie jonge kinderen te eten kunnen geven. Vaak voelde ze zich uitgeput, overweldigd en moedeloos. Het zou voor iedere ouder moeilijk zijn om berekend te zijn op de emotionele behoeften van deze getraumatiseerde kinderen. Het gezin had weinig tijd om te spelen of gewoon samen te zijn. Zoals bij financieel berooide gezinnen vaak het geval is, was er altijd een dringende behoefte, een economisch, medisch of emotioneel noodgeval waar direct aandacht aan besteed diende te worden om rampen te voorkomen, zoals dakloosheid, ontslag of torenhoge schulden.

Toen ik al iets langer met Tina werkte, glimlachte Sara altijd zodra ze me zag. Het uur waarin Tina haar therapie had, was de enige keer per week dat haar moeder niets anders hoefde dan bij haar andere kinderen te zijn. Tina rende altijd naar mijn kantoor terwijl ik even met haar broertje stoeide (hij zat ook in therapie, maar bij iemand anders op een ander tijdstip) en naar de baby lachte. Zodra ik zeker wist dat ze zich in de wachtkamer hadden geïnstalleerd en iets te doen hadden, voegde ik me bij Tina, die op haar stoeltje op me zat te wachten.

'Wat zullen we vandaag eens doen?' vroeg ze altijd, kijkend naar de spelletjes, de kleurboeken en het speelgoed dat ze van mijn planken had gehaald en op tafel had gelegd. Ik deed dan alsof ik diep nadacht, terwijl zij me verwachtingsvol aankeek. Ik liet mijn blik op een spelletje op tafel vallen en zei: 'Mmm. Waarom doen we geen Dokter Bibber?' Ze lachte en zei: 'Ja!' Zij leidde het spel. Langzaam introduceerde ik nieuwe concepten, zoals wachten en nadenken voordat ze besloot een volgende stap te nemen. Af en toe deelde ze me spontaan iets mee, een feit, een hoopvolle verwachting of angst. Dan stelde ik haar vragen om duidelijkheid te verkrijgen. Ze richtte haar aandacht dan weer op het spel. En zo leerde ik Tina, week voor week, beetje bij beetje, kennen.

Later die herfst kwam Tina echter verscheidene keren achter elkaar te laat voor de therapie. Omdat onze afspraken maar een uur duurden, hadden we soms maar twintig minuten. Ik beging de vergissing dit tegen dr. Stine te zeggen tijdens een gesprek over het geval. Hij trok zijn wenkbrauwen op en staarde me aan. Hij leek teleurgesteld.

'Wat denkt u dat hier aan de hand is?'

'Ik weet het niet zeker. Ik denk dat haar moeder het nogal druk heeft.'

'U moet de weerstand toch signaleren.'

'Aha. Oké.' Waar heeft hij het in godsnaam over? Suggereert hij dat Tina niet naar de therapie wil komen en dwingt ze haar moeder op de een of andere manier om te laat te komen? 'Bedoelt u Tina's weerstand of die van de moeder?' vroeg ik.

'De moeder heeft deze kinderen achtergelaten in een gevaarlijke situatie. Misschien maakt het haar boos dat dit kind uw aandacht krijgt. Misschien wil ze dat ze beschadigd blijft,' zei hij.

'O,' zei ik, niet wetend wat ik moest denken. Ik wist dat analytici te laat komen voor de therapie vaak interpreteerden als een teken van 'weerstand' tegen veranderingen, maar dat leek me absurd, zeker in dit geval. Het idee liet geen ruimte voor echt toeval en het leek mensen als Tina's moeder koste wat kost de schuld te willen geven. Voor zover ik kon zien, deed die juist al het mogelijke om hulp te krijgen voor Tina. Het was duidelijk moeilijk voor haar om naar de kliniek te komen. Om bij het medisch centrum te komen moest ze drie verschillende bussen nemen, die in de barre Chicagowinter vaak verlaat waren. Ze had geen oppas, dus moest ze al haar kinderen meenemen. Soms moest ze geld lenen om een buskaartje te kopen. In mijn ogen leek ze haar uiterste best te doen in een extreem moeilijke situatie.

Kort daarna, toen ik op een ijskoude avond het gebouw verliet, zag ik Tina en haar familie op de bus naar huis staan wachten. Ze stonden in het donker, en de sneeuw dwarrelde langzaam neer in het zwakke licht van een straatlantaarn. Sara hield de baby vast en Tina zat naast haar broertje op het bankje onder de warmtelamp in de bushalte. De twee kinderen zaten dicht tegen elkaar aan, de handen gevouwen, hun benen naar voren en naar achteren zwaaiend. Hun voeten raakten de grond niet, en ze bewogen in de maat met elkaar. Het was kwart voor zeven en ijzig koud. Ze zouden er nog minstens een uur over doen om thuis te komen. Ik zette mijn auto ergens neer waar ik uit het zicht was, en keek naar hen, hopend dat de bus snel zou komen.

Ik voelde me schuldig dat ik naar hen keek vanuit mijn warme auto. Ik overwoog hun een lift te geven, maar grenzen zijn heel belangrijk binnen de psychiatrie. Tussen patiënt en arts horen onbreekbare muren te staan, en in levens waar meestal geen duidelijke structuren zijn, zijn strikte grenzen nodig voor het afbakenen van deze relatie. Die regel vond ik meestal logisch, maar zoals zoveel therapeutische begrippen die waren ontwikkeld door het werk met neurotische volwassenen uit de middenklasse, leek hij hier niet te kloppen.

Eindelijk kwam de bus. Ik voelde me opgelucht.

De week erop wachtte ik lange tijd na onze sessie voor ik naar mijn auto ging. Ik probeerde mezelf wijs te maken dat ik papierwerk moest doen, maar eigenlijk wilde ik het gezin niet weer in de kou zien staan. Toch bleef ik me afvragen wat er mis kon zijn met de eenvoudige menselijke daad om iemand een lift te geven wanneer het koud was. Zou dat het therapeutische proces echt belemmeren? Ik wikte en woog, maar in mijn hart kwam ik steeds bij het aspect van vriendelijkheid. Een oprechte daad van vriendelijkheid, zo redeneerde ik, kon een grotere therapeutische impact hebben dan de kunstmatige, emotioneel ingehouden pose die 'therapie' zo vaak kenmerkt.

Het was nu volop winter in Chicago en bitter koud. Uiteindelijk sprak ik met mezelf af dat ik het gezin een lift zou geven als ik ze weer zag staan. Dat was het juiste om te doen. En toen ik op een avond in december na mijn werk langs de bushalte reed, stonden ze daar. Ik bood ze een lift aan. Eerst bedankte Sara me door te zeggen dat ze onderweg naar de supermarkt moest. Wie A zegt, moet ook B zeggen, dacht ik. Ik bood aan hen naar de supermarkt te brengen. Na nog wat aarzeling stemde ze in en stapten ze met z'n allen in mijn Toyota Corolla.

Kilometers verwijderd van het medisch centrum wees Sara naar een winkel op de hoek, en ik stopte. Met haar slapende baby in de armen keek ze me aan, niet goed wetend of ze alle kinderen mee naar binnen zou nemen of niet.

'Geef maar, ik houd de baby vast. Wij wachten hier,' zei ik besluitvaardig.

Ze was ongeveer tien minuten in de winkel. We luisterden naar de radio. Tina zong mee met de muziek. Ik hoopte vooral dat de baby niet wakker zou worden. Ik wiegde haar langzaam in het ritme dat ik Tina's moeder had zien gebruiken. Sara kwam de winkel uit met twee zware tassen.

'Zet deze daar neer en niets aanraken,' zei ze tegen Tina terwijl ze de tassen op de achterbank zette.

Toen we bij hun huis waren gekomen, zag ik Sara moeizaam uitstappen en over de sneeuw op de stoep lopen, balancerend met haar baby, haar handtas en een tas met boodschappen. Tina probeerde de andere tas met boodschappen te tillen, maar die was te zwaar voor haar en ze gleed uit over de sneeuw. Ik opende mijn portier en stapte uit om een tas van Tina over te nemen en de andere van Sara.

'Nee, we redden ons wel,' protesteerde ze.

'Dat weet ik. Maar vanavond kan ik helpen.' Ze keek me aan, niet wetend hoe ze hiermee om moest gaan. Ik voelde dat ze probeerde in te schatten of ik gewoon aardig was of dat er iets sinisters achter stak. Ze leek ongemakkelijk. Ik voelde me ook ongemakkelijk. Maar toch leek het goed om te helpen.

We beklommen de drie trappen naar het appartement. Tina's moeder haalde haar sleutels tevoorschijn en opende drie sloten zonder haar slapende baby wakker te maken. Wat had deze moeder het zwaar, dacht ik, om in haar eentje voor drie kinderen te moeten zorgen, zonder geld, met steeds tijdelijk en vaak vervelend werk, nauwelijks familie in de buurt. Omdat ik me niet wilde opdringen, bleef ik met de tassen in mijn armen in de deuropening staan.

'Zet die maar op de tafel,' zei Sara terwijl ze naar de andere kant van de eenkamerwoning liep om de baby op een matras tegen de muur te leggen. In twee stappen was ik bij de keukentafel. Ik zette de tassen neer en keek om me heen. Er stond een bank naar een kleurentelevisie gericht, en op een salontafeltje stonden een paar kopjes en vieze borden. Op een kleine tafel met drie niet bij elkaar passende stoelen bij het keukenblokje lag een brood met een pot pindakaas erbij. Op de vloer lag een dubbele matras met aan een eind netjes gevouwen dekens en kussens. Overal lagen kleren en kranten. Er hing een foto van Martin Luther King jr. aan de muur en aan weerszijden daarvan hingen vrolijk gekleurde schoolportretfoto's van Tina en haar broertje. Aan een andere muur hing een foto van Sara met de baby, een beetje scheef. Het was warm in de kamer.

Sara zei onhandig: 'Nogmaals bedankt voor de lift,' en ik verzekerde haar dat het geen moeite was geweest. Het was een zeer ongemakkelijk moment.

Terwijl ik de deur uitliep, zei ik: 'Ik zie jullie volgende week.' Tina zwaaide. Zij en haar broertje zetten de boodschappen weg. Ze gedroegen zich beter dan veel kinderen die ik onder veel betere omstandigheden ben tegengekomen, volgens mij omdat ze eigenlijk geen keuze hadden.

De rit naar huis voerde me door een paar van de armste buurten van Chicago. Ik voelde me schuldig. Schuldig over het geluk, de kansen, de middelen en de geschenken die ik had gekregen, schuldig over de keren dat ik had geklaagd dat ik te hard moest werken of geen erkenning kreeg voor iets wat ik had gedaan. Ik merkte dat ik nu ook veel meer over Tina wist. Ze was opgegroeid in een wereld die totaal verschillend was van de mijne. En dat moest op de een of andere manier verband houden met de problemen waardoor ze bij mij was beland. Ik wist niet precies hoe het zat, maar ik wist wel dat haar gedrag, haar emotionele, sociale en lichamelijke gezondheid voor een groot deel gevormd waren door de wereld waarin ze opgroeide en leefde.

Daarna durfde ik natuurlijk tegen niemand te zeggen wat ik had gedaan, dat ik een patiënt en haar familie naar huis had gebracht. Dat ik onderweg zelfs gestopt was bij een supermarkt en de boodschappen mee naar binnen had helpen dragen. Maar ergens kon het me niet schelen. Ik wist dat ik het juiste had gedaan. Je laat een jonge moeder met twee kinderen en een baby gewoon niet in de kou staan.

Ik wachtte twee weken en vertelde het toen aan dr. Dyrud. 'Ik zag ze op de bus staan wachten en het was koud. Dus gaf ik ze een lift naar huis,' zei ik nerveus, zijn gezicht afspeurend naar een reactie net als Tina bij mij had gedaan. Hij lachte toen ik hem langzaam vertelde over de omvang van mijn overtreding. Toen ik klaar was, klapte hij in zijn handen en zei: 'Geweldig! We zouden bij al onze patiënten een huisbezoek moeten afleggen.' Glimlachend leunde hij achterover. 'Vertel me er alles over.'

Ik was geschokt. In één ogenblik werd ik door dr. Dyruds glimlach en de verrukking op zijn gezicht verlost van twee weken knagende schuldgevoelens. Toen hij vroeg wat ik had geleerd, antwoordde ik dat dat ene ogenblik in die kleine woning me meer had geleerd over de uitdagingen waar Tina en haar familie mee te kampen hadden dan ik ooit van een sessie of interview had kunnen leren.

Later in dat eerste jaar van mijn opleiding tot kinderpsychiater verhuisde Sara met haar gezin naar een appartement dat dichter bij het medisch centrum lag, slechts twintig minuten met de bus. Ze kwamen niet meer te laat. Er was geen 'weerstand' meer. We bleven elkaar eens per week ontmoeten.

De wijsheid en het mentorschap van dr. Dyrud bleven een bevrijdende ervaring voor me. Zoals andere leraren, klinisch psychologen en onderzoekers die me hadden geïnspireerd, moedigde hij me aan om te onderzoeken, nieuwsgierig te zijn en te reflecteren, maar het belangrijkste was dat hij me de moed gaf om bestaande overtuigingen in twijfel te trekken. Door stukjes en beetjes van mijn mentoren te lenen begon ik een therapeutische benadering te ontwikkelen, die emotionele en gedragsproblemen probeerde te verklaren als symptomen van een stoornis in het brein.

In 1987 had de kinderpsychiatrie de neurowetenschappen nog niet omarmd. Het grote aantal onderzoeken naar de hersenen en hersenontwikkeling dat in de jaren tachtig werd gestart en dat in de jaren negentig explodeerde ('het decennium van het brein'), moest nog beginnen en oefende dus nog geen invloed uit op de praktijk van de klinische psychologie. Veel psychologen en psychiaters verzetten zich zelfs actief tegen de biologische verklaring van menselijk gedrag. Deze benadering werd beschouwd als mechanisch en onpersoonlijk, alsof je door gedrag toe te schrijven aan biologische correlaten automatisch bedoelde dat alles door genen werd veroorzaakt en er geen ruimte was voor vrije wil en creativiteit, en dat je omgevingsfactoren zoals armoede al helemaal niet in overweging nam. Evolutionaire ideeën werden zelfs beschouwd als achterlijke, racistische en seksistische theorieën die de status-quo rationaliseerden en het menselijk handelen terugbrachten tot dierlijke drijfveren.

Aangezien ik maar een beginneling was in de kinderpsychiatrie, durfde ik nog niet op mijn vermogen te vertrouwen om zelfstandig na te denken en om datgene wat ik zag juist te verwerken en interpreteren. Hoe konden mijn gedachten hierover juist zijn terwijl geen van de andere gevestigde psychiaters, de sterren, mijn mentoren over deze dingen spraken of ze onderwezen?

Gelukkig moedigden dr. Dyrud en verscheidene van mijn andere mentoren mijn neiging aan om de neurologie te vermengen met mijn klinische gedachten over Tina en andere patiënten. Wat gebeurde er in Tina's hersenen? Wat was er anders aan haar hersenen waardoor ze impulsiever en onoplettender was dan andere meisjes van haar leeftijd? Wat was er gebeurd in haar zich snel ontwikkelende hersenen toen ze als kleuter die abnormale, seksuele ervaringen had? Had de stress van armoede effect op haar? En waarom had ze een spraak- en taalachterstand? Dr. Dyrud wees meestal naar zijn hoofd wanneer hij zei: 'Het antwoord zit daar ergens.'

Ik had de neurowetenschappen leren kennen in mijn eerste jaar aan de universiteit. Mijn eerste studieadviseur, dr. Seymour Levine, een wereldberoemde neuroendocrinoloog, had pionierswerk verricht met zijn onderzoek naar de impact van stress vroeg in iemands leven op de ontwikkeling van de hersenen, dat mijn denken sindsdien heeft bepaald. Door zijn werk zag ik in dat vroege invloed letterlijk indrukken maakt op de hersenen, indrukken die een leven lang blijven zitten.

Levine en zijn team hadden een reeks experimenten gedaan om de ontwikkeling van belangrijke stressgerelateerde hormoonsystemen bij ratten te onderzoeken. Hieruit bleek dat de biologie en de functie van deze belangrijke systemen drastisch gewijzigd konden worden door korte periodes van stress vroeg in het leven van de rat. Biologie bestaat uit meer dan genen die een of ander onveranderlijk script volgen. Biologie is gevoelig voor de omgeving, zoals evolutietheorieën voorspellen. Bij sommige experimenten duurde de stress slechts een paar minuten, doordat een mensenhand rattenjongen oppakte, iets wat zeer stressvol voor hen is. Wanneer deze zeer korte stressvolle ervaring echter op een beslissend moment voor de ontwikkeling van de hersenen plaatsvond, ontstonden er veranderingen in de stresshormoonsystemen, die aanhielden tot de volwassen leeftijd.

Vanaf het moment dat ik aan mijn formele opleiding op dat gebied begon, was ik me bewust van de transformerende werking van vroege levenservaringen. Dit werd een sjabloon waarmee ik alle daaropvolgende concepten vergeleek.

In het laboratorium gingen mijn gedachten vaak naar Tina en de andere kinderen met wie ik werkte. Ik dwong mezelf het probleem op te lossen: Wat weet ik? Welke informatie ontbreekt? Zie ik een verband tussen het bekende en het onbekende? Maakte het verschil in het leven van deze kinderen dat ze bij mij kwamen? Terwijl ik aan mijn patiënten dacht, dacht ik ook aan hun symptomen: Waarom heeft dit specifieke kind deze specifieke problemen? Wat zou ze kunnen helpen veranderen? Kan hun gedrag verklaard worden door iets wat ik en andere wetenschappers op dit gebied leren over de werking van de hersenen? Kan bijvoorbeeld het bestuderen van de neurobiologie van hechting – de band tussen ouder en kind – helpen om de problemen tussen een moeder en haar zoon op te lossen? Kunnen freudiaanse ideeën als overdracht – waarbij een patiënt zijn gevoelens over zijn ouders op andere relaties projecteert, en vooral die met zijn therapeut – worden verklaard door de functie van het brein te onderzoeken?

Er moet een verband zijn, dacht ik. Ook al konden we het nog niet beschrijven of zelfs maar begrijpen, er moest een correlatie zijn tussen wat er gebeurde in de hersenen en elk menselijk verschijnsel en symptoom. Het menselijk brein is immers het orgaan dat alle emoties, gedachten en gedragingen overbrengt. In tegenstelling tot andere gespecialiseerde organen in het menselijk lichaam, zoals het hart, de longen en de pancreas, is het brein verantwoordelijk voor duizenden complexe functies. Wanneer je een goed idee hebt, verliefd wordt, van de trap valt, hijgt bij het beklimmen van de trap, smelt wanneer je kind naar je glimlacht, lacht om een grap, honger krijgt en je verzadigd voelt, worden al die ervaringen en je reacties op die ervaringen overgebracht door je hersenen. Tina's moeite met spraak en taal, aandacht, impulsiviteit en gezonde relaties hadden dus ook met de hersenen te maken.

Maar met welk deel van de hersenen? En kon dit inzicht me helpen om haar beter te behandelen? Welke delen van Tina's hersenen, neurale netwerken, neurotransmitternetwerken, waren slecht gereguleerd, onderontwikkeld of slecht georganiseerd en hoe kon deze informatie me helpen tijdens de therapie van Tina? Om antwoord te geven op deze vragen moest ik beginnen met wat ik al wist.

De opvallende, functionele vermogens van de hersenen zijn afkomstig van een al even opvallende reeks structuren. Er zijn honderd miljard neuronen (hersencellen), en voor elk neuron zijn er tien even belangrijke ondersteunende gliacellen. Tijdens de ontwikkeling – vanaf de eerste bewegingen in de baarmoeder tot de vroege volwassen leeftijd – moeten al deze gecompliceerde cellen (en er zijn veel verschillende soorten) worden georganiseerd in gespecialiseerde netwerken. Als resultaat ontstaan er talloze ingewikkeld met elkaar verbonden en zeer gespecialiseerde systemen. Deze ketens en netwerken van met elkaar verbonden neuronen vormen de gevarieerde architectuur van de hersenen.

Voor ons doel zijn er vier belangrijke delen van de hersenen: de hersenstam, de diëncefalon, het limbisch systeem en de hersenschors of cortex. De hersenen zijn van binnenuit georganiseerd, als een huis met steeds ingewikkeldere aanbouwingen op een oude fundering. De lagere en meest centrale gebieden van de hersenstam en de diëncefalon zijn het eenvoudigst. Zij ontstaan en ontwikkelen zich als eerste tijdens de groei van een kind. Ga je naar boven en naar buiten, dan worden de dingen steeds complexer met het limbisch systeem. De hersenschors is nog ingewikkelder, een knap staaltje hersenarchitectuur. Met primitieve schepselen als hagedissen delen we een vergelijkbare organisatie van onze laagste hersengebieden, terwijl de middelste gebieden lijken op die van zoogdieren als katten en honden. De buitenste gebieden hebben we alleen gemeen met andere primaten, zoals apen en de grote mensapen. Het voor de mens unieke deel van de hersenen is de frontale hersenschors, maar zelfs deze komt voor 96 procent overeen met die van een chimpansee!

Onze vier hersengebieden zijn hiërarchisch georganiseerd: van beneden naar boven en van binnen naar buiten. Een goede manier om dit in beeld te brengen is met een stapeltje dollarbiljetten, bijvoorbeeld vijf. Vouw ze dubbel, leg ze op je handpalm en maak een vuist met je duim omhoog, zoals een lifter. Draai je vuist nu met de duim naar beneden. Je duim vertegenwoordigt de hersenstam, het puntje van je duim is het punt waar het ruggenmerg overgaat in de hersenstam; het dikkere gedeelte van je duim is dan de diëncefalon, de gevouwen dollarbiljetten in je vuist die worden bedekt door je vingers zijn het limbisch systeem, en je vingers en hand om de biljetten heen, vertegenwoordigen de hersenschors. Wanneer je naar het menselijk brein kijkt, zit het limbisch systeem helemaal aan de binnenkant: je kunt het vanbuiten niet zien, net als de dollarbiljetten. Je pink, die nu de boven- en de voorkant is, vertegenwoordigt de frontale hersenschors.

Hoewel ze met elkaar in verbinding staan, bestuurt elk van deze vier hoofdgebieden een afzonderlijke reeks functies. Zo brengt de hersenstam bijvoorbeeld onze belangrijkste regelfuncties over zoals lichaamstemperatuur, hartslag, ademhaling en bloeddruk. De diëncefalon en het limbisch systeem regelen emotionele reacties die ons gedrag sturen, zoals angst, haat, liefde en vreugde. Het bovenste deel van de hersenen, de hersenschors, reguleert de gecompliceerdste en zeer menselijke functies als spraak en taal, abstract denken, plannen en bewuste besluitvorming. Ze werken samen als een symfonieorkest, dus terwijl ze elk hun individuele capaciteit hebben, is niet een systeem alleen verantwoordelijk voor het geluid van de 'muziek' die je hoort.

Tina's symptomen deden vermoeden dat er afwijkingen waren in bijna alle delen van de hersenen. Ze had slaap- en aandachtsproblemen (hersenstam), moeilijkheden met de fijne motoriek en coördinatie (diëncefalon en hersenschors), duidelijke sociale en relationele achterstanden en tekorten (limbisch systeem en hersenschors) en spraak- en taalproblemen (hersenschors).

Deze verspreiding van problemen was een heel belangrijke aanwijzing. Mijn onderzoek – en dat van honderden anderen – wees uit dat alle problemen van Tina konden samenhangen met een zeer belangrijke reeks van neurale systemen, die systemen die mensen helpen omgaan met stress en dreigend gevaar. Toevallig waren dat net de systemen die ik in mijn lab aan het onderzoeken was.

Deze systemen waren om twee redenen 'verdacht' voor me. Ten eerste was door een veelheid van onderzoeken naar mensen en dieren de rol vastgelegd die deze systemen spelen bij opwinding, slaap, aandacht, eetlust, stemming, impulsbeheersing – eigenlijk alle gebieden waarop Tina grote problemen had. Ten tweede beginnen deze belangrijke netwerken in de lagere delen van het brein, van waaruit ze vertakkingen hebben naar alle andere delen van het brein. Door deze bouw is een unieke rol weggelegd voor deze systemen. Ze kunnen signalen en informatie van alle zintuigen en overal in het brein integreren en bewerken. Dit vermogen is nodig om adequaat te kunnen reageren op gevaar: als er bijvoorbeeld een roofdier op de loer ligt, moet een dier in staat zijn even snel op diens geur of geluid te reageren als wanneer hij zijn belager zou zien.

Bovendien zijn de stressreactiesystemen een van de slechts een handjevol neurale systemen in het brein die, als ze slecht afgesteld of afwijkend zijn, stoornissen kunnen veroorzaken in de vier belangrijkste hersengebieden – precies wat ik bij Tina waarnam.

In de fundamentele neurowetenschappelijke onderzoeken die ik al jaren deed, keek ik ook naar de precieze werking van deze systemen. In de hersenen brengen neuronen boodschappen over van de ene cel naar de andere met chemische boodschappers die neurotransmitters heten en die vrijkomen bij gespecialiseerde verbindingen tussen neuronen, de zogeheten synapsen. Deze chemische boodschappers passen alleen in bepaalde, juist gevormde receptoren op de volgende neuron, net zoals alleen de juiste sleutel in het slot op je voordeur past. Synaptische verbindingen, die zowel verbazingwekkend complex als elegant eenvoudig zijn, vormen ketens van netwerken tussen neuronen, die de vele functies van het brein mogelijk maken: gedachten, gevoelens, beweging, sensatie en waarneming. Hierdoor zijn we ook gevoelig voor drugs en medicijnen, want de meeste psychoactieve middelen werken als nagemaakte sleutels omdat ze passen in sloten die geopend horen te worden door specifieke neurotransmitters en omdat ze het brein voor de gek houden zodat het bepaalde deuren opent of sluit.

Ik had mijn doctoraalonderzoek in de neurofarmacologie in het laboratorium van dr. David U'Prichard gedaan, een studiegenoot van dr. Solomon Snyder, een baanbrekende neurowetenschapper en psychiater. (Dr. Snyders groep was onder andere beroemd vanwege de ontdekking van de receptor waar opiate middelen als heroïne en morfine werkzaam zijn.) Toen ik voor dr. U'Prichard werkte, deed ik onderzoek naar de norepinefrine en epinefrine (beter bekend als noradrenaline en adrenaline)-systemen. Deze neurotransmitters zijn betrokken bij stress. De klassieke 'fight or flight'-reactie (vechten of vluchten) ontstaat in een centrale groep van norepinefrineneuronen, die bekend staan als de 'locus coeruleus' (vanwege zijn kleur 'blauwe vlek' genaamd). Deze neuronen sturen signalen naar praktisch elk ander belangrijk deel van het brein en helpen het op stressvolle situaties te reageren.

Ook werkte ik bij dr. U'Prichard met twee verschillende soorten ratten, dieren van dezelfde soort met een paar kleine genetische verschillen. Onder normale omstandigheden zagen de ratten er hetzelfde uit en reageerden ze hetzelfde, maar een soort stortte in bij ook maar de geringste stress. In een rustige situatie konden deze ratten de weg vinden in een doolhof, maar zodra er enige stress was, raakten ze de weg kwijt en vergaten ze alles. De andere ratten waren onverstoorbaar. Toen we hun hersenen onderzochten, ontdekten we dat er bij de op stress reagerende ratten vroeg in hun ontwikkeling sprake was van een overactiviteit van de adrenaline- en noradrenalinesystemen. Dit kleine verschil leidde tot een veelheid aan afwijkingen van het aantal receptoren, de sensitiviteit en de functies van vele hersengebieden, en zorgde er uiteindelijk voor dat de ratten de rest van hun leven niet goed in staat waren om met stress om te gaan.

Ik had geen bewijzen dat Tina genetisch 'overgevoelig' was voor stress. Wat ik wel wist, was dat de neurale systemen die dreigingen overbrengen, bij Tina door het pijnlijke seksuele misbruik ongetwijfeld herhaaldelijk en intensief geactiveerd waren. Ik dacht terug aan het werk van Levine waarin was aangetoond dat de stressreactie van een rat voor altijd kon veranderen door een stressvolle ervaring van een paar minuten vroeg in zijn leven. Het misbruik van Tina had veel langer geduurd – ze was twee jaar lang minstens een keer per week misbruikt – en het was verergerd door de stress in een constante crisissituatie te leven binnen een gezin dat vaak op het randje van de financiële afgrond balanceerde. Het kwam bij me op dat als genen en omgeving vergelijkbare stoornissymptomen konden veroorzaken, het effect van een stressvolle omgeving op een persoon die genetisch al gevoelig is voor stress, waarschijnlijk nog versterkt zou worden.

En naarmate mijn werk met Tina en in het laboratorium vorderde, kwam ik tot de overtuiging dat de herhaalde activering van haar stressresponssystemen door een trauma op jonge leeftijd, toen haar hersenen nog in ontwikkeling waren, waarschijnlijk een stortvloed aan gewijzigde receptoren, sensitiviteit en stoornissen in haar hele brein teweeg had gebracht, vergelijkbaar met wat ik bij dieren had geobserveerd. Daarom begon ik te denken dat Tina's symptomen het resultaat waren van een ontwikkelingstrauma. Haar aandachts- en impulsproblemen konden het gevolg zijn van een verandering in de organisatie van haar neurale stressreactienetwerken, een verandering die haar ooit misschien hielp om het misbruik aan te kunnen, maar waardoor ze zich nu agressief gedroeg en niet oplette in de klas. Het was logisch: iemand met een overactief stresssysteem zal goed op gezichten letten van bijvoorbeeld leraren en klasgenoten, om te weten of er gevaar op de loer ligt, maar niet op gunstige dingen als de lessen. Door een verhoogd bewustzijn van mogelijk gevaar kan iemand als Tina ook eerder geneigd zijn om te gaan vechten, omdat ze steeds wachtte op tekenen dat iemand haar weer ging aanvallen, waardoor ze overdreven reageerde op de geringste signalen van agressie. Dit leek een veel aannemelijkere verklaring voor Tina's problemen dan de veronderstelling dat haar aandachtsproblemen toevallig waren en geen verband hielden met het misbruik.

Toen ik door haar dossier bladerde, zag ik dat haar hartslag tijdens het eerste bezoek aan de kliniek 112 slagen per minuut was geweest. Een normale hartslag voor een meisje van die leeftijd had onder de 100 gelegen. Een verhoogde hartslag kan een indicatie zijn van een permanent geactiveerde stressreactie, en dat was meer bewijs voor mijn idee dat haar problemen rechtstreeks voortvloeiden uit de respons van haar brein op het misbruik. Als ik Tina nu een etiket moest geven zou het geen ADD zijn, maar eerder posttraumatische stresstoornis, PTSS.

Tijdens de drie jaar dat ik met Tina werkte, was ik opgetogen en opgelucht door haar duidelijke vorderingen. Op school werden er geen meldingen meer gedaan van 'ongepast' gedrag. Ze maakte haar huiswerk, ging naar de les en vocht niet meer met andere kinderen. Haar spraakvermogen was vooruitgegaan; de meeste problemen hadden samengehangen met het feit dat ze zo zacht praatte dat leraren en zelfs haar moeder haar vaak niet goed genoeg hoorden om haar te verstaan, laat staan haar uitspraak te corrigeren. Ze leerde duidelijker spreken en er werd vaker tegen haar gesproken, waardoor ze de herhaalde corrigerende feedback kreeg die ze nodig had om haar achterstand in te halen.

Ze was ook snel meer op gaan letten en minder impulsief geworden, zelfs zo snel dat ik na het eerste gesprek met dr. Stine nooit meer over medicijnen heb gesproken met mijn supervisoren.

Tijdens onze sessies leidde Tina het spel, maar ik greep elke gelegenheid aan om haar lessen te leren waardoor ze meer zelfvertrouwen zou krijgen in de wereld en zich gepaster en rationeler zou gedragen. In eerste instantie leren we van de mensen om ons heen impulsen te beheersen en beslissingen te nemen, soms door expliciete lessen, soms door voorbeelden. Tina leefde echter in een omgeving waar noch expliciete, noch impliciete lessen werden geleerd. De mensen in haar omgeving reageerden alleen op wat er met hen gebeurde, dus deed zij dat ook. Tijdens onze ontmoetingen kreeg ze de onverdeelde aandacht waar ze naar hunkerde en de spelletjes leerden haar enkele lessen die ze nooit had geleerd. Toen ik net met Tina was begonnen te werken, had ze bijvoorbeeld nog niet geleerd op haar beurt te wachten. Ze kon niet wachten om dingen te beginnen, ze handelde en reageerde zonder na te denken. In de eenvoudige spelletjes die we speelden, verwerkte ik gepaster gedrag en leerde haar steeds opnieuw even te wachten voor ze het eerste deed wat bij haar opkwam. Doordat ze zo geweldig vooruitging op school, geloofde ik echt dat ik haar had geholpen.

Maar helaas, twee weken voor ik de kliniek verliet voor een nieuwe baan werd de nu tienjarige Tina op school betrapt terwijl ze een oudere jongen oraal bevredigde. Ik bleek haar niet geleerd te hebben hoe ze haar gedrag moest veranderen, maar hoe ze haar seksuele activiteit en andere problemen voor volwassenen kon verbergen en hoe ze haar impulsen kon beheersen om te voorkomen dat ze in de problemen zou komen. Aan de oppervlakte kon ze anderen laten denken dat ze zich gepast gedroeg, maar vanbinnen was ze nog niet over haar trauma heen.

Ik was teleurgesteld en verward toen ik dit nieuws hoorde. Ik had zo mijn best gedaan, en het leek ook echt beter met haar te gaan. Het was moeilijk te accepteren dat wat een positieve therapeutische inspanning had geleken, in werkelijkheid zo leeg was geweest. Wat was er gebeurd? Of belangrijker, wat was er niet gebeurd in ons werk om haar te helpen veranderen?

Ik bleef maar denken aan de gevolgen van het trauma in de vroege jeugd van Tina en haar instabiele gezinssituatie voor haar hersenen. Al spoedig realiseerde ik me dat ik mijn visie op de klinische geestelijke gezondheidszorg moest verbreden. De antwoorden op mijn mislukte, inefficiënte behandeling van Tina – en op de grote vragen in de kinderpsychiatrie – waren gelegen in de werking en de ontwikkeling van het brein, en in hoe het brein de wereld begrijpt en organiseert. Niet in het brein dat gekarikaturiseerd is als een rigide, genetisch vastgelegd systeem dat soms medicijnen nodig heeft om 'onevenwichtigheden' recht te zetten, maar in het brein in al zijn complexiteit. Niet in het brein als een kolkend complex van onbewuste 'weerstand' en 'opstandigheid', maar in het brein dat is geëvolueerd om te kunnen reageren op een complexe, sociale wereld. Kort samengevat, een brein met genetische predisposities die door de evolutie waren gevormd om zeer gevoelig te reageren op de mensen in de omgeving.

Tina leerde haar stresssyteem wel beter te regelen; haar grotere impulsbeheersing was daar het bewijs van. Maar haar grootste problemen hadden te maken met haar vervormde en ongezonde seksuele gedrag. Ik realiseerde me dat sommige symptomen verholpen konden worden door haar overreactieve stressreactie aan te pakken, maar daarmee zou haar geheugen niet gewist zijn. Ik begon te denken dat ik eerst het geheugen moest leren doorgronden voor ik mijn therapie kon verbeteren.

Maar wat is dat eigenlijk, het geheugen? Meestal denken we eraan in verband met namen, gezichten, telefoonnummers, maar het is veel meer. Het is een basiseigenschap van biologische systemen. Geheugen is het vermogen om een bepaald element van een ervaring vooruit te brengen in de tijd. Zelfs spieren hebben een geheugen, zoals je kunt zien door de veranderingen die het gevolg zijn van sportieve oefeningen. Belangrijker is echter dat geheugen datgene is wat het brein doet, hoe het ons ordent en ons verleden de toekomst laat bepalen. Het geheugen bepaalt voor een groot deel wie we zijn en in Tina's geval vormden haar herinneringen aan seksueel misbruik een groot deel van wat haar in de weg stond.

Tina's voortijdige en seksueel getinte omgangsvormen met mannen waren duidelijk het gevolg van haar misbruik. Ik begon na te denken over het geheugen en de manier waarop de hersenen 'associaties' maken wanneer twee patronen van een neurale activiteit tegelijk herhaaldelijk gebeuren. Als bijvoorbeeld de neurale activiteit veroorzaakt door het visuele beeld van een brandweerauto en die veroorzaakt door het geluid van een sirene herhaaldelijk tegelijk optreden, zullen deze neurale ketens (neurale netwerken die zijn verbonden met beelden en geluiden), die ooit los van elkaar waren, nieuwe synaptische verbindingen leggen en een enkel, onderling verbonden netwerk vormen. Wanneer deze nieuwe reeks verbindingen tussen visuele en geluidsnetwerken eenmaal gevormd is, kan door het stimuleren van een deel van het netwerk (bijvoorbeeld door het horen van een sirene) daadwerkelijk het visuele deel van de keten worden geactiveerd waardoor de persoon bijna meteen een brandweerauto voor zich ziet.

Deze krachtige eigenschap van associatie is een universeel kenmerk van het brein. Door associatie brengen we alle binnenkomende zintuiglijke signalen bijeen – geluid, beeld, aanraking, geur – tot de hele persoon, plaats, voorwerp en handeling. Associatie maakt taal en geheugen mogelijk en ligt eraan ten grondslag.

Ons bewuste geheugen zit natuurlijk vol gaten, en dat is maar goed ook. Ons brein filtert er het gewone, voor de hand liggende uit, en dat is nodig om ons te laten functioneren. Wanneer je bijvoorbeeld autorijdt, vertrouw je automatisch op je vorige ervaringen met auto's en wegen. Als je je moest concentreren op elk aspect van wat je zintuigen opnemen, zou je overspoeld worden en waarschijnlijk een botsing veroorzaken. Wanneer je iets leert, zet je brein voortdurend de huidige ervaring af tegen opgeslagen sjablonen – het geheugen in wezen – van vorige, vergelijkbare situaties en sensaties door te vragen: 'Is dit nieuw?' en: 'Is dit iets waarbij ik moet opletten?'

Dus terwijl je over de weg rijdt, vertelt het vestibulaire systeem van de motor van je brein je dat je op een bepaalde positie bent. Maar het is niet waarschijnlijk dat je brein daar nieuwe herinneringen van aanmaakt. Je brein heeft deze ervaring opgeslagen bij vorige ervaringen met zitten in auto's, en het patroon van neurale activiteit dat daarmee geassocieerd is, hoeft niet te veranderen. Er is niets nieuws. Je bent er geweest, je hebt het gedaan, het is vertrouwd. Om deze reden kun je ook grote afstanden afleggen op bekende snelwegen zonder je achteraf iets te herinneren van die rit.

Dit is belangrijk, want al die eerder opgeslagen informatie is vastgelegd in de neurale netwerken, het 'geheugensjabloon', dat je nu gebruikt om alle nieuw binnenkomende informatie te verwerken. Deze sjablonen worden door het hele brein op verschillende niveaus gevormd, en omdat informatie eerst binnenkomt in de lagere, primitievere gebieden zijn we ons er vaak niet eens bewust van. Zo was de jonge Tina zich bijna zeker niet bewust van het sjabloon dat haar omgang met mannen stuurde, en dat haar gedrag tegenover mij vormde toen we elkaar voor het eerst ontmoetten. Iedereen heeft wel eens meegemaakt dat je opspringt voor je ook maar weet waar je van schrikt. Dit gebeurt omdat de stressreactiesystemen van ons brein informatie bevatten over mogelijke dreigingen en erop gericht zijn om daar zo snel mogelijk op te reageren, dus vaak nog vóór de hersenschors kan besluiten welke actie genomen moet worden. Als we zoals Tina iets meemaken wat zeer stressvol is, kunnen herinneringen aan die situatie even sterk zijn en reacties uitlokken die op dezelfde wijze door onbewuste processen worden gestuurd.

Dit betekent ook dat vroege ervaringen noodzakelijkerwijs een veel grotere invloed hebben dan latere. Het brein probeert de wereld te begrijpen door naar patronen te zoeken. Wanneer het samenhangende, consequent verbonden patronen weer met elkaar verbindt, bestempelt het deze als 'normaal' of 'volgens verwachting' en besteedt het er verder geen aandacht aan. Zo besteedde je de allereerste keer dat je als baby in een zitstand werd gezet, aandacht aan de nieuwe sensatie aan je billen. Je hersenen leerden de druk te voelen die hoort bij het zitten, je begon aan te voelen hoe je met je motorische vestibulaire systeem je gewicht in evenwicht moest houden bij het rechtop zitten en uiteindelijk leerde je echt zitten. Behalve wanneer je niet lekker zit, wanneer de stoel een opvallende weefselstructuur of vorm heeft of je een evenwichtsstoornis hebt, besteed je nu weinig aandacht aan het rechtop zitten of aan de druk die de zitting uitoefent op je achterste. Bij het autorijden let je er al helemaal niet meer op.

Waar je de weg voor afspeurt is nieuwigheid, dingen die niet op hun plek zijn, zoals een vrachtwagen op de verkeerde rijstrook van de snelweg. Daarom doen we afstand van waarnemingen die we als normaal beschouwen: zodat we snel kunnen reageren op dingen die afwijkend zijn en onmiddellijk aandacht eisen. Neurale systemen hebben zich zo ontwikkeld dat ze vooral gevoelig zijn voor nieuwe dingen, aangezien nieuwe ervaringen meestal een signaal zijn van een gevaar of een kans.

Een van de belangrijkste kenmerken van zowel geheugen, neuraal weefsel als ontwikkeling is dan dat ze allemaal veranderen door patroonmatige, herhaalde activiteiten. De systemen in je brein die herhaaldelijk geactiveerd worden, veranderen en de systemen in je brein die niet geactiveerd worden, veranderen niet. Deze 'gebruiksafhankelijke' ontwikkeling is een van de belangrijkste eigenschappen van neuraal weefsel. Het lijkt een eenvoudig concept, maar wel eentje met enorme, verreikende implicaties.

Ik raakte ervan overtuigd dat het begrip van dit concept van wezenlijk belang was om kinderen als Tina te begrijpen. Ze had een zeer ongelukkige reeks associaties ontwikkeld, omdat ze zo jong seksueel was misbruikt. Haar eerste ervaringen met mannen en met de tienerjongen die haar misbruikte, vormden haar idee van wat mannen zijn en hoe ze zich bij hen moest gedragen; vroege ervaringen met mensen om ons heen vormen ons beeld van de wereld. Vanwege de enorme hoeveelheid informatie die de hersenen dagelijks te verwerken krijgen, moeten we deze patronen gebruiken om te voorspellen hoe de wereld is. Als vroege ervaringen afwijkend zijn, kunnen deze voorspellingen zorgen voor stoornissen in ons gedrag. In Tina's wereld waren mannen die groter waren dan zij beangstigende, veeleisende wezens die haar of haar moeder tot seks dwongen. De geur, de aanblik en de geluiden die ze met hen in verband bracht, vormden tezamen een reeks 'geheugensjablonen' waarmee ze de wereld verklaarde.

En toen ze voor het eerst in mijn kantoor kwam en ze alleen was met een volwassen man, was het dus volkomen logisch voor haar dat ik ook seks wilde. Wanneer ze naar school ging en zich exhibitionistisch gedroeg of seksspelletjes probeerde te doen met andere kinderen, deed ze na wat zij had geleerd over hoe je je hoorde te gedragen. Ze dacht er niet bewust over na. Het was gewoon een reeks gedragingen die deel uitmaakten van haar vergiftigde associaties, haar verwrongen sjabloon voor seksualiteit.

Helaas was het met slechts een uur therapie per week bijna ondoenlijk om die reeks associaties teniet te doen. Ik kon haar het gedrag van een andere soort volwassen man voordoen, ik kon haar tonen dat er situaties waren waarin seksuele activiteiten ongepast waren en haar helpen om weerstand te bieden aan impulsen. Maar met zo'n beperkte hoeveelheid tijd kon ik het sjabloon niet vervangen dat in het tere weefsel van haar jonge hersenen was gedrukt, dat erin was gebrand met patroonmatige, herhaalde vroege ervaringen. Ik zou de werking van het menselijk brein, hoe het verandert en de systemen die bij dit leerproces een rol spelen veel meer moeten integreren in mijn behandelingen voor ik ook maar iets kon gaan betekenen voor patiënten als Tina, patiënten met levens en herinneringen die op vele manieren littekens hadden opgelopen door vroege trauma's.

2 | Voor je eigen bestwil

'IK HEB UW HULP NODIG.' De beller, Stan Walker*, was advocaat op het kantoor van de Public Guardian in Cook County in Illinois. Ik had mijn opleiding als kinderpsychiater voltooid en was nu wetenschappelijk medewerker aan de universiteit van Chicago, naast mijn werk in de kliniek en mijn laboratorium. Het was in 1990.

'Ik heb zojuist een zaak gekregen die volgende week moet voorkomen,' vertelde hij me. Hij legde uit dat het om een moord ging. Een driejarig meisje dat Sandy heette, was getuige geweest van de moord op haar moeder. De openbaar aanklager wilde dat ze daar nu, bijna een jaar later, een verklaring over zou afleggen. 'Ik vrees dat dat nogal overweldigend voor haar zal zijn,' vervolgde Stan, waarna hij me vroeg of ik kon helpen om haar voor te bereiden op de rechtzaak.

'Nogal overweldigend?' Hoe komt u er toch bij, dacht ik sarcastisch.

Stan was een 'guardian-ad-litem', een advocaat door de rechtbank benoemd om kinderen te vertegenwoordigen in het rechtsstelsel. In Cook County (waar Chicago ligt) heeft het kantoor van de Public Guardian fulltime personeel in dienst om kinderen te vertegenwoordigen binnen het systeem van de kinderbescherming. In bijna alle andere gemeenten wordt deze rol vervuld door een benoemde advocaat, al dan niet met ervaring en opleiding in het jeugdrecht. In Cook County waren de fulltime betrekkingen gecreëerd in de nobele hoop dat als de advocaten fulltime aan hun zaken werkten, ze ervaring konden opdoen met kinderen, dat ze konden leren over mishandeling en de kinderen die ze vertegenwoordigden beter konden dienen. (Zoals overal in de wereld van de kinderbescherming was het aantal zaken helaas overweldigend en beschikte het kantoor over onvoldoende middelen.)

'Wie is haar therapeut?' vroeg ik, denkend dat een vertrouwd iemand het kind veel beter zou kunnen helpen met de voorbereiding.

'Die heeft ze niet,' antwoordde hij. Dat was verontrustend nieuws.

'Geen therapeut? Waar woont ze?' vroeg ik.

'Dat weten we niet echt. Ze woont bij een pleeggezin, maar de openbaar aanklager en het Departement van Jeugd- en Gezinszaken houden haar verblijfplaats geheim omdat ze met de dood is bedreigd. Ze kende de verdachte en heeft hem voor de politie geïdentificeerd. Hij zit bij een bende en ze willen haar vermoorden.' Het ging van kwaad tot erger.

'Dus op haar derde heeft ze een geloofwaardige getuigenverklaring afgelegd?' vroeg ik. Ik wist dat ooggetuigenverklaringen in de rechtszaal gemakkelijk onderuit worden gehaald vanwege de eigenschappen van het verhalende geheugen die hiervoor zijn beschreven, vooral door de hiaten erin en de manier waarop het verwachte vaak wordt 'ingevuld'. En dan een getuigenis van een vierjarige over een gebeurtenis die voorviel toen ze drie was? Als het Openbaar Ministerie niet meer bewijs had, zou een goede advocaat er wel voor zorgen dat Sandy's getuigenis totaal onbetrouwbaar zou lijken.

'Nou ja, ze kende hem,' verklaarde Stan. 'Ze zei spontaan al dat hij het had gedaan en later pikte ze hem er ook uit bij een verzameling foto's.'

Ik vroeg of er nog meer bewijzen waren, want dan zou de getuigenis van het kleine meisje niet eens nodig zijn. Als er voldoende andere bewijzen waren, kon ik hem misschien helpen om de openbaar aanklager ervan te overtuigen dat het risico te groot was dat het kind nog ernstiger getraumatiseerd zou raken als ze voor de rechtbank moest getuigen.

Stan vertelde dat er inderdaad meer bewijzen waren. Er waren zelfs meerdere fysieke bewijzen waardoor men wist dat de dader ter plekke was geweest. Rechercheurs hadden het bloed van de moeder van het meisje overal op zijn kleren aangetroffen. Ook al was de man het land uitgevlucht nadat hij de misdaad had gepleegd, er zat nog steeds bloed aan zijn schoenen toen hij uiteindelijk werd gearresteerd.

'Waarom moet Sandy dan getuigen?' vroeg ik. Ik begon het gevoel te krijgen dat ik dit kind wilde helpen.

'Daar proberen we ook achter te komen. We hopen dat het ons lukt om de rechtzaak uit te stellen tot we haar voor een camera kunnen laten getuigen of er zeker van zijn dat ze klaar is om voor de rechtbank te verschijnen.' Vervolgens beschreef hij de details van de moord, de ziekenhuisopname van het meisje vanwege de verwondingen die ze had opgelopen tijdens de misdaad en hoe ze daarna bij pleeggezinnen was ondergebracht.

Onder het luisteren overwoog ik of ik nu wel of niet bij deze zaak berokken moest raken. Zoals altijd was ik overbelast en had ik het zeer druk. Bovendien voel ik me niet op mijn gemak in de rechtszaal en heb ik een hekel aan advocaten. Maar hoe meer Stan vertelde, hoe moeilijker ik het vond om te geloven wat ik hoorde. De mensen die dit meisje hoorden te helpen – van het departement tot het rechtsstelsel – leken geen flauw benul te hebben van de gevolgen van een trauma voor een kind. Ik kreeg het gevoel dat ze op zijn minst één persoon had verdiend die daar wel wat vanaf wist.

'Mag ik even herhalen,' zei ik. 'Een driejarig meisje is getuige van de verkrachting van en moord op haar moeder. Haar eigen keel wordt twee keer doorgesneden en ze wordt voor dood achtergelaten. Ze is elf uur alleen in het appartement met het dode lichaam van haar moeder. Daarna wordt ze naar het ziekenhuis gebracht waar de verwondingen aan haar keel worden behandeld. In het ziekenhuis zeggen de artsen dat het meisje psychisch moet worden onderzocht en behandeld. Maar na haar ontslag uit het ziekenhuis wordt ze als pupil van de staat in een pleeggezin geplaatst. De maatschappelijk werker van de kinderbescherming vindt het niet nodig om haar naar een therapeut te sturen. Ondanks de aanbevelingen van de artsen regelt hij dus geen hulp voor haar. Gedurende negen maanden wordt het kind van pleeggezin naar pleeggezin gestuurd zonder dat ze in therapie gaat of wat voor psychiatrische zorg dan ook krijgt. Bovendien worden de ervaringen van het kind nooit tot in detail met de pleeggezinnen gedeeld omdat ze niet gevonden mag worden. Klopt dat?'

'Ja, dat klopt allemaal wel,' antwoordde hij. Hij moest horen dat ik geërgerd was en hoe vreselijk het verhaal klonk toen ik de situatie zo direct beschreef.

'En nu, tien dagen voor de rechtzaak gaat beginnen, beginnen jullie je te realiseren hoe de situatie is?'

'Dat klopt,' gaf hij schaapachtig toe.

'Wanneer werd uw kantoor op de hoogte gesteld van dit meisje?' vroeg ik.

'We hebben de zaak meteen na de gebeurtenis geopend.'

'En niemand op uw kantoor heeft eraan gedacht dat ze op de een of andere manier geestelijke ondersteuning moest krijgen?'

'Meestal bestuderen we een zaak pas wanneer deze moet voorkomen. We hebben per persoon honderden zaken onder onze hoede.' Ik was niet verbaasd. De openbare instanties die met risicogezinnen en -kinderen werken, komen om in het werk. Vreemd genoeg heb ik tijdens mijn jarenlange klinische opleiding in de kinderpsychiatrie nauwelijks kennisgemaakt met de instanties van de kinderbescherming, het speciaal onderwijs of het jeugdrechtstelsel, ook al valt meer dan 30 procent van de kinderen die naar onze klinieken komen onder een of meer van deze instanties. Het in hokjes opdelen van instanties, opleidingen en standpunten was schrikbarend. Ik zag ook dat het zeer destructief was voor kinderen.

'Waar en wanneer kan ik haar zien?' vroeg ik. Ik kon niet anders. Ik stemde ermee in Sandy de volgende dag in een kantoor op de rechtbank te ontmoeten.

Het verbaasde me enigszins dat Stan mij had gebeld om hulp te vragen. Eerder dat jaar had hij me een 'cease and desist'-brief gestuurd. In vier lange alinea's werd me verteld dat ik direct een rechtvaardiging moest schrijven voor het gebruik van een medicijn dat clonidine heet om kinderen in een centrum waar ik werkte 'onder controle te krijgen'. Ik was de psychiater van de kinderen die in het centrum voor kinder- en jeugdpsychiatrie woonden. In de brief stond dat als ik niet kon uitleggen waar ik op uit was, ik onmiddellijk moest ophouden met deze 'experimentele' behandeling. Hij was ondertekend door Stan Walker in zijn officiële hoedanigheid als advocaat bij de Public Guardian.

Nadat ik de brief van Stan had gelezen, nam ik contact met hem op om uit te leggen waarom ik de medicijnen gebruikte en waarom ik geloofde dat het verkeerd zou zijn om ermee op te houden. De kinderen in het centrum behoorden tot de moeilijkste gevallen van het land. Meer dan honderd jongens waren in dit programma geplaatst nadat ze door ernstige gedrags- en psychische problemen hadden 'gefaald' in pleeggezinnen. Hoewel er jongens van zeven tot zeventien jaar werden toegelaten, was het gemiddelde kind tien jaar en had het in tien verschillende huizen gewoond, wat erop neerkwam dat niet minder dan tien pleegouders ze onhanteerbaar hadden bevonden. Omdat ze snel opgehitst en overweldigd waren maar zeer lastig te kalmeren, vormden deze kinderen een probleem voor iedere zorgverlener, therapeut en leraar die ze tegenkwamen. Uiteindelijk werden ze uit pleeggezinnen, van instellingen van de kinderbescherming, scholen en soms zelfs therapie geschopt. De laatste halte was dit centrum.

Na het beoordelen van de dossiers van ongeveer tweehonderd jongens die toen in het centrum woonden of die er in het verleden hadden gewoond, kwam ik erachter dat de jongens stuk voor stuk een ernstig trauma hadden meegemaakt of waren mishandeld. De grote meerderheid had minstens zes ernstige traumatische ervaringen gehad. De kinderen waren allemaal geboren en getogen in een situatie vol chaos, dreiging en trauma. Ze werden grootgebracht in terreur.

Ze waren allemaal meerdere keren zowel voor als tijdens hun verblijf in het centrum onderzocht. Ieder van hen had – net als Tina – tientallen verschillende diagnostische labels uit de DSM opgeplakt gekregen, vooral die van aandachtstekortstoornis/hyperactiviteit, oppositioneel-opstandige stoornis en gedragsstoornis. Het schokte me echter dat zeer weinig van deze kinderen werden beschouwd als 'getraumatiseerd' of 'onder druk staand', hun trauma werd niet relevant geacht voor de diagnose, net zoals in Tina's geval. Ondanks uitgebreide verhalen over huiselijk geweld, familiebanden die herhaaldelijk verbroken werden en vaak ook het verlies van ouders aan een gewelddadige dood of ziekte, lichamelijk geweld, seksueel misbruik en andere extreem verontrustende situaties waren maar weinig kinderen gediagnosticeerd met posttraumatische stressstoornis (PTSS). PTSS haalde de 'differentiële diagnose' niet eens, een lijst die wordt opgenomen in het verslag waarop mogelijke alternatieve diagnoses staan met vergelijkbare symptomen, die elke psycholoog eerst overweegt en daarna afwijst.

Posttraumatische stressstoornis was een relatief nieuw begrip in die tijd, aangezien het in 1980 was ingevoerd in het diagnostisch systeem van de DSM om een syndroom te beschrijven dat was aangetroffen bij Vietnamveteranen, die na terugkeer van het front leden aan angsten, slaapproblemen en indringende, verontrustende 'flashbacks' van gebeurtenissen uit de oorlog. Ze waren vaak schrikachtig en reageerden soms agressief op de geringste tekenen van dreiging. Velen hadden afgrijselijke nachtmerries en reageerden op harde geluiden alsof het geweerschoten waren en ze weer in de jungle in Zuidoost-Azië waren.

Tijdens mijn opleiding in de psychiatrie had ik met veteranen gewerkt die aan PTSS leden. Veel psychiaters begonnen toen al in te zien dat PTSS ook voorkwam bij volwassenen die andere soorten traumatische ervaringen hadden meegemaakt, zoals verkrachting of een natuurramp. Wat ik vooral opvallend vond was dat, hoewel de ervaringen die volwassenen PTSS hadden bezorgd vaak van relatief korte duur waren geweest (meestal maximaal een paar uur), de impact ervan jaren – en zelfs decennia – later nog merkbaar was. Het deed me denken aan wat Seymour Levine bij de rattenjongen had gemerkt, namelijk dat een paar stressvolle minuten het brein voor de rest van het leven konden veranderen. Dan moet de impact van een echt traumatische ervaring voor een kind helemaal groot zijn, dacht ik.

Later deed ik als inwonend psychiater onderzoek naar aspecten van de stressreactiesystemen bij veteranen met PTSS. Ik en andere onderzoekers kwamen erachter dat de stressreactiesystemen van deze veteranen overactief waren, wat wetenschappers 'sensitief' noemen. Dit kwam erop neer dat hun systemen, wanneer ze werden blootgesteld aan geringe stressveroorzakende factoren, reageerden alsof er een grote dreiging was. In sommige gevallen waren de hersensystemen die verbonden zijn met de stressrespons, zo actief geworden dat ze zelfs 'opgebrand' raakten en het vermogen verloren om de andere functies te reguleren die ze normaal zouden overbrengen. Als gevolg daarvan werd ook het vermogen van de hersenen om stemmingen, sociale omgang en abstracte cognitie te regelen in gevaar gebracht.

In de tijd dat ik met de jongens in het centrum werkte, bleef ik de ontwikkeling van de stressgerelateerde neurotransmitternetwerken in het laboratorium onderzoeken. Ik keek nu niet alleen naar adrenaline en noradrenaline, maar onderzocht ook andere betrokken systemen: de systemen die serotonine, dopamine en de endogene opiaten gebruiken, ook bekend als encefaline en endorfine. Serotonine is waarschijnlijk het bekendst als het werkgebied van antidepressiva als Prozac en Zoloft; dopamine staat bekend als een chemische stof die een rol speelt bij genot en motivatie tijdens de 'high' door drugs als cocaïne en amfetamine; endogene opiaten zijn natuurlijke pijnstillers en worden beïnvloed door heroïne, morfine en vergelijkbare middelen. Deze chemische stoffen spelen allemaal een belangrijke rol bij de reactie op stress, waarbij adrenaline en noradrenaline het lichaam voorbereiden om te vechten of vluchten en dopamine het gevoel geeft bekwaam te zijn en in staat om doelen te verwezenlijken. De werking van serotonine is minder eenvoudig te kenmerken, maar opiaten werken kalmerend, ontspannend en ze verminderen de pijn die bij de reactie op stress en dreiging kan horen.

Na mijn inzicht dat Tina's symptomen op het gebied van aandacht en impulsiviteit verband hielden met een overprikkeld stresssysteem, was ik gaan denken dat kinderen als zij baat zouden kunnen hebben bij medicijnen die het stresssysteem tot rust brachten. Clonidine, een oud en meestal veilig medicijn, werd al lang gebruikt om mensen te behandelen met een normale bloeddruk, bij wie de bloeddruk omhoogschoot zodra ze onder druk stonden. Clonidine hielp om deze reactiviteit omlaag te brengen. Een voorbereidend onderzoek waarbij dit medicijn werd gebruikt had aangetoond dat het ook hielp om PTSS-gerelateerde symptomen van hyper arousal (overprikkeldheid) bij volwassen oorlogsveteranen te verminderen. In de wetenschap dat de lichamelijke symptomen van veel jongens in het centrum overeenkwamen met die van een overactief en overprikkeld stresssysteem, had ik besloten om hen met de toestemming van hun voogd clonidine te geven.

En bij velen werkte het. Binnen een paar weken nadat ze met het medicijn waren begonnen, was de hartslag in rusttoestand van de jongens genormaliseerd en hun slaap verbeterd. Hun aandacht werd gerichter en hun impulsiviteit nam af. De schoolcijfers van de jongens begonnen zelfs te verbeteren, net als hun onderlinge sociale omgang. Mij verbaasde dat natuurlijk niet.

Door de overactiviteit van hun stresssysteem te remmen werden de jongens minder snel afgeleid door signalen van dreiging. Hierdoor konden ze beter opletten tijdens het leren en gewone sociale situaties, zodat ze het beter deden op school en in hun persoonlijke relaties (zie afbeelding 3, Appendix, met aanvullende informatie).

Dit had ik allemaal aan Stan Walker uitgelegd na het ontvangen van zijn brief. Tot mijn verrassing trok hij zijn bezwaren terug en vroeg hij me om hem nog meer informatie toe te sturen over kinderen en trauma's. Ik vertelde hem dat er helaas nog weinig over dat onderwerp was geschreven. Wel stuurde ik hem een paar van de eerste werken toe en iets wat ik zelf had geschreven. Daarna had ik niets meer van hem vernomen, tot dit telefoontje.

De volgende dag probeerde ik me tijdens mijn voorbereiding op de ontmoeting met Sandy de misdaad waarvan ze getuige was geweest voor te stellen vanuit haar perspectief. Negen maanden daarvoor was ze onder het bloed en half op het naakte lichaam van haar vermoorde moeder aangetroffen, onsamenhangend jammerend. Ze was toen nog geen vier jaar oud. Hoe had ze dag na dag kunnen leven met die beelden in haar hoofd? Hoe kon ik haar voorbereiden op het getuigen voor de rechtbank en op de confrontatie van het kruisverhoor, iets wat zelfs voor volwassenen een bedreigende ervaring is? Hoe zou ze zijn?

Ik vroeg me ook af hoe ze het psychisch had overleefd. Hoe kon haar geest haar beschermen tegen zo'n traumatische ervaring? En hoe kon iemand met ook maar een greintje verstand, laat staan iemand die was opgeleid om met probleemkinderen te werken, zich niet realiseren dat ze hulp nodig had na wat ze had doorgemaakt?

Helaas overheerste destijds het idee over kinderen en trauma's – een visie die hardnekkig blijkt te zijn – dat 'kinderen veerkrachtig zijn'. Ik herinner me dat ik in die tijd ergens kwam waar net een moord was gepleegd, samen met een collega die een traumaresponsteam had opgestart om hulpverleners die als eerste getuige zijn van misdaden en ongelukken bij te staan. Politie, paramedici en brandweerlieden zien vaak verschrikkelijke beelden van dood, verminking en verwoesting, wat natuurlijk zijn tol eist. Mijn collega was met recht trots op de diensten die hij ter plekke verleende om deze beroepskrachten te helpen. Terwijl we door het huis liepen waar de bank doordrenkt was met het bloed van het slachtoffer en de spatten op de muren zaten, zag ik drie kleine kinderen als zombies in de hoek van de kamer staan.

'En die kinderen dan?' vroeg ik, kijkend naar de drie met bloed bespatte getuigen. Hij wierp hen een blik toe, dacht even na en antwoordde: 'Kinderen zijn veerkrachtig. Zij redden zich wel.' Omdat ik nog jong was en respect had voor mijn oudere collega knikte ik bevestigend, alsof ik zijn wijsheid eerbiedigde, maar vanbinnen schreeuwde ik het uit.

Kinderen zijn juist ontvankelijker voor trauma's dan volwassenen; dat wist ik door Seymour Levine's werk en dat van tientallen anderen. Veerkrachtige kinderen worden gemaakt, niet geboren. Het brein in ontwikkeling is plooibaar en zeer gevoelig voor ervaringen – in goede en in slechte zin – vroeg in het leven. (Daarom leren we zo snel en gemakkelijk een taal, sociaal onderscheid, motorische vaardigheden en tientallen andere dingen in onze jeugd, en daarom spreken we van 'vormende' ervaringen.) Kinderen worden veerkrachtig als gevolg van de patronen van stress en koestering die ze ervaren in hun vroege leven, zoals we verderop in dit boek in meer detail zullen lezen. Als we jong zijn, veranderen we dus ook snel en gemakkelijk door een trauma. Hoewel het niet altijd zichtbaar is voor het ongeoefende oog, begin je er wanneer je eenmaal weet wat een trauma kan doen met kinderen helaas overal sporen van te zien.

In die tijd werd er in mijn laboratorium onderzoek gedaan naar neurobiologische mechanismen, waarvan ik wist dat ze verband hielden met veerkracht en ontvankelijkheid voor stress. We onderzochten een merkwaardig maar zeer belangrijk effect van drugs die de systemen van het brein stimuleren die ik had bestudeerd. Deze effecten heten 'sensitisatie' en 'tolerantie', en ze hebben verregaande gevolgen voor het begrip van de menselijke geest en zijn reactie op trauma's.

Bij sensitisatie leidt een patroon van stimuli tot een verhoogde sensitiviteit voor toekomstige, vergelijkbare stimuli. Dit is waargenomen bij de Vietnamveteranen en de ratten die genetisch overgevoelig waren voor stress of dat werden doordat ze er op jonge leeftijd aan blootgesteld waren. Wanneer het brein sensitiever wordt, kan zelfs geringe stress enorme reacties uitlokken. Bij tolerantie daarentegen dempt iemands reactie op een ervaring in de loop der tijd. Beide factoren zijn belangrijk voor het functioneren van het geheugen: als we niet tolerant zouden worden voor vertrouwde ervaringen, zouden deze altijd nieuw en mogelijk overweldigend zijn. Het brein zou net zoals een oude computer waarschijnlijk een tekort krijgen aan opslagruimte.

Evenzo zouden we als we niet steeds gevoeliger werden voor bepaalde dingen, onze reacties erop niet kunnen verbeteren. Vreemd genoeg kunnen beide effecten bereikt worden met dezelfde hoeveelheid van hetzelfde middel, maar krijg je totaal verschillende resultaten als het patroon van de inname anders is. Als bijvoorbeeld een rat of een mens kleine, frequente doses van een drug als cocaïne of heroïne krijgt, die inwerken op de dopamine- en opiaatsystemen, verliest de drug zijn 'kracht'. Dit is deels wat er gebeurt bij een verslaving: de verslaafde raakt tolerant, waardoor hij meer van de drug nodig heeft om hetzelfde effect te bereiken. Als je daarentegen een dier elke dag precies dezelfde hoeveelheid van een drug geeft, maar in grote, infrequente doses, 'wint' de drug zelfs aan kracht. Binnen twee weken kan een dosis die op de eerste dag een milde reactie uitlokte, zelfs een verregaande en langdurige overreactie veroorzaken op dag veertien. Sensitisatie voor een drug kan in sommige gevallen leiden tot een attaque en zelfs tot de dood, een verschijnsel dat verantwoordelijk kan zijn voor sommige, anderszins onverklaarbare drugoverdoses. Helaas voor verslaafden ontstaan door hun hunkering naar drugs gebruikspatronen die tolerantie in de hand werken, en niet sensitisatie voor de 'high' waarnaar ze verlangen, terwijl er tegelijkertijd sensitisatie voor bepaalde ongewenste effecten ontstaat, zoals de paranoia die bij cocaïnegebruik optreedt.

Belangrijker voor ons doel is dat veerkracht of ontvankelijkheid voor stress afhangen van de tolerantie of sensitisatie van iemands neurale systeem als gevolg van eerdere ervaringen. Deze effecten kunnen ook het verschil tussen stress en trauma helpen verklaren, een belangrijk verschil bij kinderen als Tina en Sandy. 'Use it or lose it' hoor je bijvoorbeeld vaak in de sportschool, en terecht. Inactieve spieren worden slap, actieve spieren worden sterker. Dit principe wordt 'gebruiksafhankelijk' genoemd. Op dezelfde manier geldt dat hoe meer een systeem in het brein geactiveerd wordt, hoe meer dat systeem synaptische verbindingen zal bouwen of in stand houden.

De veranderingen – een soort geheugen – in spieren treden op omdat door patroonmatige, herhaalde activiteit een signaal naar de spiercellen wordt gestuurd dat je 'op dat niveau zal werken' zodat ze de moleculaire veranderingen bewerkstelligen die vereist zijn om dat werk gemakkelijk te kunnen verrichten. Maar om de spier te veranderen moeten de herhalingen patroonmatig zijn. Door tien kilo dertig keer omhoog te tillen in drie opeenvolgende sets van tien bewegingen per keer, krijg je sterkere spieren. Als je tien kilo in de loop van een dag dertig keer omhoog tilt met willekeurige tussenpozen dan zijn de signalen naar de spier inconsistent, chaotisch en onvoldoende om de spiercellen sterker te laten worden. Zonder patroon hebben precies dezelfde herhalingen met precies even zware gewichten veel minder effect.

Om een effectief 'geheugen' te creëren en kracht te vergroten moet een ervaring een patroon hebben en herhaald worden.

Hetzelfde geldt voor neuronen, neurale systemen en het brein. Ervaringspatronen doen ertoe. Op celbasis is geen enkel ander weefsel geschikter om te veranderen in reactie op patroonmatige, herhaalde signalen. Neuronen zijn ervoor gemaakt. Door dit moleculaire talent is het mogelijk dingen te onthouden. Er ontstaan synaptische verbindingen die ons in staat stellen om te eten, typen, de liefde te bedrijven, basketbal te spelen en al het andere te doen waartoe een mens in staat is. Door deze complexe structuren van onderlinge verbondenheid werkt het brein.

Maar door je spieren of je brein te dwingen te werken, zet je ze wel onder druk. Biologische systemen bestaan in evenwicht. Om te kunnen functioneren moeten ze binnen een bepaald afgeperkt bereik blijven dat past bij hun huidige activiteit, en het brein is belast met het in stand houden van dit zeer belangrijke evenwicht. De eigenlijke ervaring is een stressveroorzakende factor; de impact op het systeem is stress. Als je gedurende het sporten uitgedroogd raakt bijvoorbeeld, zal die stress ervoor zorgen dat je dorst krijgt omdat je brein je ertoe probeert aan te zetten het benodigde vocht aan te vullen. Op dezelfde wijze wordt er wanneer een kind een nieuw woord leert, een beetje druk uitgeoefend op de hersenschors, waarvoor herhaalde stimulering nodig is om de juiste herinnering te verkrijgen. Zonder druk of stress zou het systeem niet weten dat er iets nieuws is om aandacht aan te besteden. Met andere woorden: stress is niet altijd verkeerd.

Als de stress gematigd, voorspelbaar en patroonmatig is, wordt een systeem er juist sterker en functioneel vaardiger door. De spier die sterker is in het heden, is dus de spier die gematigde stress of druk heeft ondergaan in het verleden. Hetzelfde geldt voor de stressreactiesystemen van het brein. Met gematigde, voorspelbare uitdagingen worden onze stressreactiesystemen in lichte mate geactiveerd. Hier wordt het vermogen om op stress te reageren veerkrachtig en flexibel van. Het stressreactiesysteem dat sterker is in het heden, heeft gematigde, patroonmatige stress ondervonden in het verleden.

Dat is echter niet het hele verhaal. Als je 90 kilo probeert te bankdrukken tijdens je eerste bezoek aan de sportschool, zul je daar, als je er al in slaagt het gewicht op te heffen, niet gauw spiermassa mee opbouwen, maar je eerder bezeren en je spieren scheuren. Het patroon en de intensiteit van de ervaring zijn belangrijk. Als een systeem overbelast wordt – het moet boven zijn vermogen werken – kan dit een grote achteruitgang, desorganisatie en disfunctie tot gevolg hebben, of je nu je rugspieren in de sportschool overbelast of de stressnetwerken van je brein omdat je geconfronteerd wordt met traumatische stress.

Dit betekent ook dat, door het versterkende effect van eerdere, gematigde en patroonmatige ervaringen, een- en hetzelfde ding traumatisch stressvol is voor de ene persoon terwijl het onbeduidend is voor de ander. Net zoals een bodybuilder gewichten kan heffen die ongetrainde mensen niet eens in beweging kunnen krijgen, kunnen sommige hersenen traumatische ervaringen verwerken waar andere zwaar beschadigd van zouden raken. De context, timing en respons van anderen zijn zeer belangrijk. De dood van een ouder is veel traumatischer voor het tweejarige kind van een alleenstaande moeder dan voor een vijftigjarige getrouwde man met kinderen.

In Tina's geval en die van de jongens in het centrum lag hun stresservaring ver boven het verwerkingsvermogen van hun jonge systemen. In plaats van een gematigde, voorspelbare en versterkende activering van hun stresssystemen, hadden ze te lijden gehad onder onvoorspelbare, langdurige en extreme ervaringen die diepe wonden hadden geslagen in hun jonge levens. Het kon niet anders of dit gold ook voor Sandy.

Voor ik haar ontmoette, probeerde ik zoveel mogelijk over Sandy's achtergrond en verleden te weten te komen. Ik sprak met haar huidige pleeggezin, haar nieuwe maatschappelijk werker en daarna met haar naaste familie. Ik kwam te weten dat ze ernstige slaapproblemen had en dat ze zeer onrustig was. Men vertelde me dat ze een verhoogde schrikreactie had. Net zoals de Vietnamveteranen met wie ik had gewerkt, sprong ze op bij het geringste, onverwachte geluid. Ook zat ze bij vlagen te dagdromen, en dan was het zeer moeilijk om haar zover te krijgen ermee op te houden. Een arts die haar zag zonder haar geschiedenis te kennen, had haar misschien de diagnose van de epilepsievormen 'absence' of 'petit mal' toegekend: zo moeilijk was ze dan te bereiken.

Verder hoorde ik dat Sandy soms agressieve woedeaanvallen had. Haar pleeggezin kon geen patroon herkennen in dit gedrag en kon ook niet aanwijzen wat er de oorzaak van was. Wel vermeldden ze een aantal andere 'vreemde' gedragingen: Sandy wilde geen tafelzilver gebruiken. Het wekt geen verbazing dat ze vooral bang was voor messen, maar ze weigerde ook melk te drinken of zelfs maar naar melkflessen te kijken. Wanneer de deurbel ging, verstopte ze zich als een schuwe kat, soms zo effectief dat haar pleegouders er twintig minuten over deden om haar te vinden. Soms werd ze onder een bed gevonden, achter een bank, in een kastje onder het aanrecht, waar ze zat te wiegen en te huilen.

Zo veerkrachtig zijn kinderen dus. Alleen al aan Sandy's schrikreactie kon ik aflezen dat haar stressreactiesystemen overprikkeld waren. Als ze haar als getuige zouden laten voorkomen, zou ze ondergedompeld worden in pijnlijke herinneringen aan die afschuwelijke nacht. Ik moest een idee krijgen van of ze het kon verdragen of niet. Al wilde ik het niet, ergens tijdens die eerste ontmoeting zou ik een beetje in haar geheugen moeten graven om te kijken hoe ze zou reageren. Ik troostte mezelf met de wetenschap dat een beetje pijn nu haar kon helpen beschermen tegen heel veel pijn later, en dat die haar zelfs kon helpen om het genezingsproces in te zetten.

Ik ontmoette Sandy voor het eerst in een kamertje in een typisch, steriel overheidsgebouw. Het was ontworpen om 'kindvriendelijk' te zijn, met kindermeubilair, speelgoed, kleurpotloden, kleurboeken en papier. Er waren een paar stripfiguren op de muren geschilderd, maar de betegelde vloer en de B2-blokken schreeuwden het uit: 'systeem'. Toen ik binnenkwam, zat Sandy op de grond met een paar poppen om zich heen. Ze kleurde. Net als tijdens mijn eerste ontmoeting met Tina viel me als eerste op dat ze zo klein was. Ik gokte dat ze maar negentig centimeter lang was. Ze had enorme bruine ogen en lang dik bruin krulhaar. Aan beide kanten van haar nek zaten zichtbare littekens, van haar oren naar het midden van haar keel. Ze waren echter veel minder opvallend dan ik me had voorgesteld; de plastisch chirurgen hadden hun werk goed gedaan. Zodra ik naar binnen liep met Stan, hield ze overal mee op en staarde me verstijfd aan.

Stan stelde me voor. 'Sandy, dit is de dokter over wie ik je heb verteld. Hij gaat met je praten, goed?' vroeg hij bezorgd. Ze verroerde zich geen millimeter. De behoedzame uitdrukking op haar gezicht veranderde niet. Vervolgens keek Stan van mij naar haar haar, hij glimlachte breed en zei met zijn beste, vrolijke kinderdagverblijfstem: 'Oké. Goed. Nou, dan laat ik jullie maar alleen.' Terwijl hij naar buiten liep, keek ik hem na alsof hij gek was, verbaasd dat hij totaal voorbijging aan het feit dat Sandy nog niet eens op zijn vraag had gereageerd. Toen ik weer naar Sandy keek, lag op haar gezicht dezelfde uitdrukking als op het mijne. Ik schudde mijn hoofd, haalde mijn schouders op en glimlachte een beetje. Alsof ze voor de spiegel stond, deed Sandy precies hetzelfde.

Aha! Contact! Dat was een goed begin, dacht ik. Laat het niet wegglippen. Ik wist dat als ik naar dat kleine meisje toe zou lopen – ik ben best groot – haar overprikkelde schrikreactie op tilt zou slaan. Haar omgeving was al zo anders – andere volwassenen, andere plaats, andere situatie – en ik wilde dat ze zo rustig mogelijk bleef.

'Ik wil ook kleuren,' zei ik zonder haar aan te kijken. Ik wilde zo voorspelbaar mogelijk zijn en haar stap voor stap laten weten wat ik ging doen. Niet plotseling bewegen. Maak jezelf kleiner, dacht ik, ga op de grond zitten. Kijk haar niet aan, ga niet met je gezicht naar haar toe zitten, beweeg je langzaam en doelbewust onder het kleuren. Ik ging op de grond zitten, een meter bij haar vandaan. Ik probeerde zo kalm en geruststellend mogelijk te praten.

'Ik vind rood heel mooi. Deze auto moet rood worden,' zei ik, wijzend naar een plaatje in mijn kleurboek.

Sandy bestudeerde mijn gezicht, mijn handen en mijn langzame bewegingen. Ze lette slechts gedeeltelijk op wat ik zei. Dit kleine meisje was met recht wantrouwig. Lange tijd zat ik in mijn eentje te kleuren, kletsend over de keuze van de kleuren, zo achteloos en vriendelijk mogelijk zonder overdreven 'vrolijk' te doen zoals Stan toen hij zijn angst had willen maskeren. Uiteindelijk verbrak Sandy het ritme door iets naar me toe te schuiven en me zwijgend aan te wijzen welke kleur ik moest gebruiken. Ik gehoorzaamde. Toen ze eenmaal bij me zat, hield ik op met praten. Minutenlang zaten we samen zwijgend te kleuren.

Ik moest haar nog vragen wat er was gebeurd, maar ik voelde dat ze wist dat ik daarvoor was gekomen – en dat ze wist dat ik wist dat zij dat wist. Alle volwassenen in haar 'nieuwe' leven hadden haar vroeg of laat op de een of andere manier naar die nacht laten terugkeren.

'Wat is er met je keel gebeurd?' vroeg ik, wijzend naar de twee littekens. Ze deed alsof ze me niet hoorde. Haar gezichtsuitdrukking veranderde niet. De snelheid waarmee ze kleurde, veranderde niet.

Ik herhaalde de vraag. Nu verstijfde ze. Ze hield op met kleuren. Haar ogen staarden naar een punt in de ruimte, zonder te knipperen. Ik vroeg het nog een keer. Ze pakte haar potlood en krabbelde over haar nette, goed ingekleurde kleurplaat, maar ze gaf geen reactie.

Daarna vroeg ik het nog een keer. Ik had hier een hekel aan. Ik wist dat ik haar naar haar pijnlijke herinneringen toe duwde.

Sandy stond op, pakte een knuffelkonijn, hield het vast bij zijn oren en haalde met het potlood uit naar de keel van de knuffel. Tijdens het steken herhaalde ze: 'Het is voor je eigen bestwil, kind.' Steeds weer, als een vastgelopen opname.

Ze wierp het konijn op de grond, rende naar de verwarming, klom erop en sprong eraf, keer op keer. Ze reageerde niet op mijn waarschuwingen dat ze voorzichtig moest zijn. Omdat ik bang was dat ze zich pijn zou doen, stond ik op om haar op te vangen toen ze weer sprong. Ze smolt in mijn armen. Daarna zaten we nog een paar minuten zo bij elkaar. Haar gehaaste ademhaling kalmeerde en stokte daarna bijna. En daarna vertelde ze langzaam en monotoon als een robot over die nacht.

Een kennis van haar moeder was naar hun appartement gekomen. Hij had aangebeld en haar moeder had hem binnengelaten. 'Mama schreeuwde en de slechte man deed haar pijn,' zei ze. 'Ik had hem dood moeten maken.'

'Toen ik uit mijn kamer kwam en mama lag te slapen, toen stak hij mij,' vervolgde ze. 'Hij zei: "Het is voor je eigen bestwil, kind."' De aanvaller had haar keel twee keer doorgesneden. Sandy was meteen op de grond gevallen. Later kwam ze weer bij en probeerde ze haar moeder 'te wekken'. Ze haalde melk uit de ijskast en kokhalsde toen ze wat probeerde te drinken. De melk sijpelde door de snee in haar keel naar buiten. Ze probeerde haar moeder melk te laten drinken, maar 'ze had geen dorst,' vertelde Sandy me. Sandy doolde elf uur door de woning voor er iemand arriveerde. Een familielid dat bezorgd was omdat Sandy's moeder de telefoon niet opnam, kwam poolshoogte nemen en trof het afgrijselijke tafereel aan.

Aan het eind van dat gesprek wist ik zeker dat het Sandy kapot zou maken als ze moest getuigen. Ze had hulp nodig en als ze toch zou moeten getuigen, had ze meer tijd nodig om zich voor te bereiden. Later bleek Stan erin te zijn geslaagd om de zitting op te schorten. 'Kunt u de therapie doen?' vroeg hij aan me. Uiteraard. Ik kon geen nee zeggen.

De beelden van Sandy die zich tijdens dat eerste gesprek in mijn geest brandden, waren ontstellend: een driejarig kind met doorgesneden keel, dat huilend troost biedt aan en troost zoekt bij het naakte, geknevelde, bloederige en uiteindelijk koude lichaam van haar moeder. Wat moet ze zich hulpeloos, verward en doodsbang hebben gevoeld! Haar symptomen – haar 'absences', haar ontwijkende reacties op mijn vragen, dat ze zich verstopte, haar specifieke angsten – waren verdedigingsmechanismen die haar brein had bedacht om het trauma op een afstand te houden. Begrip voor die verdedigingsmechanismen was van essentieel belang om haar en andere kinderen zoals zij te helpen.

Al in de baarmoeder en na de geboorte verwerkt ons brein elk moment van elke dag de onophoudelijke reeks signalen die binnenkomen via onze zintuigen. Zicht, geluid, tast, geur en smaak; alle rauwe zintuiglijke gegevens die resulteren in deze sensaties komen binnen in de lagere delen van het brein en beginnen een meertrapsproces van categorisatie, vergelijking met eerder opgeslagen patronen en uiteindelijk, indien nodig, actie.

In veel gevallen is het patroon van binnenkomende signalen zo herhaald, zo vertrouwd, zo veilig en het geheugensjabloon dat bij dit patroon past zo diepgeworteld, dat je brein ze eigenlijk negeert. Deze vorm van tolerantie wordt gewenning genoemd.

We negeren vertrouwde patronen in een gewone context, en wel zodanig dat we grote delen van onze dagen vergeten die we doorbrengen met routinedingen zoals tandenpoetsen of aankleden.

We herinneren het ons wel als een vertrouwd patroon uit de context wordt gehaald. Wanneer je bijvoorbeeld aan het kamperen bent en je tanden poetst bij zonsopgang. De schoonheid van het moment is dan zo sterk dat je je deze keer zult herinneren als uniek. Emoties zijn belangrijke contextbakens. Het plezier en de vreugde van de zonsopgang op dat moment is ongebruikelijk voor het geheugensjabloon van 'tandenpoetsen', zodat het levendiger en gemakkelijker te onthouden is.

Zo worden als je toevallig je tanden staat te poetsen wanneer je huis door een aardbeving wordt verwoest die twee gebeurtenissen in je geest voor altijd verbonden en samen herinnerd. Negatieve emoties maken dingen vaak nog memorabeler dan positieve, omdat het zo belangrijk is om te overleven om je dingen te herinneren die bedreigend zijn – en die situaties in de toekomst zo mogelijk te vermijden. Een muis die bijvoorbeeld niet heeft geleerd om de geur van katten na een slechte ervaring te ontwijken, zal niet veel jongen krijgen. Het resultaat is echter dat zulke associaties de bron van traumagerelateerde symptomen worden. Een overlevende van een aardbeving die haar tanden stond te poetsen toen het huis om haar heen instortte, kan bij het zien van een tandenborstel al een ernstige angstreactie krijgen.

In Sandy's geval werd melk, die ze ooit associeerde met koestering en voeding, nu het spul dat uit haar keelwond sijpelde en dat haar moeder 'weigerde' toen ze dood op de grond lag. Tafelzilver was niet langer iets wat je gebruikte om je eten op te eten, maar iets wat vermoordde, verminkte en angstaanjagend was. En deurbellen – tja, daar was alles mee begonnen: de tring van de deurbel had de komst van de moordenaar aangekondigd.

Voor haar waren deze alledaagse, gewone dingen suggestieve signalen geworden die haar in een staat van voortdurende angst hielden. Hierdoor werden haar pleegouders en haar leerkrachten natuurlijk in verwarring gebracht, want zij wisten niet precies wat er die nacht met haar was gebeurd en herkenden daarom vaak niet de oorzaak van haar vreemde gedrag. Ze begrepen niet waarom ze het ene moment zo lief en het volgende zo impulsief, opstandig en agressief was. De uitbarstingen leken geen verband te houden met gebeurtenissen of interacties die de volwassenen konden aanwijzen. Maar zowel haar onvoorspelbaarheid als de aard van haar gedrag was volkomen logisch. Haar brein probeerde haar te beschermen op basis van wat het eerder over de wereld had geleerd.

Het brein vergelijkt altijd nieuw binnenkomende patronen met vooraf opgeslagen sjablonen en associaties. Dit vergelijkingsproces vindt aanvankelijk plaats in de laagste, eenvoudigste delen van het brein, waar zoals je misschien nog weet de neurale systemen beginnen die betrokken zijn bij de respons op dreiging. Zodra de informatie zich na dit eerste verwerkingsstadium naar boven verplaatst, krijgt het brein nieuwe kansen om de gegevens nader te bekijken en te integreren. Maar eerst wil het dit weten: zijn deze binnenkomende gegevens mogelijk gevaarlijk?

Als de ervaring vertrouwd is en bekend staat als veilig, zal het stresssysteem van het brein niet geactiveerd worden. Als de binnenkomende informatie echter in eerste instantie onbekend, nieuw of vreemd is, ontketent het brein direct een stressreactie. Hoe uitgebreid deze stresssystemen geactiveerd worden, houdt verband met hoe dreigend de situatie overkomt. Je moet begrijpen dat we standaard zijn ingesteld op wantrouwen, niet op acceptatie. Wanneer we voor een nieuw en onbekend activeringspatroon worden gesteld, worden we op zijn minst waakzamer. Het doel van ons brein is dan eerst meer informatie te verzamelen om de situatie te onderzoeken, en dan te bepalen hoe gevaarlijk ze kan zijn. Aangezien de mens voor andere mensen altijd het dodelijkste dier is geweest, houden we non-verbale signalen zoals stemklank, gezichtsuitdrukking en lichaamstaal nauwlettend in de gaten.

Na verder onderzoek kan ons brein inzien dat het nieuwe activeringspatroon veroorzaakt werd door iets vertrouwds dat buiten zijn gewone context is geplaatst. Als je bijvoorbeeld in de bibliotheek zit te lezen en iemand laat een zwaar boek op een tafel vallen, zul je door het harde geluid meteen ophouden met lezen. Je zult je arousalrespons activeren, je op de bron van het geluid richten, het als een veilig, bekend ongeluk categoriseren – vervelend, dat wel, maar niets om je zorgen over te maken. Als je daarentegen een hard geluid in de bibliotheek hoort, je omdraait en ziet dat andere mensen geschrokken kijken, opkijkt en een man met een geweer ziet, zal je brein van arousal naar alarm schieten en daarna waarschijnlijk naar onvervalste angst. Als je binnen een paar minuten verneemt dat het een slechte studentengrap was, zal je brein langzaam terugkeren langs dit continuüm van opwinding naar een staat van kalmte.

De angstrespons wordt gesorteerd, gekalibreerd naar de mate van dreiging zoals waargenomen door het brein (zie afbeelding 3, Appendix). Terwijl je banger wordt, gaan de systemen in je hersenen door met het integreren van binnenkomende informatie en zetten ze een totale lichaamsreactie in touw die erop gericht is je in leven te houden. Voor dat doel werkt een indrukwekkend aantal neurale en hormonale systemen samen om ervoor te zorgen dat je brein en de rest van je lichaam de juiste dingen doen. Ten eerste zorgt je brein ervoor dat je niet meer aan irrelevante dingen denkt door het geklets van de frontale hersenschors af te sluiten. Daarna richt het zich op signalen van andere mensen om je heen om je te helpen bepalen wie jou zou kunnen beschermen of bedreigen, door de onderdelen van het limbisch systeem die sociale signalen lezen het over te laten nemen. Je hartslag versnelt om het bloed naar je spieren te sturen voor het geval je moet vechten of vluchten. Ook je spierspanning wordt verhoogd en sensaties als honger worden opzijgezet. Je brein bereidt je op duizenden verschillende manieren voor om je te beschermen.

Wanneer je rustig bent, is het eenvoudig om in je hersenschors te leven en de hoogste vermogens van je brein te gebruiken om over abstracte zaken te denken, plannen te maken, over de toekomst te dromen, te lezen. Maar als iets je aandacht trekt en inbreuk maakt op je gedachten, word je waakzamer en concreter en verschuift de balans van je hersenactiviteiten naar subcorticale gebieden om je zintuigen gevoeliger te maken zodat je dreigingen kunt waarnemen. Wanneer we ons over het arousalcontinuüm naar boven verplaatsen, in de richting van angst, zijn we afhankelijk van de lagere en snellere gebieden van onze hersenen. Wanneer je bijvoorbeeld totaal in paniek bent, zijn je reacties reflexief en staan ze praktisch niet onder bewuste controle. Angst maakt je bijna letterlijk dommer, een eigenschap waardoor je sneller kunt reageren in kortere tijd zodat je beter in staat bent direct te overleven. Maar angst kan maladaptief worden als het gevoel niet verdwijnt, als het wordt vastgehouden; het systeem van dreiging wordt sensitief gemaakt en houdt ons voortdurend in deze staat. Deze 'hyper-arousalreactie' verklaarde veel van Sandy's symptomen.

Maar niet allemaal. Het brein heeft niet slechts een reeks aanpassingen voor dreiging. In de situatie die Sandy doormaakte, was ze zo klein en machteloos en was de dreiging die ze ervoer zo overweldigend dat ze niet in staat was te vechten of te vluchten. Als haar brein had gereageerd door haar hartslag te versnellen en haar spieren voor te bereiden op actie, was ze waarschijnlijk doodgebloed na te zijn neergestoken. Ons brein heeft zelfs voor deze situaties een reeks aanpassingen, en daarmee wordt een andere belangrijke reeks traumagerelateerde symptomen verklaard, bekend als 'dissociatieve' reacties.

Dissociatie is een heel primitieve reactie: de vroegste levensvormen (en de jongste leden van de hogere soorten) kunnen op eigen kracht zelden ontsnappen aan nare situaties. Hun enige mogelijke reactie wanneer ze aangevallen worden of gewond zijn is zich op te rollen en zo klein mogelijk te maken, om hulp te roepen en te hopen op een wonder. Deze reactie lijkt voort te komen uit de primitiefste hersensystemen, die in de hersenstam en de onmiddellijke omgeving daarvan liggen. Voor baby's en kleine kinderen die niet voldoende in staat zijn om te vechten of vluchten, is een dissociatieve reactie op extreme stressveroorzakende factoren gewoon. Het komt ook vaker voor bij vrouwen dan bij mannen, en als het lang duurt heeft iemand met dissociatie meer kans op posttraumatische stresssymptomen.

Tijdens dissociatie bereidt het brein het lichaam voor op verwondingen. Het bloed wordt van de ledematen weggevoerd en de hartslag vertraagt zodat eventueel bloedverlies uit wonden minder zal zijn. Een stroom endogene opiaten – de natuurlijke op heroïne lijkende stoffen van het brein – wordt vrijgelaten, waardoor pijn wordt verdoofd, er een soort rust komt en een gevoel van psychologische afstand ontstaat tot wat er gebeurt.

Net zoals de hyper-arousalreactie verloopt de dissociatieve respons gefaseerd via een continuüm. Gewone toestanden als dagdromen en de overgang tussen slapen en waken zijn milde vormen van dissociatie. Hypnotische trance is een ander voorbeeld. Bij extreme dissociatieve ervaringen wordt de persoon echter totaal naar binnen gericht en afgesneden van de realiteit. Hersengebieden die het denken beheersen, verschuiven van het plannen van actie naar het zich bezighouden met simpel overleven. Er is een gevoel dat de tijd vertraagd is en dat wat er gebeurt niet 'echt' is. De ademhaling vertraagt. Pijn en zelfs angst verdwijnen. Mensen vertellen vaak zich emotieloos en verdoofd te voelen, alsof wat er met hen gebeurt een filmpersonage overkomt.

Bij de meeste traumatische ervaringen is er echter niet een, maar een combinatie van deze twee belangrijkste responsen. In veel gevallen kan een lichte dissociatie tijdens een traumatische gebeurtenis inderdaad de intensiteit en de duur van de hyper-arousalrespons temperen. Een soldaat kan bijvoorbeeld effectief blijven functioneren zonder in paniek te raken, door zijn vermogen om 'verdoofd' en gedeeltelijk robotachtig te worden tijdens de strijd. Maar in sommige gevallen overheerst een van de patronen. En als deze patronen lang genoeg herhaaldelijk worden geactiveerd, vanwege de intensiteit, de duur of het patroon van het trauma, komen er 'gebruiksafhankelijke' veranderingen in de neurale systemen die deze responsen tot stand brengen. Het resultaat is dat deze systemen overactief en overgevoelig kunnen worden, waardoor er een scala aan emotionele, gedrags- en cognitieve problemen overblijft, nog lang nadat de traumatische gebeurtenis voorbij is.

We zijn tot het inzicht gekomen dat veel posttraumatische symptomen in feite verbonden zijn met of dissociatieve of hyper-arousalreacties op herinneringen aan het trauma. Deze reacties kunnen mensen helpen om een direct trauma te overleven, maar als ze aanhouden, kunnen ze gaandeweg voor ernstige problemen zorgen op andere gebieden van het leven.

Er zijn weinig betere voorbeelden van traumagerelateerde problemen dan wat ik bij die jongens in het centrum voor kinder- en jeugdpsychiatrie heb gezien. De impact van een trauma – en de frequente verkeerde interpretatie van de symptomen ervan – vertaalde zich in het feit dat bijna alle jongens een diagnose hadden gekregen die verband hield met aandachts- en gedragsproblemen. Helaas lijken zowel dissociatie als hyper-arousalreacties opvallend veel op een aandachtstekortstoornis, hyperactiviteit of oppositioneel-opstandige stoornis.

Gedissocieerde kinderen letten duidelijk niet op: ze lijken te dagdromen of 'even te vertrekken' in plaats van zich op hun schoolwerk te concentreren, en ze hebben de wereld om hen heen inderdaad even uitgezet. Kinderen met hyper arousal, die overprikkeld zijn, kunnen hyperactief of onoplettend lijken, omdat ze aandacht besteden aan de stem van de leraar of de lichaamstaal van de andere kinderen en niet aan de inhoud van de les.

De agressie en impulsiviteit die worden uitgelokt door de vecht-of-vluchtreactie kunnen ook overkomen als opstandigheid of als oppositie, terwijl ze in feite de overblijfselen zijn van een reactie op een vroegere, traumatische situatie die het kind zich om de een of andere reden herinnert. Het verstijven van het lichaam in reactie op stress – het je opeens niet kunnen bewegen als een dier gevangen in het licht van de koplampen – wordt door leraren ook vaak verkeerd geïnterpreteerd als een ongehoorzame weigering omdat het kind in zo'n geval letterlijk niet kan reageren op bevelen. Hoewel niet alle gevallen van ADD, hyperactiviteit en oppositioneel-opstandige stoornissen traumagerelateerd zijn, zijn de symptomen die tot deze diagnoses leiden waarschijnlijk vaker traumagerelateerd dan we tot nog toe hebben durven vermoeden.

De eerste keer dat ik Sandy ontmoette voor een therapiesessie, was in de hal van een kerk. Omdat ze nog steeds zou gaan getuigen moest ze beschermd worden tegen de bendeleden van de moordenaar, die niet gearresteerd konden worden omdat ze niet rechtstreeks betrokken waren geweest bij de misdaad. Daarom spraken we af op ongebruikelijke plekken en op ongebruikelijke tijden. Vaak was het op een zondag in een kerk. Ze was er met haar pleegouders. Ik begroette hen. Sandy herkende me, maar glimlachte niet.

Ik bracht haar pleegmoeder naar de ruimte waar de sessie plaats zou vinden, een peuterspeelzaal. Daarna pakte ik wat kleurpotloden en papier en ging ik op het tapijt liggen om te kleuren. Na een minuutje of twee kwam Sandy bij me op de grond zitten. Ik keek op naar de pleegmoeder en zei: 'Sandy, mevrouw Sally* gaat naar de kerk terwijl wij spelen. Vind je dat goed?'

Ze keek niet op, maar antwoordde: 'Oké.'

We zaten op de grond en kleurden zonder iets te zeggen. Tien minuten lang was ons spel net als tijdens het eerste bezoek in het rechtbankgebouw. Daarna veranderde het. Sandy hield op met kleuren. Ze haalde het potlood uit mijn hand, trok aan mijn arm en rukte aan mijn schouder zodat ik met mijn gezicht naar beneden op de grond moest gaan liggen.

'Welk spelletje is dit?' vroeg ik speels.

'Nee. Niet praten,' zei ze. Ze was dodelijk serieus en gebruikte kracht. Ze dwong me mijn knieën te buigen en mijn armen op mijn rug te doen, alsof ik aan handen en voeten gebonden was. Daarna vond de reënscenering plaats. De volgende veertig minuten liep ze door het klaslokaal, dingen mompelend waarvan ik er maar een paar verstond.

'Dit is goed. Dit kun je eten,' zei ze terwijl ze plastic groenten naar me bracht en me die probeerde te voeren. Daarna haalde ze een deken om me te bedekken. In die eerste therapiesessie benaderde ze me, lag ze op me, schudde ze me heen en weer, opende mijn mond en ogen en liep ze weg om iets in de kamer te halen, meestal terugkerend met een speelgoedje of ander voorwerp. Ze speelde haar eigen aanval niet na, en de rest van de tijd die ik met haar werkte, speelde ze die nooit helemaal na, maar ze zei wel vaak: 'Voor je eigen bestwil, kind,' onder het rondlopen.

In de tussentijd moest ik precies doen wat ze wilde: niet praten, niet bewegen, niet bemoeien, niet ophouden. Ze moest de touwtjes in handen hebben terwijl ze de gebeurtenis naspeelde. En dat ze de touwtjes in handen had, zo begon ik in te zien, zou van cruciaal belang zijn om haar te helpen genezen.

Een van de bepalende elementen van een traumatische ervaring – en vooral een die zo traumatisch is dat iemand erdoor in een dissociatie belandt omdat er anders geen ontkomen aan is – is immers een totaal verlies aan controle en een gevoel van opperste machteloosheid. Als gevolg daarvan vormt het terugwinnen van controle een belangrijk onderdeel van het leren omgaan met traumatische stress. Dit wordt overduidelijk in het klassieke onderzoek naar een verschijnsel dat bekend is geworden als 'aangeleerde hulpeloosheid'. Martin Seligman en zijn collegae aan de universiteit van Pennsylvania creëerden het experimentele paradigma waarin twee dieren (in dit geval ratten) zijn ondergebracht in twee afzonderlijke, maar aan elkaar grenzende kooien. In een van de kooien krijgt de rat elke keer dat hij een hendel overhaalt om eten te krijgen eerst een elektrische schok. Dat is natuurlijk stressvol voor de rat, maar in de loop der tijd weet hij dat hij na de schok eten krijgt, hij past zich aan en kan er dan beter tegen. De rat weet dat hij alleen een schok krijgt als hij de hendel overhaalt, zodat hij een bepaalde mate van controle over de situatie heeft. Zoals besproken zal een voorspelbare en beheersbare stressveroorzakende factor in de loop der tijd minder 'stress' betekenen voor het systeem doordat de tolerantie ervoor toeneemt.

In de tweede kooi daarentegen kan de rat net zoals in de eerste kooi de hendel overhalen om eten te krijgen, maar krijgt hij pas een schok wanneer de *andere* rat de hendel overhaalt. Met andere woorden, de tweede rat heeft geen idee wanneer hij een schok krijgt en heeft dus geen controle over de situatie. Deze rat wordt overgevoelig voor de stress en raakt er niet aan gewend. Bij beide ratten zijn grote veranderingen waarneembaar in de stresssystemen van hun brein: gezonde veranderingen bij de ratten met controle over de stress, verslechtering en ontregeling bij de andere ratten. De dieren die geen controle over de schok hebben, ontwikkelen vaak zweren, verliezen gewicht en hebben minder weerstand waardoor ze sneller ziek worden. Ook wanneer de situatie wordt gewijzigd en ratten de schok wel kunnen controleren worden dieren die lang genoeg in een situatie zonder controle hebben verkeerd, helaas te angstig om de kooi nog te onderzoeken om erachter te komen hoe ze zichzelf kunnen helpen. Dezelfde ontmoediging en berusting zien we vaak bij mensen die depressief zijn, en in onderzoeken wordt steeds vaker het risico op depressie in verband gebracht met het aantal oncontroleerbare stressvolle gebeurtenissen die mensen in hun jeugd meemaken. Het is niet vreemd dat ptss vaak vergezeld gaat van een depressie.

Als gevolg van het verband tussen controle en gewenning en dat tussen het gebrek aan controle en sensitisatie, is het voor het herstel van een trauma noodzakelijk dat het slachtoffer terugkeert naar een situatie die voorspelbaar en veilig is. Je brein zal het trauma van nature begrijpen op een manier die je helpt om er tolerant voor te worden, om de traumatische ervaring in je geest te verschuiven van een ervaring waarin je totaal hulpeloos was naar een waarover je enige controle uitoefent. Dat deed Sandy met haar naspeelgedrag. Ze stuurde onze handelingen op een manier die haar in staat stelde om de mate van stress tijdens de sessies te 'titreren'. Als een arts die de gewenste werking van een medicijn in balans brengt met de bijwerkingen ervan door de juiste dosis te kiezen, reguleerde Sandy de mate waarin ze aan de stress van haar naspeelspel was blootgesteld. Haar brein zette haar ertoe aan een draaglijker stresspatroon te creëren; een voorspelbaardere ervaring, die ze kon plaatsen en achter zich laten. Haar brein probeerde door het trauma na te spelen er iets voorspelbaars van te maken wat ooit hopelijk zelfs saai zou worden. Hiertoe zijn het patroon en de herhaling de sleutels. Patroonmatige, herhaalde stimuli leiden tot tolerantie, terwijl chaotische, infrequente signalen tot sensitisatie zullen leiden.

Om het evenwicht te herstellen probeert het brein je overgevoelige, traumagerelateerde herinneringen te temperen door je aan te zetten om herhaalde, kleine 'doses' herinneringen te hebben. Het streeft ernaar een sensitief systeem tolerantie te laten ontwikkelen. En vaak werkt dit ook. In de onmiddellijke nasleep van een beangstigende of traumatische gebeurtenis hebben we opdringerige gedachten: we blijven denken aan wat er is gebeurd, we dromen ervan, we merken dat we eraan denken ook al willen we dat niet, we vertellen het gebeurde vaak keer op keer aan vertrouwde vrienden of geliefden. Kinderen spelen de gebeurtenissen na in hun spel, met tekeningen en in hun dagelijkse interacties. Hoe intenser en overweldigender de ervaring, hoe moeilijker het echter wordt om alle traumagerelateerde herinneringen minder sensitief te maken.

In haar reënsceneringen met mij probeerde Sandy tolerantie te ontwikkelen voor haar verschrikkelijke traumatische herinneringen. Zij had de controle over de reënsceneringen; door deze controle kon ze haar eigen leed reguleren. Als het te intens werd, kon ze het spel een andere richting geven, en dat deed ze ook vaak. Ik probeerde me niet te bemoeien met het proces of haar te dwingen zich iets te herinneren na die eerste keer, toen ik wel moest voor het evaluatierapport.

In de eerste maanden dat we met elkaar samenwerkten, begon elke sessie op dezelfde manier: in stilte. Ze pakte me bij de hand en leidde me naar het midden van de kamer, trok me neer en gebaarde. Ik ging liggen en krulde me op in de geknevelde positie. Ze onderzocht de kamer, en liep heen en weer. Uiteindelijk kwam ze naar me toe om op mijn rug te gaan liggen. Daar begon ze rustig te neuriën en te wiegen. Ik wist inmiddels dat ik niet tegen haar moest praten of van positie moest veranderen. Van mij kreeg ze de controle die ze nodig had. Het was hartverscheurend.

De reacties van getraumatiseerde kinderen worden vaak verkeerd geïnterpreteerd. Dit gebeurde zelfs enkele keren met Sandy toen ze bij haar pleeggezin woonde. Omdat nieuwe situaties eigenlijk altijd stressvol zijn en omdat kinderen die veel traumatische gebeurtenissen hebben meegemaakt vaak uit gezinnen komen waar chaos en onvoorspelbaarheid 'normaal' lijken, kunnen ze angstig reageren op iets wat eigenlijk een kalme, veilige situatie is. In een poging om controle te krijgen over wat volgens hen de onvermijdelijke terugkeer van chaos is, lijken ze die 'op te roepen' om dingen comfortabeler en voorspelbaarder te laten voelen. En zo komen de 'wittebroodsweken' in het pleeggezin tot een eind zodra het kind zich ongehoorzaam en destructief gedraagt om het vertrouwde geschreeuw en de vertrouwde ruwe disciplinering uit te lokken. Net als iedereen voelen ze zich meer op hun gemak met datgene wat 'vertrouwd' is. Een gezinstherapeut deed ooit de beroemde uitspraak dat we meestal de voorkeur geven aan de 'zekerheid van ellende dan aan de ellende van onzekerheid'. Deze reactie op trauma's kan vaak ernstige problemen voor kinderen veroorzaken wanneer de zorgverleners hen verkeerd begrijpen.

Gelukkig kon ik de mensen die met Sandy werkten, voorlichten over wat ze konden verwachten en hoe ze ermee om moesten gaan. Maar buiten de therapie hielden haar slaap-, angst- en gedragsproblemen aan. Haar hartslag in rust was meer dan 120, extreem hoog voor een meisje van haar leeftijd. Ondanks haar bij gelegenheid zeer dissociatieve gedrag kwam ze vaak gespannen en hyperwaakzaam over, op een bepaalde manier vergelijkbaar met de jongens in het centrum. Ik besprak de mogelijk positieve werking van clonidine met haar pleeggezin, haar maatschappelijk werkster en Stan. Ze stemden ermee in het te proberen, en inderdaad sliep ze al snel beter en nam de frequentie, de intensiteit en de duur van haar inzinkingen af. Ze werd gemakkelijker om mee te leven, zowel thuis als op de kleuterschool.

Onze therapie werd voortgezet. Na ongeveer twaalf sessies begon ze de positie te veranderen waarin ze me wilde hebben. Ik was niet langer gekneveld, maar ik lag op mijn zij. Hetzelfde ritueel vond plaats. Ze onderzocht de kamer en kwam daarna altijd terug naar mijn lichaam, dat in het midden op de grond lag, om me de spullen te brengen die ze verzameld had. Ze hield nog steeds mijn hoofd vast om te proberen me te eten te geven. En daarna ging ze op me liggen, wiegend, fragmenten van liedjes neuriënd. Soms hield ze opeens op en leek ze te verstijven. Soms huilde ze. Gedurende dat deel van de sessie, dat meestal ongeveer veertig minuten duurde, bleef ik zwijgen.

Maar in de loop der tijd veranderde ze haar reënscenering stukje bij beetje. Ze mompelde en onderzocht minder en wiegde en neuriede meer. Omdat ze me al maanden op de grond liet liggen, liep ik direct door naar het midden van de kamer en ging ik liggen. Op een keer nam ze me echter bij de hand en leidde me naar een schommelstoel. Ze liet me zitten. Ze liep naar de boekenkast, haalde er een boek uit en kroop op mijn schoot. 'Lees me een verhaaltje voor,' zei ze. Toen ik begon, zei ze: 'Wiegen.' Daarna zat Sandy op mijn schoot en wiegden we en lazen we boekjes.

Het was geen genezing, maar het was een goed begin. En ook al moest ze een verschrikkelijke strijd om de voogdij doorstaan omdat haar biologische vader, haar grootmoeder van moeders kant en haar pleeggezin om haar vochten, doet het me plezier om te zeggen dat Sandy het uiteindelijk goed deed. Ze ging langzaam maar gestaag vooruit, vooral nadat de voogdij werd toegewezen aan het pleeggezin, bij wie ze de rest van haar jeugd doorbracht. Soms had ze het moeilijk, maar meestal deed ze het verbazingwekkend goed. Ze maakte vrienden, haalde goede cijfers en was opvallend vriendelijk en zorgzaam in haar omgang met anderen. Vaak gingen er jaren voorbij zonder dat ik iets van haar vernam. Maar ik dacht vaak aan Sandy en wat ze me had geleerd tijdens onze samenwerking. Terwijl ik dit schrijf, doet het me deugd te zeggen dat ik nog maar een paar maanden geleden een bericht kreeg. Het gaat goed met haar. Vanwege de omstandigheden rondom haar zaak kan ik niet in detail treden. Het volstaat te zeggen dat ze het soort bevredigend en productief leven leidt dat we allemaal voor haar wensten. Niets had me gelukkiger kunnen maken.

3 | Trapje naar de hemel

IN DE BRANCH Davidian-gemeenschap in Waco, Texas leefden kinderen in een wereld vol angst. Zelfs baby's waren er niet immuun voor: sekteleider David Koresh geloofde dat de wil van baby's – sommige waren nog maar acht maanden – gebroken moest worden met strenge lichamelijke discipline wilden ze 'in het licht' kunnen blijven. Koresh was wispelturig: het ene ogenblik was hij vriendelijk, attent en zorgzaam, het volgende een razende profeet. Zijn toorn was onontkoombaar en onvoorspelbaar. De Branch Davidians, zoals de leden van de religieuze gemeenschap in Mount Carmel werden genoemd, waren hypergevoelig voor zijn stemmingen omdat ze in zijn gunst probeerden te komen en zijn toorn, vaak tevergeefs, van zich af probeerden te houden.

Met zijn wisselvallige humeur en zijn geduchte woede muntte Koresh uit in het gebruik van grillige doses extreme dreigingen – afgewisseld met vriendelijke, gerichte aandacht – om zijn volgelingen uit balans te houden. Hij had een ijzeren greep op elk aspect van het leven in de gemeenschap. Hij scheidde mannen van hun vrouwen, kinderen van hun ouders, vrienden van elkaar, en ondermijnde iedere relatie die zijn positie als de dominantste, sterkste aanwezigheid in het leven van iedereen in gevaar kon brengen. Alle liefde van iedereen kwam bij hem samen, als spaken aan de naaf van een wiel. Koresh was de bron van alle inzichten, wijsheid, liefde en macht; hij was de spreekbuis van God en anders was hij God zelf op aarde.

En hij was een god die regeerde door angst. Kinderen (en soms zelfs volwassenen) waren voortdurend bang voor de lichamelijke aanvallen en publieke vernederingen die het gevolg konden zijn van de kleinste vergissing, zoals het knoeien van melk. Straffen hielden vaak in tot bloedens toe geslagen te worden met een houten spatel die 'de helper' werd genoemd. De kinderen van de Branch Davidians waren ook bang voor honger: zij die zich 'misdroegen', kregen dagen niets te eten of werden op een eenzijdig dieet gezet van alleen aardappelen of brood. Soms werden ze 's nachts alleen opgesloten. En voor de meisjes was er de wetenschap dat ze uiteindelijk een 'Bruid van David' zouden worden. In een ongekende vorm van goedgekeurd seksueel misbruik werden meisjes van soms nog maar tien jaar oud voorbereid om een van Koresh' sekspartners te worden. Een voormalig lid zei dat Koresh de hartslag van de jonge meisjes die hij verkrachtte, ooit opgewonden vergeleek met die van opgejaagde dieren.

Maar misschien was de doordringendste angst die Koresh inboezemde, nog wel de angst voor de 'Babyloniërs': buitenstaanders, de overheid, ongelovigen. Koresh predikte over en bereidde zijn gemeenschap continu voor op 'de laatste strijd'. De Branch Davidians, en ook hun kinderen, werden voorbereid op het naderende einde van de wereld (vandaar Koresh' bijnaam voor de groep, 'Ranch Apocalypse'). Deze voorbereiding bestond uit militaire driloefeningen, onderbroken nachtrust en man-tegen-mangevechten. Als de kinderen niet mee wilden doen of niet wreed genoeg waren tijdens de oefengevechten, werden ze vernederd en soms geslagen. Zelfs de jongste leden werd geleerd hoe ze met wapens om moesten gaan. Ze werden geïnstrueerd in de dodelijkste zelfmoordtechnieken met vuurwapens, ze leerden te richten op de 'zachte plek' achter in de mond als ze gevangen genomen dreigden te worden door de 'Babyloniërs'. De grondgedachte was dat 'ongelovigen' uiteindelijk iedereen zouden komen vermoorden. Na deze apocalyptische strijd, zo werd de leden beloofd, zouden ze in de hemel worden herenigd met hun familie en zou Koresh – God – terugkeren naar de aarde om zijn vijanden te vermorzelen.

Ik kwam in 1992 naar Texas om vicevoorzitter voor onderzoek op de vakgroep psychiatrie aan het Baylor College of Medicine (BCM) in Houston te worden. Ik was ook hoofd psychiatrie in het Texas Children's Hospital (TCH) en directeur van het Trauma Recovery Program in het Houston Veterans Administration Medical Center (VAMC). Door mijn ervaringen met Tina, Sandy, de jongens in het centrum en anderen was ik ervan overtuigd geraakt dat we niet genoeg wisten van trauma's en de effecten ervan op de geestelijke gezondheid van kinderen. We wisten niet hoe door trauma tijdens de ontwikkeling specifieke problemen ontstonden bij specifieke kinderen. Niemand kon zeggen waarom sommige kinderen zonder kleerscheuren uit een trauma te voorschijn kwamen, terwijl andere ernstige geestelijke aandoeningen en gedragsproblemen kregen. Niemand wist waar de verwoestende symptomen van condities als posttraumatische stressstoornis vandaan kwamen, en waarom sommige kinderen vooral dissociatieve symptomen ontwikkelden terwijl andere hyperwaakzaam waren. De enige manier om erachter te komen leek te zijn door groepen kinderen met een na een traumatische gebeurtenis nauwlettend te bestuderen. Helaas werden kinderen meestal pas jaren na het geleden trauma naar ons toegebracht voor hulp en niet direct erna.

Om te proberen dit probleem op te lossen stelde ik een 'rapid response' Trauma Assessment Team samen in samenwerking met het Baylor Colllege of Medicine, het kinderziekenhuis en het VAMC. We hoopten de kinderen te helpen om te gaan met acute trauma's zoals schietpartijen, auto-ongelukken, natuurrampen en andere levensbedreigende situaties, en zelf te leren wat we konden verwachten in de onmiddellijke nasleep van een traumatische ervaring en hoe dit verband hield met symptomen die de kinderen uiteindelijk zouden kunnen vertonen. De kinderen uit Waco zouden ons helaas een zeer geschikt geval ter bestudering bieden.

Op 28 februari 1993 kwamen de 'Babyloniërs', in de vorm van het Bureau voor Alcohol, Tabak en Vuurwapens, naar de ranch van de Branch Davidians om David Koresh te arresteren voor het overtreden van de vuurwapenwet. Hij liet zich niet levend arresteren. Vier agenten en op zijn minst zes Branch Davidians werden gedood tijdens de daaropvolgende belegering. De FBI en het gijzelingsonderhandelingsteam slaagden er de drie daaropvolgende dagen in 21 kinderen los te krijgen. Op dat moment werd mijn team ingeschakeld om te helpen met wat we dachten dat de eerste golf kinderen uit de gemeenschap zou zijn. Toen wisten we nog niet dat we de andere kinderen niet meer zouden zien. De belegering zou eindigen met een tweede en veel rampzaligere aanval op 19 april, waarbij tachtig leden (waaronder 23 kinderen) omkwamen in een grote vuurzee.

Ik hoorde van de eerste aanval op de Branch Davidians zoals de meeste mensen: van het nieuws op televisie. Daarna werd ik bijna meteen door verslaggevers gebeld, die me vroegen wat voor effect de inval op de kinderen zou kunnen hebben. Toen me werd gevraagd wat er werd gedaan om de kinderen te helpen die uit de gemeenschap waren bevrijd, antwoordde ik bijna achteloos dat ik er zeker van was dat de staat ervoor zou zorgen dat ze de juiste zorg kregen.

Maar zodra die woorden mijn mond hadden verlaten, realiseerde ik me dat dat waarschijnlijk niet waar was. Overheidsinstanties – en vooral de overbelaste kinderbescherming met haar chronische geldgebrek – hebben zelden concrete plannen om een plotse toestroom van grote aantallen kinderen aan te kunnen. Bovendien verloopt de communicatie tussen de federale, de nationale en de plaatselijke instanties die betrokken zijn bij het naleven van de wet en bij de kinderbescherming, vaak onduidelijk in ongebruikelijke, zich snel afspelende crises zoals de impasse in Waco.

Terwijl ik hierover nadacht, kreeg ik de behoefte om te zien of de expertise in jeugdtrauma's van ons Trauma Assessment Team zou helpen. Ik meende dat we de mensen die met deze kinderen zouden werken bepaalde basisinformatie konden verschaffen, dat we ze telefonisch advies konden geven om specifieke problemen te helpen oplossen, en een ondersteunende rol konden spelen om ze te helpen de situatie beter te overzien. Ik nam contact op met verschillende instanties, maar niemand kon me vertellen wie 'verantwoordelijk' was. Uiteindelijk belandde ik bij het kantoor van de gouverneur. Binnen een paar uur werd ik ontboden op het hoofdkantoor van de kinderbescherming en werd me gevraagd om naar Waco te komen voor een bespreking, waarvan ik toen nog dacht dat die eenmalig zou zijn. Die bespreking, die op een namiddag plaatsvond, mondde uit in zes weken hard werken aan een van de moeilijkste zaken die ik ooit heb gehad.

Bij mijn aankomst in Waco trof ik wanorde aan, zowel bij de officiële instanties die voor de crisis waren ingeschakeld als bij de zorg voor de kinderen. In de eerste paar dagen, nadat de kinderen waren vrijgelaten, waren ze in grote tankachtige voertuigen weggevoerd van het terrein. Bij aankomst waren ze, of het nu nacht of dag was, onmiddellijk ondervraagd door de FBI en de Texas Rangers, vaak urenlang. De FBI had de beste bedoelingen; ze wilden snel over informatie beschikken om de crisis bij de ranch te kunnen bezweren en meer mensen veilig naar buiten te krijgen. Er waren getuigenverklaringen nodig, en de Texas Rangers waren belast met het verzamelen van bewijsmateriaal voor toekomstige rechtzaken om diegenen te vervolgen die betrokken waren geweest bij het doodschieten van de agenten. Maar geen van beide groepen had erbij stilgestaan hoe overweldigend het voor een kind was om bij zijn ouders te worden weggehaald, in een tank gestopt te worden na getuige te zijn geweest van een dodelijke inval in zijn huis, naar een drilplaats te worden gereden en langdurig ondervraagd te worden door talrijke gewapende vreemde mannen.

Bij toeval waren de kinderen na de eerste inval bij elkaar gebleven. Aanvankelijk had de Texaanse kinderbescherming hen bij verschillende pleeggezinnen willen onderbrengen, maar zoveel gezinnen konden ze niet snel genoeg vinden. Dat ze bij elkaar bleven bleek een van de beste therapeutische beslissingen in hun geval te zijn: deze kinderen zouden elkaar hard nodig hebben. Na wat zij hadden meegemaakt, zou hun verdriet alleen maar groter zijn geworden als ze van hun leeftijdgenootjes, en/of hun zussen en broers waren gescheiden.

In plaats van naar pleeggezinnen werden de kinderen naar een aangename, campusachtige omgeving gebracht, een methodistisch kindertehuis in Waco. Daar woonden ze in een groot vakantiehuis, aanvankelijk onder bewaking van twee gewapende Texas Rangers. Ze werden beurtelings verzorgd door twee inwonende stellen, de 'huismoeders' en 'huisvaders'. Hoewel de pogingen die vanuit de overheid werden ondernomen om voor de geestelijke gezondheid van de kinderen te zorgen goed bedoeld waren, waren ze helaas niet erg doeltreffend. Er waren beroepskrachten ingeschakeld van de overbelaste overheidsinstanties, eigenlijk iedereen die een uurtje overhad. Als gevolg daarvan was de timing en de consistentie van de bezoekjes van deze therapeuten willekeurig, en werden de kinderen nog meer in verwarring gebracht doordat ze steeds andere vreemden ontmoetten.

In die eerste dagen was de sfeer in het huis ook chaotisch. Er kwamen allerlei ambtenaren van ordehandhavende instanties langs, of het nu overdag of 's avonds was, die er bepaalde meisjes en jongens uitpikten om te ondervragen. Hun dagelijks leven volgde geen routine en er was geen regelmaat in de mensen die ze zagen. Een van de weinige dingen die ik toen zeker wist over getraumatiseerde kinderen, was dat ze behoefte hebben aan voorspelbaarheid, routine, een gevoel van controle en stabiele relaties met mensen die hen steunen. Voor de kinderen van de Branch Davidians was dit nog belangrijker: zij kwamen van een plek waar ze jarenlang in paniek waren gehouden, waar er voortdurend een ramp boven hun hoofd had gehangen.

De middag dat ik voor het eerst met de belangrijkste betrokken instanties sprak, kwam mijn advies op het volgende neer: schep consistentie, routine en vertrouwdheid. Dat betekende orde scheppen, duidelijke grenzen stellen, communicatie tussen organisaties verbeteren en het aantal therapeuten beperken tot degenen die er regelmatig konden zijn voor de kinderen. Ik stelde ook voor dat alleen mensen die getraind waren in het ondervragen van kinderen, de forensische interviews voor de Rangers en de FBI mochten uitvoeren. Aan het eind van het gesprek werd me door de kinderbescherming gevraagd of ik de coördinatie van dit proces op me wilde nemen. Later die dag werd me na een ontmoeting met FBI-agenten ook gevraagd om de forensische interviews zelf uit te voeren. Op dat moment dachten we nog dat de crisis binnen een paar dagen voorbij zou zijn, dus stemde ik in. Ik besloot dat het een interessante gelegenheid zou zijn om deze kinderen te helpen en daarvan te leren. Ik reed naar het huis om een bijzondere groep jonge mensen te ontmoeten.

Toen ik aankwam, werd ik bij de deur tegengehouden door een van de Rangers. Hij was lang en imponerend met zijn hoed, het archetype van de Texaanse politie. Hij was niet onder de indruk van de langharige man in spijkerbroek die een psychiater beweerde te zijn die de kinderen kwam helpen. Zelfs nadat ik had bewezen dat ik echt dr. Perry was, deelde hij me mee dat ik er niet uitzag als een dokter, en hij voegde eraan toe: 'En bovendien hebben die kinderen helemaal geen zielenknijper nodig. Het enige wat ze nodig hebben, is een beetje liefde en hier zo ver mogelijk vandaan zien te komen.'

Deze Ranger zou in de weken die de kinderen in het huis verbleven, een van de meest positieve en genezende figuren in hun leven blijken te zijn. Hij was rustig, kon goed met kinderen omgaan en leek intuïtief te weten hoe hij kon helpen zonder zich op te dringen. Maar op dat moment stond hij me in de weg. Ik zei tegen hem: 'Oké, ik weet het goed gemaakt. Weet je hoe je iemands pols opneemt?' Ik wees naar een klein meisje dat even verderop diep in slaap op een bank lag. Ik vertelde hem dat ik me zou omdraaien om naar huis te gaan als haar pols minder dan 100 was. Een normale hartslag voor een kind van haar leeftijd ligt tussen de 70–90 slagen per minuut.

Hij boog voorover en pakte voorzichtig de pols van het meisje beet. Binnen enkele ogenblikken verscheen er een verontruste uitdrukking op zijn gezicht. 'Haal een dokter,' zei hij. 'Ik ben een dokter,' zei ik. 'Nee, een echte dokter,' zei hij. 'Haar polsslag is 160.'

Na hem gerustgesteld te hebben dat psychiaters ook artsen zijn met een standaard medische opleiding, begon ik de fysiologische gevolgen uit te leggen die een trauma voor kinderen heeft. In dit geval was een versnelde hartslag waarschijnlijk een weerspiegeling van het continu geactiveerde stressresponssysteem van het meisje. De Ranger begreep de beginselen van de vecht-of-vluchtreactie; bijna alle politieagenten hebben hier rechtstreeks ervaring mee. Ik vertelde dat de hormonen en neurotransmitters die door het brein vloeien tijdens een stressvolle gebeurtenis – adrenaline en noradrenaline – ook betrokken zijn bij het reguleren van de hartslag, en dat is logisch want veranderingen in de hartslag zijn noodzakelijk om op stress te reageren. Door mijn werk met andere getraumatiseerde kinderen wist ik dat maanden en jaren na een trauma velen van hen nog steeds een overactieve stressreactie hadden. Omdat de overweldigende ervaring nog zo vers in het geheugen lag, ging het hart van dit kleine meisje nog steeds als een bezeten tekeer.

De Ranger liet me binnen.

De kinderen van de Branch Davidians waren in de eerste drie dagen volgend op de inval in februari in kleine groepjes – twee tot vier per keer – vrijgelaten. Ze varieerden in leeftijd van vijf maanden tot twaalf jaar. De meeste kinderen waren echter tussen de vier en de elf jaar. Ze kwamen uit tien verschillende families, en zeventien van de eenentwintig waren tegelijk vrijgelaten met minstens een broer of zus. Hoewel enkele oud-leden verhalen over seksueel misbruik van kinderen door de Branch Davidians hebben tegengesproken (en hoewel ik verkeerd werd geciteerd in de pers zodat gesuggereerd werd dat ik niet geloofde dat de kinderen waren misbruikt), leed het geen enkele twijfel dat de kinderen getraumatiseerd waren, door de inval in de ranch maar zeker ook door hun leven daarvoor.

Een klein meisje was vrijgelaten met een briefje aan haar kleren vastgespeld, waarop stond dat haar moeder dood zou zijn tegen de tijd dat de familieleden aan wie het gericht was het zouden kunnen lezen. Een ander kind kreeg een kus van haar moeder, werd overgedragen aan een FBI-agent en hoorde: 'Dat zijn de mensen die ons gaan vermoorden. Ik zie je weer in de hemel.' Lang voordat de ranch afbrandde, gedroegen de vrijgelaten kinderen van de Branch Davidians zich alsof hun ouders (waarvan ze wisten dat er minstens een in leven was geweest toen ze vertrokken) al dood waren gegaan. De kinderen zaten te lunchen toen ik ze voor het eerst ontmoette. Zodra ik de kamer inliep, keek een van de jongere kinderen op en vroeg rustig: 'Komt u ons vermoorden?'

Deze kinderen hadden niet het gevoel net bevrijd te zijn. Door wat ze hadden geleerd over buitenstaanders en door het geweld dat ze hadden meegemaakt, voelden ze zich gijzelaars. Ze waren nu banger voor ons dan ze thuis waren geweest, niet alleen omdat ze opeens geen familie meer hadden en in een onbekende omgeving waren, maar ook omdat Koresh' voorspellingen over een aanval uit waren gekomen. Als hij er gelijk in had dat de 'ongelovigen' hen waren komen halen, zo redeneerden ze, dan klopte zijn bewering dat we hen en hun families wilden vermoorden waarschijnlijk ook.

We zagen meteen in dat we een groep kinderen hadden die zo ongeveer waren gemarineerd in de angst. De enige manier om de hulp voor hen te krijgen die ze nodig hadden, was met het inzicht dat we hadden van hoe angst het brein beïnvloedt en daardoor het gedrag verandert.

Angst is een oeremotie, en met een goede evolutionaire reden. Zonder angst hadden maar weinigen van onze voorouders het overleefd. Angst rijst letterlijk op vanuit de kern van het brein, waarbij alle hersengebieden en hun functies in zich snel verspreidende golven van neurochemische activiteit worden beïnvloed. Een paar van de belangrijke betrokken chemicaliën hebben we al besproken, zoals adrenaline en noradrenaline, maar het stresshormoon cortisol is ook belangrijk. De twee belangrijkste hersengebieden die bij angst betrokken zijn, heten de 'locus coeruleus', de bron van de meeste noradrenalineneuronen in het brein, en een amandelvormig deel van het limbisch systeem dat de 'amygdala' heet.

Zoals al eerder opgemerkt, is het brein van binnen naar buiten toe ontstaan, en ontwikkelt het zich in ongeveer dezelfde volgorde. Het laagste, primitiefste deel – de hersenstam – bereikt zijn voltooiing in de baarmoeder en de vroege babytijd. De middenhersenen en limbische systemen ontwikkelen zich daarna; deze groeien enorm in de eerste drie jaar van het leven. Het zal ouders van tieners niet verbazen om te horen dat de frontaalkwabben van de hersenschors, die planning, zelfbeheersing en abstract denken reguleren, hun voltooiing pas bereiken aan het eind van de puberteit en dat er tot begin twintig grote reorganisaties plaatsvinden.

Het feit dat het brein zich consecutief ontwikkelt – en ook zo snel in de eerste jaren van het leven – verklaart waarom zeer jonge kinderen zo'n groot risico lopen om blijvende schade te ondervinden van een trauma: hun hersenen zijn nog in ontwikkeling. Door dezelfde wonderbaarlijke plasticiteit als waardoor jonge hersenen snel liefde en taal leren, zijn ze helaas ook zeer ontvankelijk voor negatieve ervaringen. Net zoals foetussen zeer kwetsbaar zijn voor bepaalde gifstoffen, afhankelijk van de maand van de zwangerschap waarin ze eraan blootgesteld worden, zijn kinderen afhankelijk van het tijdstip kwetsbaar voor de blijvende gevolgen van een trauma. Hierdoor kunnen verschillende symptomen het gevolg zijn van een trauma dat op verschillende momenten wordt meegemaakt. Een dreumes bijvoorbeeld die geen taal tot zijn beschikking heeft om het pijnlijke en herhaalde seksuele misbruik te beschrijven dat hij meemaakt, zou een totale aversie kunnen ontwikkelen tegen aanrakingen, alsmede uiteenlopende problemen met intimiteit en relaties en een allesoverheersende angst. Maar een tienjarige die onderworpen wordt aan vergelijkbaar misbruik zal eerder specifieke, aan de gebeurtenis gerelateerde angsten ontwikkelen en haar best doen om bepaalde signalen te ontwijken die in verband staan met de plaats, de persoon en de wijze van misbruik. Haar angst zal toenemen en afnemen naarmate ze wordt blootgesteld aan herinneringen aan het misbruik. Een ouder kind zal bovendien waarschijnlijk bijkomende gevoelens van schaamte en schuld hebben – complexe emoties die worden overgebracht door de hersenschors. Dat gebied is veel minder ontwikkeld bij een dreumes, en daarom zal hij minder waarschijnlijk daaraan gerelateerde symptomen vertonen als het misbruik vroeger in het leven begint en eindigt.

Ongeacht hun leeftijd zal het brein van mensen in een angstige situatie echter eerst de hoogste corticale gebieden afsluiten, die van de hersenschors. We verliezen het vermogen om te plannen of honger te voelen, omdat geen van beide van nut zijn om op dat moment te kunnen overleven. Vaak verliezen we bij een acute dreiging het vermogen om 'na te denken' of zelfs te spreken. We reageren alleen. En wanneer de angst aanhoudt, kunnen er chronische of semipermanente veranderingen in het brein optreden. De veranderingen in het brein die het gevolg zijn van aanhoudende angstgevoelens, kunnen vooral vroeg in iemands leven leiden tot een blijvende verschuiving naar een impulsievere, agressievere, minder nadenkende en compassievolle manier van op de wereld reageren.

Dit komt doordat systemen in het brein veranderen op een 'gebruiksafhankelijke' manier, zoals we eerder zagen. Net als bij een spier geldt dat hoe meer oefening een hersensysteem als het stressreactienetwerk krijgt, hoe meer het verandert en hoe groter het risico wordt op een verandering van functies. Tegelijkertijd worden de corticale gebieden, die meestal stress controleren en temperen, steeds kleiner en zwakker naarmate ze minder gebruikt worden. Iemand blootstellen aan chronische angst en stress is hetzelfde als het verlagen van de remkracht van een auto en er tegelijk een krachtigere motor in doen: je wijzigt de veiligheidsmechanismen die ervoor zorgen dat het 'apparaat' niet gevaarlijk onbestuurbaar wordt. Zulke gebruiksafhankelijke veranderingen in de relatieve kracht van verschillende hersensystemen – precies zoals de gebruiksafhankelijke sjablonen die je in je geheugen vormt over hoe de wereld is – zijn wezenlijke bepalende factoren van het menselijk gedrag. Inzicht in het belang van gebruiksafhankelijke ontwikkeling was vitaal voor ons werk bij de behandeling van getraumatiseerde kinderen zoals de kinderen die we zagen in de onmiddellijke nasleep van de eerste aanval op Ranch Apocalypse.

Hoe vreemd dat nu ook mag lijken, in mijn werk had ik op dat moment nog maar net ontdekt hoe belangrijk relaties zijn voor het genezingsproces. Onze onderzoeksgroep en andere wetenschappers hadden opgemerkt dat de aard van de relaties van een kind – zowel voor als na een trauma – een cruciale rol leken te spelen bij de vorming van hun reactie erop. Als er veilige, vertrouwde en bekwame verzorgers beschikbaar waren voor de kinderen, herstelden ze zich gemakkelijker en ondervonden ze vaak geen blijvende negatieve gevolgen van de traumatische gebeurtenis. We wisten dat het brein er op de een of andere manier voor zorgde dat relaties bescherming boden tegen trauma's.

Maar hoe? Wil een dier biologisch succesvol zijn, dan moeten zijn hersenen het aan drie belangrijke richtlijnen laten voldoen: ten eerste moet het in leven blijven, ten tweede moet het zich voortplanten, en ten derde moet het zijn nakomelingen als het zoals de mens afhankelijke jongen heeft, beschermen en verzorgen tot ze zichzelf kunnen redden. Zelfs bij mensen zijn de duizenden complexe capaciteiten van het brein op de een of andere manier verbonden met systemen die oorspronkelijk ontwikkeld zijn om deze drie functies aan te sturen.

Bij een sociale soort zoals de mens zijn deze drie wezenlijke functies echter zeer afhankelijk van het vermogen van het brein om relaties te vormen en te onderhouden. Individuele mensen zijn langzaam, zwak en niet in staat om lang in de natuur te overleven zonder de hulp van anderen. In de wereld van onze voorouders zou een mens alleen snel sterven. Alleen door samenwerking, door te delen met leden van onze 'extended family', door in groepen te leven en gezamenlijk te jagen en te verzamelen, konden we overleven. Daarom leren we de aanwezigheid van mensen die we kennen als kind, associëren met veiligheid en troost; in een veilige en vertrouwde omgeving zijn onze hartslag en onze bloeddruk lager en zijn onze stressreactiesystemen rustig.

Maar in de loop der geschiedenis is gebleken dat sommige mensen onze beste vrienden zijn die ons beschermen, terwijl andere onze grootste vijanden kunnen zijn. De belangrijkste vijand van de mens is de mens. Daarom zijn onze stressreactiesystemen nauw verbonden met de systemen die menselijke sociale signalen lezen en daarop reageren. Het gevolg is dat we zeer gevoelig zijn voor gezichtsuitdrukkingen, gebaren en stemmingen van anderen. Zoals we zullen zien, interpreteren we dreiging en leren we omgaan met stress door naar de mensen om ons heen te kijken. We hebben zelfs speciale cellen in ons brein die vuren, niet wanneer we bewegen of emoties uiten, maar wanneer we dat anderen zien doen. Het menselijk sociaal leven is gebouwd op dit vermogen om elkaar te 'spiegelen' en op die weerspiegelingen te reageren, met positieve en negatieve resultaten. Als je je bijvoorbeeld geweldig voelt en naar je werk gaat waar je baas in een vervelende stemming is, zul je je spoedig ook waardeloos voelen. Als een lerares boos of gefrustreerd raakt, kunnen de kinderen in haar klas zich gaan misdragen, een weerspiegeling van de krachtige emotie waaraan de lerares uiting geeft. Om een angstig kind te kunnen kalmeren zul je eerst jezelf moeten kalmeren.

Het onderkennen van de kracht van relaties en relationele signalen is van wezenlijk belang voor de goede werking van therapie. Hetzelfde geldt voor het ouderschap, de zorgverlening, het leraarschap en zo ongeveer elke andere menselijke inspanning. Dit bleek een enorme uitdaging toen we met de kinderen van de Branch Davidians begonnen te werken. Ik kwam er namelijk al snel achter dat de betrokken mensen van de kinderbescherming, de ordehandhavers en de therapeuten die de kinderen moesten helpen, zelf allemaal overwerkt, gestrest en in paniek waren.

Bovendien wist ik: hoe meer ik over Koresh en de Branch Davidians hoorde, hoe meer we de davidiaanse kinderen zouden moeten benaderen alsof ze van een andere planeet kwamen; hun blik op de wereld zou heel anders zijn dan die van hun nieuwe verzorgers. Helaas is het vermogen dat ervoor zorgt dat we een band met elkaar vormen, er ook de oorzaak van dat we met elkaar samenwerken om een gemeenschappelijke vijand te verslaan; wat ons ertoe in staat stelt om grote daden van liefde te verrichten, stelt ons ook in staat om anderen buiten te sluiten en te vernederen omdat ze 'anders' zijn en geen deel mogen uitmaken van de 'clan'. Dit stamgevoel kan leiden tot de meest extreme vormen van haat en geweld. Daar komt nog bovenop dat deze kinderen, doordat ze door Koresh geïndoctrineerd waren, ons zagen als buitenstaanders, als ongelovigen, en als een bedreiging. Ik wist alleen niet wat ik eraan kon doen.

De eerste twee dagen in Waco begon ik met de gevoelige taak ieder kind individueel te ondervragen om aan bruikbare informatie te komen zodat de onderhandelaars van de FBI het beleg tot een goed einde konden brengen. In elke situatie waarin er een vermoeden bestaat dat het kind misbruikt is, is zo'n vraaggesprek moeilijk omdat het kind zich, terecht, zorgen maakt dat zijn ouders erdoor in de problemen komen. In dit geval werd de situatie nog verder bemoeilijkt door het feit dat de Branch Davidians groot waren gebracht met het geloof dat het in orde was om tegen 'Babyloniërs' te liegen, omdat wij de vijand van God waren. Ik wist dat ze bang konden zijn dat het niet alleen verraad aan hun ouders betekende wanneer ze eerlijk tegen ons waren, maar ook nog een grote zonde.

Tot mijn afgrijzen gaf ieder kind me duidelijk het gevoel dat het een groot, verschrikkelijk geheim had. Wanneer ik vroeg wat er bij de ranch ging gebeuren, zeiden ze onheilspellende dingen als: 'Dat zul je nog wel zien.' Wanneer expliciet werd gevraagd waar zijn of haar ouders waren, antwoordde ieder kind: 'Ze zijn dood,' of, 'Ze gaan allemaal dood.' Ze vertelden me dat ze hun ouders pas weer zouden zien als David naar de aarde terugkwam om de ongelovigen te vermoorden. Meer zeiden ze echter niet.

Het is niet ongebruikelijk dat kinderen niet de waarheid vertellen, dingen achterhouden of opzettelijk liegen om bepaalde dingen niet te hoeven vertellen, vooral wanneer ze door hun familie geïnstrueerd zijn om dat te doen. Het is echter veel moeilijker voor hen om hun ware gedachten en gevoelens in kunstzinnige uitingen te verbergen. En daarom ging ik met de kinderen die er oud genoeg voor waren, zitten kleuren onder het praten. Ik vroeg een tienjarige jongen die Michael heette en een van de eerste kinderen was die ondervraagd werd, om een tekening voor me te maken, van wat hij ook maar wilde tekenen. Hij ging snel aan het werk en toverde een mooie eenhoorn tevoorschijn, omgeven door een weelderig, aards landschap met beboste heuvels. In de hemel had hij wolken, een kasteel en een regenboog getekend. Ik prees hem om zijn tekenkunst en hij vertelde me dat David het prachtig had gevonden wanneer hij paarden tekende. Hij had ook veel goedkeuring van de groep en zijn leider gekregen voor zijn tekeningen van hemelse kastelen en het symbool van de groep dat hij erbij zette: de davidster.

Daarna vroeg ik hem een zelfportret te tekenen. Wat hij tekende, was niet veel meer dan een harkpoppetje, iets wat een vierjarige zou tekenen. Nog schokkender werd het toen ik hem vroeg om zijn familie te tekenen, want hij hield op en leek in verwarring gebracht. Uiteindelijk liet hij een bladzijde zien, die leeg was op een heel kleine tekening van hemzelf na, helemaal in de rechterbovenhoek. Zijn tekeningen weerspiegelden wat hij in de groep had geleerd: de uitwerking van de dingen die Koresh waardevol vond, de overheersing van de opperste leider, een verward, verarmd familiebesef, en een onvolgroeid, afhankelijk beeld van zichzelf.

Naarmate ik de kinderen leerde kennen, zag ik steeds dezelfde contrasten: eilandjes van talent, kennis en verbondenheid die waren omgeven door grote, lege ruimtes van verwaarlozing. Ze konden bijvoorbeeld goed lezen voor hun leeftijd, omdat ze de Bijbel regelmatig moesten bestuderen. Maar ze konden bijna niet rekenen. Hun talenten waren verbonden met de hersengebieden die geoefend waren en met het gedrag dat beloond was. De hiaten waren het gevolg van een gebrek aan gelegenheden tot ontwikkeling, in Michaels geval een gebrek aan kansen om zelf keuzes te maken, een gebrek aan blootstelling aan de basiskeuzes die de meeste kinderen gaan maken wanneer ze beginnen te ontdekken wat ze leuk vinden en wie ze zijn.

In de ranch werd bijna elke beslissing voor hen gemaakt, van wat ze moesten eten en dragen tot hoe ze moesten denken en bidden. En net zoals elk ander gebied in het brein groeien of stagneren ook de gebieden die betrokken zijn bij de ontwikkeling van het zelfbesef afhankelijk van hoe vaak ze gebruikt worden. Om zelfbesef te kunnen ontwikkelen moet je keuzes maken en leren van de gevolgen van die keuzes; als je alleen maar leert te gehoorzamen, zijn er weinig manieren om te leren wat je leuk vindt en waarnaar je verlangt.

Een van de volgende interviews was met een klein meisje van bijna zes jaar oud. Ik vroeg haar een tekening van haar huis te maken. Ze tekende de ranch. Daarna vroeg ik haar wat ze dacht dat er thuis ging gebeuren. Ze tekende dezelfde ranch nog een keer, nu met overal vlammen. Daarboven was een trapje naar de hemel. Op dat moment – nog maar een paar dagen na de eerste aanval – wist ik dat het beleg mogelijk zou uitlopen op een ramp. In die tijd maakten andere kinderen ook tekeningen van brand en explosies; sommige zeiden zelfs dingen als: 'We gaan jullie allemaal opblazen,' en: 'Iedereen gaat dood.' Ik wist dat dit belangrijke informatie was voor het onderhandelingsteam en het leidende team van de FBI.

Eerder al hadden we een team gevormd om de communicatie tussen de verschillende ordehandhavende instanties en onze groep te vergemakkelijken. We hadden een afspraak met de FBI: als zij de grenzen zouden respecteren die we hadden getrokken om de kinderen te helpen genezen, zouden wij hun de informatie geven die ons werk zou opleveren en die kon helpen om het beleg tot een goed einde te brengen. Na het zien van deze tekeningen en het horen van deze opmerkingen uitte ik direct mijn bezorgdheid dat een nieuwe aanval op de ranch mogelijk tot een rampzalig einde zou leiden. Ik wist niet welke vormen het precies zou aannemen, maar het beloofde een explosief, vurig einde te zullen worden. De woorden, de tekeningen en het gedrag van de kinderen wezen allemaal op de overtuiging dat het beleg zou uitmonden in de dood. Wat ze beschreven, kwam neer op een soort collectieve zelfmoord. Ik was bang dat ze de FBI wilden uitlokken om de laatste strijd te beginnen. Ik sprak regelmatig met mijn contactpersoon bij de FBI en een aantal gedragswetenschappers. Achteraf hoorde ik dat ze het met me eens waren dat een tweede aanval door de ordehandhavers eerder zou leiden tot een ramp dan tot overgave, maar zij hadden de leiding niet. Dat was het tactische team, en dat wilde wel luisteren maar niet horen. Zij geloofden dat ze te maken hadden met een oplichter en een crimineel. Ze begrepen niet dat de volgelingen van Koresh echt geloofden dat hun leider een boodschapper van God was, misschien zelfs Jezus Christus die was teruggekeerd naar de aarde, en dat het bij hun geloof hoorde dat ze vol waren van zelfopofferende toewijding en betrokkenheid. Tegen de achtergrond van deze botsing van wereldvisies werden de escalerende acties gevormd die bijdroegen aan de uiteindelijke catastrofe.

Na het voltooien van de eerste interviews kreeg ik in Waco versterking van meer dan twaalf mensen uit de instituten in Houston. Wij vormden de kern van het klinische team. Samen met de bewaking, de mensen van de kinderbescherming en het methodistische huispersoneel deden we ons best om een eind te maken aan de ongestructureerde chaos in huis. We maakten een schema voor bedtijden en maaltijden, voor school, voor vrij spelen en voor het informeren van de kinderen over wat er bij de ranch gebeurde. Omdat de afloop van het beleg niet te voorspellen was, stonden we het niet toe dat ze tv keken of blootgesteld waren aan andere vormen van media.

In het begin drongen een paar leden van ons team erop aan dat we begonnen met 'therapie' voor de kinderen. Ik had het gevoel dat het op dat moment belangrijker was om de rust te herstellen en klaar te staan voor de kinderen, door met hen om te gaan, ze te verzorgen, naar hen te luisteren, met hen te spelen en in het algemeen 'er te zijn'. De ervaringen van de kinderen waren zo recent en zo rauw dat een conventionele therapiesessie met een vreemde, en zeker een 'Babyloniër', mij nogal beangstigend voor hen leek.

Sinds Waco is een paar keer uit onderzoek gebleken dat het vaak als opdringerig en ongewenst wordt ervaren wanneer er direct na een traumatische gebeurtenis haastig een nieuwe therapeut of coach voor iemand wordt geregeld, en dat het zelfs contraproductief kan zijn. Uit sommige onderzoeken blijkt zelfs dat de kans op posttraumatische stress na zo'n 'behandeling' twee keer zo groot is geworden. In ons eigen werk hebben we soms ook gemerkt dat de doeltreffendste interventies de training en ondersteuning van het bestaande sociale netwerk zijn, en vooral van de familie, zodat ze op de hoogte zijn van de bekende en voorspelbare gevolgen van acute trauma's. We bieden toegang tot meer therapeutische ondersteuning als – en alleen als – de familie extreme of langdurige posttraumatische symptomen herkent.

Ik vond dat de kinderen de gelegenheid moesten krijgen om in hun eigen tempo en op hun eigen manier te verwerken wat er was gebeurd. Als ze wilden praten, konden ze naar een personeelslid gaan bij wie ze zich op hun gemak voelden; en zo niet, dan konden ze veilig spelen en nieuwe jeugdherinneringen en -ervaringen opdoen om die voorzichtig tegen hun vroegere, angstige herinneringen af te gaan zetten. We wilden structuur bieden, maar geen starheid; zorgzaamheid, maar geen geforceerde genegenheid.

Elke avond als de kinderen naar bed waren, kwam ons team bij elkaar om de dag te evalueren en ieder kind afzonderlijk te bespreken.

Tijdens deze evaluaties bleek dat er patronen waren die deden vermoeden dat er therapeutische ervaringen plaatsvonden in korte interacties van een paar minuten. Bij het in kaart brengen van deze interacties merkten we dat ieder kind, ook al was het officieel niet in therapie, elke dag uren van intieme, zorgzame en therapeutische aandacht kreeg. Het kind bepaalde wanneer, met wie en hoe het omging met de kindgevoelige volwassenen om haar heen. Omdat iedere stafmedewerker zo zijn eigen inbreng had – sommige waren knuffelig en zorgzaam, andere maakten veel grapjes, weer andere konden goed luisteren of waren bronnen van informatie – konden de kinderen opzoeken wat ze nodig hadden en wanneer ze het nodig hadden. Hierdoor ontstond een krachtige therapeutische structuur.

En zo trokken kinderen naar specifieke stafmedewerkers die aansloten op hun eigen persoonlijkheid, ontwikkelingsfase of stemming. Omdat ik van stoeien en lol trappen houd, zochten de kinderen me op wanneer ze op die manier wilden spelen. Met sommige kleurde ik, speelde ik een spelletje, beantwoordde ik vragen of besprak ik angsten. Bij andere vervulde ik een andere rol. Er was bijvoorbeeld een jongen die me graag besloop. Ik speelde het spel mee door soms geschrokken te reageren en andere keren te laten merken dat ik hem had zien aankomen. Soms was ik echt geschrokken. Dit kiekeboe en verstoppertje spelen was leuk en speels. Dergelijke korte interacties hielpen hem om een gevoel van verbondenheid en ik geloof ook veiligheid te krijgen. Omdat ik alle kinderen had geïnterviewd en omdat ze zagen dat de andere stafleden zich naar me voegden, wisten ze dat ik op de een of andere manier 'de leiding' had. Door hun opvoeding waren ze zeer gevoelig voor signalen van dominantie en voor tekenen die erop wezen wie op dat moment de meeste macht had. Deze signalen waren dankzij het patriarchale systeem dat Koresh had opgelegd, expliciet geslachtsbepaald.

Het idee dat de dominante man in de groep met hem speelde, gaf deze jongen dus een echt gevoel van veiligheid. De wetenschap dat hij met de dominante man kon omgaan en op voorhand wist dat hij vriendelijk zou zijn, gaf hem een gevoel van controle – een schril contrast met de machteloosheid en de angst waarmee hij daarvoor had moeten leven. Op dezelfde manier kon een meisje dat zich zorgen maakte om haar moeder, naar een vrouwelijk staflid gaan om er met haar over te praten. Maar wanneer het gesprek te heftig, te intiem, te bedreigend werd, liep ze weg om iets anders te gaan doen of bleef ze bij de vrouw zitten om met haar speelgoed te spelen. Tijdens onze vergaderingen brachten we de dagelijkse contacten van alle kinderen in kaart, zodat iedereen het hele verhaal kende van wat er met ieder kind aan de hand was en hun volgende contact met hem of haar op de juiste manier zou kunnen leiden.

Maar deze kinderen hadden meer nodig dan alleen de mogelijkheid om de persoon te kiezen met wie ze wilden praten en het onderwerp waarover ze het wilden hebben. Ze hadden ook de stabiliteit nodig die routine met zich meebrengt. In de eerste dagen na de eerste inval waarin er hen van buitenaf geen organisatie werd opgelegd, maakten ze meteen een versie van de autoritaire, seksegescheiden cultuur van de ranch na, waar mannen en jongens van boven de twaalf werden gescheiden van vrouwen en meisjes, en waar David Koresh en zijn afgevaardigden heersten met absolute macht.

Twee van de oudste kinderen, broer en zus, verklaarden zichzelf tot 'schriftgeleerden'. De vrouwelijke schriftgeleerde domineerde en nam beslissingen voor de meisjes, en de jongen leidde de jongens en voerde ook de heerschappij over de vrouwelijke schriftgeleerde. De andere kinderen schikten zich en gehoorzaamden zonder bezwaar. De meisjes en jongens zaten tijdens de maaltijden aan gescheiden tafels, ze speelden niet met elkaar en meden ieder contact. De oudste meisjes, die waren klaargestoomd om Davids 'bruid' te worden, tekenden davidsterren op gele memoblaadjes of schreven er 'David is God' op en plakten ze overal in huis op.

Maar geen van de kinderen wist wat te doen bij het maken van de eenvoudigste keuzes: wanneer ze een gewone boterham met pindakaas aangeboden kregen en niet een met jam, raakten ze in de war en werden ze zelfs boos. In de ranch werden bijna alle beslissingen voor hen gemaakt. Doordat ze nooit de meest simpele keuzes hadden mogen maken die de meeste kinderen moeten maken wanneer ze beginnen te ontdekken wat ze lekker vinden en wie ze zijn, hadden ze geen zelfbesef. Het idee van vrije wil was hen vreemd en daarom werden ze er onrustig van. De kinderen wendden zich tot de schriftgeleerden om hulp en lieten hun de beslissingen nemen.

We wisten niet goed hoe we hiermee om moesten gaan. We wilden dat ze zich thuis voelden, en we dachten dat ze zich veilig konden voelen omdat ze deze rituelen in stand mochten houden. Aan de andere kant wisten we dat ze ook moesten leren wat er spoedig in de buitenwereld van hen verwacht zou worden.

We konden het alleen te weten komen met vallen en opstaan. Mijn eerste poging om de scheiding tussen de jongens en de meisjes te doorbreken was een ramp. Ik ging op een dag aan de meisjestafel zitten om te lunchen. Alle kinderen leken meteen te verstijven. Een drie- of vierjarig meisje zei tegen me: 'Je mag daar niet zitten.' Ik vroeg haar waarom. Ze antwoordde: 'Omdat je een jongen bent.'

'Hoe weet je dat?' vroeg ik, in een poging om de situatie met humor te redden, maar ze hield voet bij stuk en keek naar de vrouwelijke schriftgeleerde, die bevestigde dat ik een man was. Toen ik daar bleef zitten, werden bijna alle kinderen boos en werd de sfeer zo geladen en vijandig dat ik bang was dat ze in opstand zouden komen. Sommige kinderen stonden op en namen een agressieve houding aan. Ik gaf me gewonnen. Daarna stonden we ze toe om gescheiden te eten en de bizarre dieetregels te volgen die Koresh had voorgeschreven, zoals geen fruit en groente eten bij één en dezelfde maaltijd.

We besloten dat we hen alleen maar konden laten zien hoe wij, de volwassenen, leefden en met elkaar omgingen, in de hoop dat ze in de loop der tijd zouden merken dat er geen negatieve gevolgen aan kleefden als ze er ook voor kozen te leven zoals wij.

Discipline was natuurlijk een zeer beladen onderwerp. We vermeden het om strenge beperkingen op te leggen – lijfstraffen, isolering en fysieke vrijheidsbeperkingen, of andere disciplinaire technieken die ook gebruikt waren in de ranch. Bij de zeldzame gelegenheden dat er kinderen lichamelijk agressief werden of iets kwetsends zeiden, bogen we hun gedrag voorzichtig om tot ze gekalmeerd waren en lieten hen zich daarna indien nodig verontschuldigen. Omdat een kind vanwege een posttraumatische respons in een staat van voortdurende arousal en angst kan blijven, wisten we dat ze soms uit angst impulsief of agressief handelden en dat ze misschien niet direct in staat waren deze reacties te beheersen. We wilden hen niet straffen voor deze natuurlijke reacties.

En we begonnen in te zien dat kinderen in de nasleep van een angstaanjagende ervaring, zoals de eerste aanval op Ranch Apocalypse, reageren op herinneringen aan het gebeurde op de manier waarop ze er toentertijd ook op reageerden. Als ze bijvoorbeeld in staat waren geweest om te vluchten, konden ze reageren met vermijdend gedrag; als ze hadden teruggevochten, konden ze agressief reageren; als ze in een staat van dissociatie waren gekomen – het verschijnsel waarbij iemand zich geestelijk en lichamelijk losmaakt van de realiteit van de gebeurtenis – deden ze dat weer. Wanneer de kinderen van de Branch Davidians van streek waren of wanneer ze dingen onder ogen moesten zien waar ze nog niet klaar voor waren, bijvoorbeeld tijdens ondervragingen door ordehandhavers, namen wij die reacties waar.

Tijdens een interview met een van de meisjes, Susie van zes jaar, zag ik een van de extreemste dissociatieve reacties die ik ooit had gezien. Ik had Susie gevraagd waar ze dacht dat haar moeder was. Ze reageerde alsof ze de vraag niet had gehoord. Ze kroop onder een tafel, rolde zich op in de foetushouding en bewoog of sprak niet. Zelfs toen ik haar aanraakte om haar te troosten, was ze zo niet-responsief dat ze het niet eens opmerkte dat ik zes minuten later de kamer uit liep. Ik bekeek haar nog eens drie minuten door een spiegelruit vanuit een andere kamer voor ze zich langzaam begon te bewegen en zich weer bewust werd van de prikkels vanbuiten. De kinderen, meestal jongens maar soms ook meisjes, gedroegen zich soms agressief en gooiden met dingen wanneer hun iets gevraagd werd wat hen herinnerde aan wat er gebeurd was, of ze reageerden verbaal met woede. Sommige kinderen braken hun kleurkrijtjes of stonden op en liepen weg.

Onze vragen waren natuurlijk niet de enige herinneringen aan datgene waarvan ze getuige waren geweest. Op een dag vloog er een pershelikopter over het huis toen de kinderen buiten aan het spelen waren. Koresh had ze verteld dat de FBI in helikopters over hen heen zou vliegen, ze zou overgieten met benzine en ze in brand zou steken. Binnen enkele ogenblikken waren de kinderen verdwenen en hadden ze dekking gezocht, als een peloton in een vechtfilm. Nadat de helikopter was overgevlogen, vormden ze twee rijen, een voor de meisjes en een voor de jongens, en marcheerden ze het gebouw in, terwijl ze zongen dat ze soldaten van God waren. Het was een van de griezeligste dingen die ik ooit heb gezien.

Toen de kinderen een keer een witte bestelbus zagen die leek op een van de voertuigen die ze bij de ranch hadden gezien voor de inval, vluchtten en verborgen ze zich weer. Zoals we al aannamen, en dit is nadien ook bevestigd door andere onderzoekers, wordt een posttraumatische stresstoornis niet aangekondigd door een verzameling nieuwe symptomen die zich lang na een stressvolle gebeurtenis ontwikkelen. Een PTSS bestaat eigenlijk uit de hardnekkige resten van de responsen die ooit waren ontstaan als mechanismen om de gebeurtenis zelf aan te kunnen.

Tijdens de impasse in Waco woonde ons team samen met de kinderen van de Branch Davidians. Af en toe legde ik per auto vele kilometers af naar Houston om zorg te dragen voor een minimum aan administratieve plichten en familieverantwoordelijkheden. Ik bracht uren door met vergaderingen met partnerorganisaties die over de crisis gingen, omdat ik er zeker van wilde zijn dat de kinderen naar veilige, gezonde gezinnen gingen wanneer ze ons zouden verlaten, en dat de kinderen die het nodig hadden in therapie konden blijven. Ik spendeerde er ook veel frustrerende uren aan om de informatie die we hadden over de grote waarschijnlijkheid van een massale zelfmoord of een zelfmoordaanslag op de agenten om de ranch heen, aan het verstand te krijgen gepeuterd van iemand die wilde luisteren en die invloed kon uitoefenen op de gebruikte tactieken. Ik vertelde de FBI over de heftige tekeningen en de dreigingen die de kinderen herhaaldelijk uitten; ik beschreef dat alle jongens en meisjes, zodra ze de interviewkamer binnenkwamen, die bulkte van het speelgoed, onmiddellijk op een zeer echt uitziend speelgoedgeweer afliepen om te kijken of het geladen was. Een vierjarig meisje pakte het op, trok aan de grendel en zei vol walging: 'Deze is nep.'

Helaas bleef het tactische team dat belast was met de operatie, Koresh zien als een oplichter, niet als een religieus leider. Net zoals de sekte door zijn groepsdynamiek naar een afschuwelijk eind werd gedreven, zo gebeurde dat met de groepsdynamiek binnen de ordehandhaving ook. Helaas weigerden beide groepen alles te accepteren wat niet met hun wereldbeeld, hun sjablonen, strookte. In de wandelgangen van de overheidsinstanties en de politie werden de geruchten over Koresh uitvergroot tot in het absurde; men maakte zich zelfs zorgen dat hij een kernwapen had ontwikkeld en dat op het terrein van de ranch wilde opstellen. Beide groepen luisterden voornamelijk naar mensen die bevestigden wat ze al geloofden.

Door mijn werk met de kinderen van de Branch Davidians – en doordat ik van binnenuit zag hoe de crisis in Waco zich ontvouwde – werd ik er herhaaldelijk aan herinnerd hoe krachtig groepsinvloeden in een mensenleven zijn en dat het menselijk brein niet werkelijk begrepen kan worden buiten zijn context als het brein van een lid van een zeer sociale soort.

Toen ik op 19 april 's ochtends vroeg nog in Houston was, werd ik gebeld door een mij onbekende FBI-agent. Hij zei dat ik onmiddellijk naar Waco diende te komen: de overheid had de aanval op de ranch ingezet om de impasse te doorbreken en de jonge mensen die binnen waren te bevrijden. In de auto luisterde ik naar de radio. Toen ik boven op de heuvel kwam aan de rand van de stad, zag ik een enorme dikke grijze rookpluim en oranje vlammen. Ik reed direct door naar het kindertehuis van de methodisten. De volwassenen zagen er aangeslagen uit, maar het was ze gelukt om de kinderen niets te vertellen. Ze hadden zich erop voorbereid om voor de 23 kinderen te zorgen die nog in de ranch waren, ze hadden ze al leren kennen door de verhalen van hun zussen en broers en door de videobanden die Koresh van de kinderen had gemaakt en die waren vrijgegeven aan de FBI. Nu voelden ze het verlies, en we waren ons allemaal er maar al te bewust van hoe hun dood van invloed zou zijn op de kinderen die we al behandelden.

Wat het nog pijnlijker maakte, was het feit dat het vertrouwen dat we bij de kinderen hadden opgebouwd nu waarschijnlijk in rook zou opgaan. We hadden ze verteld dat we niet hun vijanden waren en dat hun ouders, broers, zussen en vrienden niet gedood zouden worden. Maar de gebeurtenissen zouden de juistheid van Koresh' profetieën alleen maar bevestigen: precies zoals hij hun had verteld dat de 'slechteriken' de ranch zouden aanvallen, had hij ook het vurige einde van de groep voorzien. Dat zou hun trauma nog verergeren. En het volgende deel van de voorspelling luidde natuurlijk dat Koresh zou terugkeren naar de aarde om alle 'ongelovigen' af te slachten, en de kinderen die zich van zijn leer hadden afgewend, waren nu natuurlijk bang dat zij daar ook onder zouden vallen.

We moesten zorgvuldig nadenken over de beste manier om het nieuws te brengen. Omdat we nog geen informatie hadden over de overlevenden, besloten we tot de volgende dag te wachten.

We organiseerden een bijeenkomst in de woonkamer van het huis. Ieder kind had een nauwe relatie met minstens een of meer van de stafleden van ons team gekregen. Volgens ons plan zou ik de groep zo feitelijk en helder mogelijk vertellen wat er was gebeurd. Daarna zouden we ze vragen laten stellen. Vervolgens zou ieder kind of groepje broers en zussen enige tijd doorbrengen met de twee of drie stafleden met wie ze het best konden opschieten.

Het was een van de moeilijkste momenten in mijn werkende leven. Hoe vertel je een dozijn kinderen dat hun vaders, broers, moeders, zussen en vrienden dood zijn? En ja, ze zijn precies zo gestorven zoals Koresh had voorspeld. En ja, we hadden jullie verzekerd dat dit niet zou gebeuren. Eerst weigerden sommige kinderen me te geloven. 'Het is niet waar,' zeiden ze steeds, zoals veel mensen doen wanneer ze te horen krijgen dat een geliefde is gestorven, 'Dat kan niet waar zijn.' Anderen zeiden: 'Ik wist het,' of: 'Ik zei het toch?'

Het ergste was nog de wetenschap dat het niet zo had hoeven eindigen. De reactie van de Branch Davidians op de laatste aanval was voorspelbaar geweest, en het aantal doden had beperkt kunnen blijven en zelfs voorkomen kunnen worden. Desalniettemin had de federale regering juist de actie gekozen die de grootste kans gaf op een rampzalige afloop, en tachtig mensen, zo ongeveer iedereen die deze kinderen kenden, waren gestorven.

Toen de vuurzee uitbrak, waren veel kinderen al bij familieleden buiten de groep gaan wonen; er bleven maar ongeveer elf meisjes en jongens in het huis wonen. Het wekt geen verbazing dat de rampzalige afloop een terugval voor hen betekende. Hun traumatische symptomen keerden terug, net zoals hun naleving van Koresh' dieetregels en scheiding van de seksen.

Inmiddels wisten we dat we voorzichtig moesten zijn. Zo was er bijvoorbeeld een discussie over wat we moesten doen aan het feit dat de jongens en meisjes nog steeds aan twee afzonderlijke tafels aten. Uiteindelijk stelde ik voor om een van de tafels weg te halen en te zien wat er zou gebeuren. Toen een van de meisjes vroeg waarom we hem weghaalden, zei ik dat we hem niet meer nodig hadden. Ze accepteerde mijn antwoord zonder vragen; het was duidelijk dat er inmiddels veel minder kinderen in het huis woonden. Eerst zaten de meisjes aan een kant en de jongens aan de andere. Daarna begonnen ze langzaam en op natuurlijke wijze met elkaar om te gaan en zich te mengen. In de loop der tijd werden hun traumatische symptomen en hun naleving van Koresh' regels weer minder.

Het is nu veertien jaar later, en we hebben verschillende informele gelegenheden gehad om de kinderen te volgen. We weten dat ze allemaal blijvend en in grote mate beïnvloed zijn door wat er is gebeurd. Ongeveer de helft is bij familie gaan wonen die nog geloofde in Koresh' boodschap, en sommigen hangen nog steeds de religie aan waarin ze werden grootgebracht. Anderen zijn gaan studeren, hebben een carrière opgebouwd en een eigen gezin gesticht; weer anderen leiden een leven vol problemen en chaos.

Er zijn onderzoeken, Senaatshoorzittingen, boeken, verhandelingen en documentaires aan de zaak gewijd. Maar ondanks alle aandacht duurde het maar een paar maanden voor alle belangstelling voor deze kinderen was weggeëbd. Er zijn strafzaken en civiele rechtzaken geweest, en veel holle woorden. Alle betrokken partijen – de kinderbescherming, de FBI, de Rangers, onze groep in Houston – keerden meestal terug naar de oude modellen en de eigen manier van doen. Maar hoewel er weinig veranderde in onze praktijk, was er veel veranderd in ons denken.

We leerden dat sommige van de meest therapeutische ervaringen niet plaatsvinden binnen een 'therapie', maar binnen vanzelfsprekende gezonde relaties, of dat nu tussen een beroepskracht is als ik zelf ben en een kind, tussen een tante en een klein bang meisje, of tussen een rustige Texas Ranger en een licht ontvlambare jongen. De kinderen met wie het na de apocalyptische gebeurtenissen het best ging, waren niet degenen die de minste stress hadden ondervonden of het meest enthousiast deelnamen aan de gesprekken met ons in het huis.

Het waren degenen die daarna in de gezondste en liefhebbendste omgeving kwamen, of dat nu bij familie was die nog in de principes van de Branch Davidians geloofde of bij lieve mensen die Koresh juist totaal verwierpen. Het onderzoek naar de doeltreffendste behandelingen van kinderen die een trauma hebben meegemaakt, zou zelfs als volgt samengevat kunnen worden: wat het best werkt, is alles wat bevorderend werkt voor de kwaliteit en het aantal relaties in het leven van het kind.

Ik zag ook dat het samenbrengen van afzonderlijke groepen – zelfs wanneer ze strijdige belangen hebben – vaak doeltreffend kan zijn. Tientallen instanties van de centrale overheid, de deelstaat en de lokale overheid hadden met elkaar samengewerkt om voor deze kinderen te zorgen. De kracht van de nabijheid – door onze samenkomsten – had ervoor gezorgd dat we allemaal bereid waren compromissen te sluiten om deze kinderen te helpen. Relaties doen ertoe: de munteenheid van systemische verandering is vertrouwen, en vertrouwen wordt opgebouwd door gezonde werkrelaties te vormen. Mensen, en niet programma's, veranderen mensen. De samenwerking, het respect en de medewerking die we ervoeren, gaven ons de hoop dat we iets konden betekenen, ook al waren de invallen zo rampzalig afgelopen. De kiem van een nieuwe manier om met getraumatiseerde kinderen te werken werd geplant op de as van Waco.

4 | Huidhonger

NET ZOALS IEDEREEN genieten artsen ervan erkenning te krijgen voor hun prestaties. Een manier waarmee je gegarandeerd bent van medische roem is een nieuwe ziekte ontdekken of een heel lastige medische puzzel oplossen. En de artsen van een ziekenhuis in Texas waar ik een consult kwam geven, zagen het meisje in kamer 723E precies als zo'n uitdaging. Op haar vierde woog Laura maar amper tien kilo, ook al was ze al weken via een slang in haar neus op een hoogcalorisch dieet gesteld. De stapel medische dossiers die me bij de verpleegsterspost lag op te wachten, was ongeveer anderhalve meter hoog, langer dan het gekrompen meisje zelf. Laura's verhaal zou ons net als dat van de kinderen uit Waco helpen om meer te weten te komen over hoe kinderen reageren op vroege ervaringen. Het illustreert hoe de geest en het lichaam niet los van elkaar behandeld kunnen worden, het onthult wat baby's en kleine kinderen nodig hebben voor een goede ontwikkeling van hun brein en het toont hoe de verwaarlozing van die behoeften verregaande gevolgen kan hebben voor elk aspect van de groei van een kind.

Laura's dossiers besloegen duizenden bladzijden van documenten, met gegevens over bezoeken aan endocrinologen, gastro-enterologen, voedingskundigen en andere medisch specialisten. Er waren ellenlange laboratoriumrapporten van bloedonderzoeken, chromosoomtests, hormoonspiegels, biopsies. Ook zaten er resultaten tussen van nog ingrijpender onderzoeken, waarbij een endoscoop via haar keel werd ingebracht om haar maag te bekijken, of waarbij een endoscoop rectaal werd ingebracht om haar darmen te bekijken. Er waren tientallen verslagen van geraadpleegde artsen. Het arme kind had zelfs een proeflaparoscopie ondergaan, waarbij artsen een buis in haar buik hadden ingebracht om haar inwendige organen te onderzoeken; een fragment van haar dunne darm was afgeknipt en voor bestudering naar een medisch laboratorium gestuurd.

Nadat ze een maand op de maag-darmafdeling had gelegen, was er eindelijk een maatschappelijk werker die Laura's artsen op het hart drukte om haar psychiatrisch te laten onderzoeken. Net zoals de maag-darmspecialisten hadden gehoopt dat ze een geval van 'darmepilep-sie' hadden ontdekt toen ze Laura jaren geleden voor het eerst hadden gezien, hadden ook de psychiaters een nieuwe theorie over Laura's geval. De psycholoog die het intakegesprek deed, was gespecialiseerd in eetstoornissen en hij geloofde dat hij het eerste gedocumenteerde voorbeeld van kleuter-anorexia voor zich had. Gefascineerd en opgewonden besprak hij het geval met zijn collegae in de geestelijke gezondheidszorg. Uiteindelijk verzocht hij mij om advies, omdat ik meer ervaring had met wetenschappelijke publicaties en hij zeker wist dat dit een meldenswaardig geval zou zijn. Hij vertelde me dat het kind in het geheim laxeermiddelen moest gebruiken of dat ze 's nachts opstond om als een bezetene te gaan sporten. Hoe kon ze anders zoveel calorieen gevoerd krijgen zonder te groeien? Hij wilde mijn inzicht over dit verontrustende nieuwe probleem, dat voor het eerst bij een klein kind werd gezien.

Ik was nieuwsgierig. Ik had nog nooit van kleuter-anorexia gehoord. In het ziekenhuis begon ik zoals altijd voor een consult de gegevens door te lezen die me zoveel mogelijk over de geschiedenis van het kind konden vertellen. Maar toen ik op de vier jaar oude, uit twintig eerdere ziekenhuisopnamen bestaande stapel documenten van zes specialistische klinieken stuitte, wierp ik slechts een vluchtige blik op het laatste intakeverslag en ging naar binnen om mezelf voor te stellen aan de patiënt en haar moeder.

In de ziekenhuiskamer van het meisje trof ik een verontrustend tafereel aan. Laura's tweeëntwintigjarige moeder, Virginia*, zat ongeveer anderhalve meter bij haar kind vandaan televisie te kijken. Er was geen interactie tussen moeder en dochter. De kleine, uitgemergelde Laura zat stilletjes met grote ogen naar een bord met eten te staren. Ze had ook een neussonde, waarmee voedingsstoffen in haar maag werden gepompt. Later kwam ik te weten dat het Virginia door de eetstoornispsycholoog was afgeraden om tijdens de maaltijden contact met haar dochter te hebben. Dit zou Laura – de zogenaamde uitgekookte kleuter met anorexia – leren om ermee op te houden haar moeder met eten en maaltijden te manipuleren. De theorie luidde toen dat mensen met anorexia genoten van de aandacht die ze kregen door niet te eten, en dat gebruikten om macht te krijgen over de andere gezinsleden. Hun deze 'beloning' te onthouden moest het herstel bespoedigen. Het enige wat ik echter zag, was een wanhopig mager klein meisje en een afstandelijke moeder.

Het brein is een historisch orgaan. Ons persoonlijke verhaal ligt erin opgeslagen. Onze levenservaringen vormen wie we zijn doordat er in ons brein een catalogus van sjabloonherinneringen wordt aangelegd die ons gedrag stuurt, soms op manieren die we bewust herkennen, maar nog vaker met processen waarvan we ons niet bewust zijn. Een cruciaal element bij het ontdekken van ieder aan het brein gerelateerd, klinisch probleem is daarom het verkrijgen van een kloppende geschiedenis van de ervaringen van de patiënt. Omdat het brein zich grotendeels vroeg in het leven ontwikkelt, heeft de manier waarop onze ouders voor ons zorgden dramatisch veel invloed op de ontwikkeling van het brein. En aangezien we ertoe neigen om voor onze kinderen te zorgen zoals er voor ons werd gezorgd, begint een goede 'breingeschiedenis' van een kind met een geschiedenis van de jeugd en vroege ervaringen van de verzorger. Om Laura te begrijpen moest ik iets van haar familie te weten komen, en die bestond in haar geval uit haar moeder.

Ik begon door Virginia onschuldige, basale vragen te stellen. Bijna direct werd me duidelijk dat de bron van Laura's problemen in het verleden van haar jonge, goed bedoelende, maar onervaren moeder lag.

'Waar kom je vandaan?' vroeg ik haar.

'Ik denk uit Austin,' antwoordde ze.

'Waar komen je ouders vandaan?'

'Ik weet het niet.'

Binnen enkele minuten kwam ik erachter dat Virginia een kind van het pleegzorgstelsel was. Ze was in de steek gelaten door een aan drugs verslaafde moeder, ze wist niet wie haar vader was en was opgegroeid in een tijd dat het binnen het jeugdzorgstelsel gebruikelijk was dat baby's en peuters om het halfjaar naar een ander pleeggezin werden overgeplaatst. De gedachte hierachter was dat ze zich op deze manier niet te veel aan een specifieke verzorger hechtten. Nu weten we natuurlijk dat de vroege hechting van een baby aan een klein aantal, vaste verzorgers van kritiek belang is voor zijn emotionele welzijn en zelfs voor zijn lichamelijke ontwikkeling. Maar in die tijd was die kennis nog niet eens aan het doorsijpelen in de jeugdzorgbureaucratie. Meer dan andere soorten zijn mensenbaby's bij hun geboorte kwetsbaar en afhankelijk. De zwangerschap en vroege jeugd vragen enorme energie-inspanningen van de moeder en indirect van de grotere familiegroep. Maar ondanks de hevige barenspijnen, de talrijke ongemakken die bij zwangerschap en borstvoeding horen, en de luide, voortdurende noden van een pasgeborene, neigen kersverse moeders er meestal toe zich helemaal te wijden aan het troosten, voeden en beschermen van hun jongen. De meeste doen dat inderdaad met plezier; we vinden het afwijkend wanneer een moeder het niet doet.

Op een Marsbewoner – maar ook voor veel mensen zonder kinderen – zal dit gedrag raadselachtig overkomen. Hoe komen ouders ertoe om slaap, seks, vrienden, vrije tijd en praktisch alle overige plezierige dingen van het leven op te geven om de eisen van een vaak irritant luidruchtig, incontinent, nooddruftig wezentje in te kunnen willigen? Het geheim is dat het zorgen voor kinderen op veel manieren onbeschrijflijk plezierig is. Onze hersenen belonen ons voor onze omgang met onze kinderen, en vooral onze baby's: hun geur, de kirrende geluidjes die ze maken wanneer ze rustig zijn, hun zachte huidjes en vooral hun gezichtjes zijn ervoor gemaakt om ons van vreugde te vervullen. Wat wij 'schattig' noemen, is in feite een evolutionaire aanpassing die ervoor zorgt dat ouders voor hun kinderen zullen zorgen, dat de behoeften van baby's worden vervuld en dat ouders deze ogenschijnlijk ondankbare taak met plezier op zich nemen.

Tijdens onze ontwikkeling zullen we dus volgens de normale loop der dingen op een aandachtige, op ons afgestemde en liefdevolle manier verzorgd worden. Wanneer we het koud hebben, wanneer we honger of dorst hebben, of wanneer we om welke reden dan ook bang of overstuur zijn, zal door ons gehuil de troostende verzorger komen die onze behoefte vervult en ons verdriet doet verdwijnen met liefdevolle aandacht. Door deze liefdevolle verzorging worden twee grote neurale netwerken in onze hersenen in ontwikkeling tegelijk gestimuleerd. Het eerste is de complexe reeks zintuiglijke waarnemingen die verbonden zijn met menselijke relationele interacties: het gezicht, de glimlach, de stem, de aanraking en de geur van de verzorger. Het tweede is stimulering van de neurale netwerken door 'plezier'. Dit 'beloningssysteem' kan op een paar manieren geactiveerd worden, en een daarvan is door de verzachting van leed. Dorst lessen, honger stillen, onrust kalmeren – deze resulteren allemaal in een gevoel van plezier en gemak. En zoals we eerder bespraken, wanneer twee patronen van neurale activiteit vaak genoeg gelijktijdig gebeuren, wordt er een verband gelegd tussen de twee patronen.

In het geval van responsief ouderschap raken plezier en menselijke interactie onlosmakelijk met elkaar verbonden. Deze onderlinge verbondenheid, de link tussen plezier en menselijke interactie, is de belangrijke neurobiologische 'lijm' waardoor gezonde relaties worden gesmeed en tot stand gebracht. De krachtigste beloningen die we kunnen ontvangen, zijn dan ook de aandacht, goedkeuring en genegenheid van de mensen van wie we houden en die we respecteren. En zo voelen we ook de hevigste pijn wanneer we die aandacht, goedkeuring en genegenheid verliezen – het meest voor de hand liggende voorbeeld is natuurlijk het overlijden van een dierbaar iemand. Om deze reden lijken zelfs onze grootste intellectuele, atletische of beroepsmatige prestaties leeg als we niemand hebben om ze mee te delen.

Als je tot de meerderheid van baby's behoort die in een liefdevol gezin werden geboren, dan is er een vaste, zorgzame verzorger – een moeder of een vader – beschikbaar die herhaaldelijk je behoeften vervult. Wanneer je huilt, komt steeds een van je ouders om je te helpen wanneer je honger hebt, het koud hebt of wanneer je bang bent. Terwijl je hersenen zich ontwikkelen, leveren deze liefdevolle verzorgers het sjabloon dat je zult gebruiken voor menselijke relaties. Hechting wordt zo een geheugensjabloon voor banden van mens tot mens. Dit sjabloon dient als je belangrijkste 'wereldbeeld' van menselijke relaties. Het wordt in hoge mate beïnvloed door of je liefdevol, op je behoeften afgestemd ouderschap hebt ervaren of op een inconsistente, vaak verstoorde, misbruikende of verwaarlozende manier 'verzorgd' bent.

Zoals eerder opgemerkt, ontwikkelen de hersenen zich op een gebruiksafhankelijke manier. De gebruikte neurale systemen worden dominanter, degene die niet worden gebruikt zullen dat minder zijn. Naarmate een kind groeit, is het voor de ontwikkeling van veel hersensystemen nodig dat ze gestimuleerd worden. Bovendien moet deze gebruiksafhankelijke ontwikkeling op gezette tijden plaatsvinden, willen deze systemen op hun best functioneren. Als deze 'sensitieve periode' gemist wordt, bereiken sommige systemen nooit hun volledige potentieel. In bepaalde gevallen is het door verwaarlozing veroorzaakte tekort van blijvende aard. Als bijvoorbeeld een van de oogjes van een katje de eerste paar weken van zijn leven gesloten blijft, zal hij aan dat oog blind zijn, ook al is dat oog volstrekt normaal. Voor het visuele schakelsysteem van de hersenen is het vereist dat er normale ervaring met het zicht is om zich te kunnen bedraden; door het gebrek aan visuele prikkels lukt het de neuronen in het gesloten oog niet om cruciale verbindingen te leggen en gaat de gelegenheid op zicht en dieptewaarneming verloren. Zo zal een kind dat in zijn vroege leven niet wordt blootgesteld aan taal, nooit in staat zijn om de taal zelf normaal te spreken of te verstaan. Als een kind een tweede taal niet voor zijn puberteit vloeiend leert spreken, zal hij bijna altijd elke nieuwe taal die hij leert met een accent spreken.

Hoewel we niet weten of er een vaste 'sensitieve periode' bestaat voor de ontwikkeling van normale hechting, lijkt die er wel te zijn voor taal en zicht. Uit onderzoek blijkt dat ervaringen zoals die van Virginia, waarbij kinderen de eerste drie jaar van hun leven niet de kans krijgen om blijvende relaties op te bouwen met een of twee belangrijke verzorgers, blijvende gevolgen hebben voor het vermogen om normaal en met genegenheid met andere mensen om te gaan. Kinderen die geen consistente, lichamelijke genegenheid of de kans om liefdevolle banden op te bouwen krijgen, ontvangen eenvoudigweg niet de patroonmatige, herhaalde prikkels die noodzakelijk zijn voor het goed opbouwen van de systemen in het brein die beloning, plezier en intermenselijke interacties met elkaar verbinden. Dat was er met Virginia gebeurd. Doordat ze in haar jeugd steeds tijdelijke verzorgers had gehad, ontleende ze simpelweg niet dezelfde mate van beloning – je mag dat plezier noemen – aan het vasthouden, ruiken en omgaan met haar baby als de meeste moeders.

Op haar vijfde had Virginia zich eindelijk gesetteld in wat haar meest permanente pleeggezin zou zijn. Haar pleegouders waren liefdevol en zeer deugdzaam. Het waren christenen en goede ouders. Ze leerden haar manieren. Ze leerden haar om 'anderen te bejegenen zoals je wil dat ze jou bejegenen'. Ze verschaften haar een menselijk basisscript voor normaal gedrag. Ze leerden haar dat het verkeerd was om te stelen, dus pakte ze niets van anderen zonder hun toestemming. Ze leerden haar dat drugs slecht waren voor je, dus gebruikte ze geen drugs. Ze leerden haar om hard te werken en naar school te gaan, dus deed ze dat ook. Ze wilden haar adopteren en zij wilde door hen geadopteerd worden, maar de staat had nooit een eind gemaakt aan de ouderlijke rechten van haar biologische ouders. Haar maatschappelijk werkers hadden het af en toe over een hereniging met haar biologische moeder, en daarom ging de adoptie nooit door. Helaas betekende dat ook dat de staat niet langer wettelijk 'verantwoordelijk' was voor Virginia zodra ze achttien werd. Als gevolg daarvan moest ze haar pleeggezin verlaten en kregen de pleegouders de instructie om geen contact meer met haar op te nemen. Hun toekomst als pleegouders voor andere kinderen was afhankelijk van hun naleving van de wensen van de maatschappelijk werkers. Door weer een onmenselijke regel van jeugdzorg – een die gericht was op de vermindering van de wettelijke aansprakelijkheid van het systeem, niet op het beschermen van kinderen – verloor Virginia de enige ouders die ze echt had gekend.

Tegen die tijd was ze geslaagd voor haar middelbareschoolexamen. Ze werd in een rehabilitatiecentrum geplaatst voor jongeren met weinig inkomsten, die 'te oud' waren voor de pleegzorg. Gescheiden van haar dierbaren, zonder duidelijke regels om te volgen en op zoek naar genegenheid raakte Virginia al gauw zwanger. De vader van haar kind verliet haar, maar ze wilde een baby om van te houden en ze wilde het goed doen, zoals haar pleegouders haar hadden geleerd. Ze zocht hulp bij een instelling voor prenatale zorg en werd spoedig ingeschreven voor een goed programma voor risicomoeders. Helaas kwam ze niet meer in aanmerking voor het programma zodra de baby was geboren, omdat ze niet meer zwanger was. Na de bevalling stond ze er alleen voor.

Maar Virginia had geen idee wat ze met haar baby moest nadat ze uit het ziekenhuis kwam. Omdat haar eigen vroege hechtingsprocessen steeds zo abrupt en bruut beëindigd waren, beschikte ze niet over wat ook wel het 'moederinstinct' wordt genoemd. Cognitief wist ze welke basishandelingen ze moest verrichten: Laura voeden, aankleden en in bad doen. Maar emotioneel tastte ze in het duister. Niemand had eraan gedacht haar te leren de liefdevolle, lichamelijke handelingen te verrichten die baby's nodig hebben, en uit zichzelf deed ze het niet. Virginia ontleende gewoon geen plezier aan die dingen en niemand had haar geleerd dat ze dit moest doen. Omdat ze niet werd getrokken door haar limbische, emotionele systemen en niet werd geduwd door haar cognitieve, informatiedragende hersenschors, was Virginia een emotioneel afstandelijke ouder. Ze hield haar baby niet vaak vast; ze voedde haar kleintje rechtop met een fles en niet dicht tegen haar boezem. Ze wiegde haar niet, zong niet voor haar, maakte geen kirrende geluidjes, staarde niet in haar ogen en telde niet steeds weer haar volmaakte teentjes of deed niet een van die andere dwaze, maar enorm belangrijke dingen die mensen met een normale jeugd instinctief doen wanneer ze voor een baby zorgen. En zonder deze lichamelijke en emotionele signalen die alle zoogdieren nodig hebben om te groeien, kwam Laura niet meer aan. Virginia deed waarvan zij dacht dat het het juiste was, niet omdat ze dat in haar hart voelde maar omdat haar verstand haar zei dat dat was wat een moeder 'hoorde' te doen. Wanneer ze gefrustreerd raakte, bestrafte ze haar kind of negeerde ze haar gewoon. Ze putte simpelweg niet de voldoening en de vreugde uit de positieve, zorgzame handelingen die ouders normaal helpen om de moeilijke emotionele en lichamelijke uitdagingen van het opvoeden van een kind te kunnen doorstaan.

De term die wordt gebruikt om baby's te beschrijven die normaal en gezond worden geboren, maar die niet groeien of zelfs gewicht verliezen bij deze vorm van emotionele verwaarlozing is 'failure to thrive'. In de jaren tachtig, toen Laura een baby was, was 'failure to thrive' al een bekend syndroom bij mishandelde en verwaarloosde kinderen, vooral de kinderen die opgroeiden zonder voldoende individuele zorg en aandacht. De conditie is al eeuwen met bewijsstukken gestaafd, vooral in weeshuizen en andere instellingen waar niet genoeg aandacht en zorg voor iedereen is. Als er niet vroeg iets aan gedaan wordt, kan het dodelijk zijn. Uit een onderzoek in de jaren veertig bleek dat meer dan eenderde van de kinderen die opgroeiden in een instelling zonder individuele aandacht te krijgen, op tweejarige leeftijd overleed – een zeer hoog sterftecijfer. De kinderen die een dergelijke emotionele deprivatie overleven – zoals recent de Oost-Europese wezen, waarvan we er een later zullen bespreken – hebben ernstige gedragsproblemen, hamsteren voedsel en kunnen overdreven aanhankelijk doen bij vreemden terwijl het ze moeite kost om relaties te onderhouden met degenen die hen het dierbaarst zouden moeten zijn.

Toen Virginia acht weken na de bevalling voor het eerst medische hulp zocht voor haar baby, kreeg Laura de correcte diagnose 'failure to thrive' en werd ze in het ziekenhuis opgenomen om bijgevoed te worden. Maar de diagnose werd niet uitgelegd aan Virginia. Toen Laura uit het ziekenhuis werd ontslagen, kreeg Virginia alleen voedingsadviezen en geen advies over het moederschap. Er werd haar wel geadviseerd om contact op te nemen met maatschappelijk werk, maar geheel vrijblijvend. Het verwaarlozingsaspect werd grotendeels genegeerd door het medische team, omdat veel artsen 'psychologische' of sociale aspecten van medische problemen minder interessant en minder belangrijk vinden dan de grote 'fysiologische' problemen. Bovendien leek Virginia geen verwaarlozende moeder. Zou een onverschillige moeder immers zo vroeg hulp zoeken voor haar pasgeboren kind?

En zo kwam het dat Laura nog niet ging groeien. Verscheidene maanden later ging Virginia weer met haar naar het ziekenhuis. Niet bekend met Virginia's verleden van verstoorde vroege hechtingen dachten de artsen die haar kind zagen, dat Laura's problemen verband moesten houden met haar maagdarmkanaal en niet met haar hersenen. En zo begon Laura's vier jaar durende medische odyssee van onderzoeken, procedures, speciale diëten, operaties en sondevoedingen. Virginia realiseerde zich nog steeds niet dat haar baby het nodig had om vastgehouden, gewiegd en lichamelijk gekoesterd te worden en dat er met haar gespeeld moest worden.

Bij de geboorte zijn de belangrijkste elementen van de stressreactie al intact en geconcentreerd in de lagere, primitiefste delen van de zich ontwikkelende hersenen. Wanneer de hersenen van de baby signalen ontvangen van binnen in het lichaam – of van de externe zintuigen – dat iets niet in orde is, worden deze geregistreerd als gevaar. Dit gevaar kan 'honger' zijn als de baby calorieën nodig heeft, 'dorst' als hij uitgedroogd is, of 'angst' als hij een externe dreiging waarneemt. Wanneer dit gevaar wordt opgeheven, ervaart de baby plezier. Dat komt doordat de neurobiologie van onze stressreacties onderling verbonden is met de 'plezier/beloning'-gebieden in het brein, en met andere gebieden die pijn, ongemak en onrust vertegenwoordigen. Ervaringen die gevaar doen afnemen en onze kans op overleven vergroten, geven ons meestal plezier; ervaringen die het risico vergroten, geven ons meestal een sensatie van onbehaaglijkheid.

Baby's vinden gekoesterd, vastgehouden, aangeraakt en gewiegd worden meteen troostend en plezierig. Als hun ouders liefdevol voor hen zorgen en er altijd iemand komt wanneer ze honger of angst lijden, dan raakt de vreugde en de opluchting om gevoed en getroost te worden verbonden met menselijk contact. In een normale jeugd, een zoals hierboven beschreven staat, raken menselijke interacties onlosmakelijk verbonden met plezier. Door de duizenden keren dat we reageren op onze huilende baby helpen we hem om een gezond vermogen te krijgen om plezier te putten uit toekomstige contacten met andere mensen.

Omdat zowel de relationele als de plezier-overdragende neurale systemen van de hersenen verbonden zijn met onze stressreactiesystemen, zijn de interacties met onze dierbaren onze belangrijkste stressregulerende mechanismen. Eerst moeten baby's vertrouwen op hun omgeving, niet alleen voor het stillen van hun honger maar ook voor het wegnemen van de onrust en de angst die het gevolg zijn van het feit dat ze niet in staat zijn om aan eten te komen of op andere manieren voor zichzelf te zorgen. Van hun verzorgers leren ze hoe ze op deze gevoelens en behoeften moeten reageren. Als hun ouders hen voeden wanneer ze honger hebben, hen kalmeren wanneer ze bang zijn en over het algemeen reageren op hun emotionele en fysieke behoeften, creëren ze in feite het vermogen van de baby om zichzelf gerust te stellen en te troosten, een vermogen dat later goed van pas komt bij de gewone ups en downs van het leven.

We weten allemaal hoe peuters naar hun moeder kijken nadat ze hun knie hebben geschaafd: als ze niet geschrokken kijkt, gaat het kind niet huilen. Maar als het kind een ongeruste uitdrukking ziet, begint het luid te jammeren. Dit is het duidelijkste voorbeeld van de complexe dans die plaatsvindt tussen de verzorger en het kind, waardoor emotionele zelfregulatie geleerd wordt. Uiteraard zijn sommige kinderen genetisch meer of minder gevoelig voor stressveroorzakende factoren en prikkels, maar een genetische aanleg of kwetsbaarheid wordt vergroot of afgezwakt in de context van de eerste relaties van het kind. Voor bijna iedereen, ook voor volwassenen, kan alleen al de aanwezigheid van bekende mensen, het horen van de stem van een dierbare, het zien van hun komst, de activiteit van de neurale systemen van de stressreactie temperen, de stroom van stresshormonen doen stoppen en ons gevoel van gevaar verkleinen. Het vasthouden van de hand van een dierbare is al een krachtig stressverlagend medicijn.

In de hersenen bevindt zich ook een groep zenuwcellen die bekend staat als 'spiegelneuronen', die gelijktijdig reageren met het gedrag van anderen. Dit vermogen tot wederzijdse regulatie vormt nog een basis voor hechting. Wanneer een baby bijvoorbeeld glimlacht, reageren de spiegelneuronen in de hersenen van zijn moeder meestal met een reeks patronen die bijna identiek zijn aan de patronen die tot stand komen wanneer de moeder zelf glimlacht. Dit spiegelen leidt er meestal toe dat de moeder reageert met haar eigen glimlach. Je kunt goed zien hoe empathie en het vermogen om te reageren op relaties ontstaan wanneer moeder en kind samenvallen en elkaar versterken, waarbij beide reeksen spiegelneuronen elkaars vreugde en gevoel van verbondenheid weerspiegelen.

Maar worden de glimlachjes van een baby genegeerd, als ze keer op keer alleen ligt te huilen, als ze niet gevoed wordt of als ze ruw gevoed wordt zonder tederheid of zonder vastgehouden te worden, dan kunnen de positieve associaties tussen menselijk contact en veiligheid, voorspelbaarheid en plezier zich niet ontwikkelen. Als, zoals in Virginia's geval, ze zich aan een persoon begint te hechten maar ze verlaten wordt zodra ze zich op haar gemak voelt bij diens specifieke geur, ritme en glimlach, en ze daarna weer verlaten wordt zodra ze weer gewend raakt aan een nieuwe verzorger, dan zouden deze associaties nooit vorm kunnen krijgen. Er is niet voldoende herhaling om de verbinding te doen beklijven; mensen zijn niet onderling inwisselbaar. De prijs van liefde is de pijn van verlies, vanaf de babytijd. De hechting tussen een baby en zijn eerste, belangrijkste verzorgers is niet onbeduidend: de liefde die een baby voelt voor zijn verzorgers is even diep als de diepste romantische band. Het is zelfs de sjabloonherinnering aan deze eerste hechting waardoor de baby als volwassene gezonde intieme relaties zal kunnen aangaan.

Als baby kreeg Virginia nooit echt de kans om te leren dat er van haar gehouden werd; zodra ze gewend raakte aan een verzorger, werd ze afgevoerd naar een andere. Zonder een of twee vaste verzorgers in haar leven ervoer ze nooit de specifieke relationele herhalingen die een kind nodig heeft om menselijk contact met plezier in verband te kunnen brengen. Ze ontwikkelde niet het fundamentele neurobiologische vermogen om zich in te kunnen leven in de behoefte van haar eigen baby aan lichamelijke liefde. Omdat ze bij een stabiel, liefhebbend gezin woonde toen de hogere, cognitieve gebieden van haar hersenen zich het actiefst ontwikkelden, was ze echter wel in staat om te leren wat ze als ouder 'hoorde' te doen. Toch had ze niet de emotionele basis waarmee dat koesterende gedrag ook natuurlijk zou aanvoelen.

Dus toen Laura geboren werd, wist Virginia dat ze van haar baby moest 'houden'. Ze voelde die liefde echter niet zoals de meeste mensen, en daarom lukte het haar niet om er via lichamelijk contact uiting aan te geven.

Voor Laura was dit gebrek aan stimulering verwoestend. Haar lichaam reageerde met een hormonale ontregeling waardoor ze niet normaal kon groeien, ook al kreeg ze meer dan geschikte voeding. Het probleem is vergelijkbaar met wat bij andere zoogdieren het 'runt syndrome' wordt genoemd. In ratten- en muizennesten en zelfs bij puppy's en jonge poesjes sterft het zwakste jong vaak binnen de eerste weken na de geboorte als er niet wordt ingegrepen. Het zwakste dier heeft de kracht niet om de tepel van zijn moeder te stimuleren zodat er voldoende melk uitkomt (bij veel diersoorten zuigt het jong uitsluitend aan één en dezelfde tepel) of om zijn moeder goed voor hem te laten zorgen. De moeder verwaarloost het zwakste jong door hem niet zo vaak te likken en verzorgen als de anderen. Hierdoor wordt zijn groei nog meer geremd. Zonder deze verzorging worden zijn eigen groeihormonen uitgeschakeld, dus zelfs als hij op de een of andere manier genoeg te eten krijgt, groeit hij nog niet voldoende. Het is een wreed lot voor de zwakste, maar volgens dit mechanisme worden de beschikbare bronnen verdeeld over de jongen die het best in staat zijn ze ook te gebruiken. Door spaarzaam om te gaan met haar middelen voedt de moeder bij voorkeur de gezondere jongen, want zij hebben de meeste kans op overleving en op het doorgeven van haar genen.

Baby's die de diagnose 'failure to thrive' krijgen, blijken vaak een verminderde hoeveelheid groeihormonen te hebben, wat verklaart waarom Laura niet in staat was om aan te komen. Zonder de lichamelijke stimulering die nodig is om deze hormonen vrij te maken, behandelde Laura's lichaam haar eten als afval. Ze hoefde geen laxeermiddelen te gebruiken of te sporten om te voorkomen dat ze aankwam: het gebrek aan lichamelijke stimulering had haar lichaam geprogrammeerd om niet aan te komen. Zonder liefde groeien kinderen letterlijk niet. Laura had geen anorexia; zoals de schriele pup uit een nest jonge hondjes kreeg ze gewoon niet de lichamelijke koestering die haar lichaam nodig had om te weten dat ze 'gewenst' was en dat het veilig was om te groeien.

Toen ik nog maar net in Houston was, had ik een pleegmoeder leren kennen die vaak kinderen naar onze kliniek bracht. Mama P.*, een warm en hartelijk mens dat wars was van plichtplegingen en altijd zei wat ze dacht, leek intuïtief te weten wat de mishandelde en vaak getraumatiseerde kinderen die ze in huis nam nodig hadden.

Nadenkend over hoe ik Virginia kon helpen om Laura te helpen, herinnerde ik me wat ik van Mama P. had geleerd. Toen ik haar voor het eerst ontmoette, was ik relatief onbekend in Texas. Ik had een academische kliniek opgezet waar twaalf of meer psychiaters, psychologen, kinderartsen en psychiaters in opleiding, medisch studenten en overige stafleden en stagiairs werkten. Deze academische kliniek was deels bedoeld om stagiairs in staat te stellen ervaren artsen en 'experts' aan het werk te zien. Tijdens een bezoek aan Mama P. om een eerste evaluatie van een van haar pleegkinderen te bespreken, werd ik aan haar voorgesteld.

Mama P. was een grote, sterke vrouw. Ze bewoog zich met zelfvertrouwen en kracht. Ze droeg een zeer wijde, bontgekleurde jurk en had een sjaal om haar nek. Ze was er voor een gesprek over Robert, een zevenjarig pleegkind van haar. Drie jaar vóór ons bezoek was zijn biologische moeder uit het ouderlijk gezag ontzet. Roberts moeder was een prostituee die gedurende het hele leven van haar zoon verslaafd was geweest aan cocaïne en alcohol. Ze had hem verwaarloosd en geslagen; de jongen was ook geslagen door klanten en pooiers en was geterroriseerd en mishandeld door haar partners.

Sinds de uithuisplaatsing had Robert in zes pleeggezinnen en in drie opvangtehuizen gewoond. Hij was drie keer in een ziekenhuis opgenomen wegens onhandelbaar gedrag. Hij had ongeveer twaalf diagnoses gekregen waaronder die van aandachtstekortstoornis met hyperactiviteit (ADHD), oppositioneel opstandige gedragsstoornis (ODD), bipolaire stoornis, schizoaffectieve stoornis en verscheidene leerstoornissen. Vaak was hij een liefdevol en aanhankelijk kind, maar af en toe had hij woede-uitbarstingen en was hij zo agressief dat klasgenoten, leraren en pleegouders hem uit welke omgeving dan ook weerden wanneer hij weer eens uitzinnig tekeer was gegaan. Mama P. had hem naar ons gebracht omdat hij door zijn onoplettendheid en agressie weer eens in de problemen was gekomen op school, en de school had geëist dat er iets werd gedaan. Hij deed me denken aan veel van de jongens met wie ik in Chicago in het behandelcentrum had gewerkt.

Terwijl ik begon te praten, probeerde ik Mama bij het gesprek te betrekken en zich op haar gemak te laten voelen. Ik wist dat mensen informatie veel beter kunnen opnemen en verwerken als ze rustig zijn. Ik wilde dat ze zich veilig en gerespecteerd voelde. Nu ik erop terugkijk, denk ik dat ik nogal neerbuigend op haar ben overgekomen. Ik had te veel zelfvertrouwen; ik dacht dat ik wist wat er aan de hand was met haar pleegkind en de impliciete boodschap was: 'Ik begrijp dit kind en jij niet.' Ze keek me opstandig aan, zonder een zweem van een glimlach, haar armen over elkaar geslagen. Ik begon aan een langdradige en waarschijnlijk onbegrijpelijke uitleg van de biologie van de stressreactie en hoe die de agressie en de symptomen van hyperwaakzaamheid van de jongen zou kunnen verklaren. Ik had nog niet geleerd hoe je de impact van een trauma op een kind duidelijk kon uitleggen.

'En wat kunt u doen om mijn baby te helpen?' vroeg ze. Haar woordgebruik viel me op: waarom noemde ze dit zevenjarige kind een baby? Ik wist niet goed wat ik daarvan moest denken.

Ik stelde voor om hem clonidine te geven, het medicijn dat ik had gebruikt bij Sandy en de jongens in het centrum. Ze onderbrak me rustig maar beslist: 'U gaat mijn baby geen medicijnen geven.'

Ik probeerde uit te leggen dat we heel voorzichtig waren met medicijnen, maar ze wilde er niets van horen. 'Geen enkele arts mag mijn baby pillen geven,' zei ze. Op dat moment begon mijn collega-kinderpsychiater, Roberts voornaamste arts, die naast me zat, onrustig te worden. Het werd een beetje ongemakkelijk. Meneer de vice-president en hoofdpsychiater zette zichzelf voor schut. Ik vervreemdde deze moeder van ons en bereikte helemaal niets. Ik probeerde nogmaals de biologie van het stressreactiesysteem uit te leggen, maar ze onderbrak me.

'Leg dat maar uit aan de school,' zei ze scherp. 'Mijn baby heeft geen pillen nodig. Hij heeft het nodig dat mensen van hem houden en aardig tegen hem zijn. Die school en al die leraren begrijpen hem niet.'

'Goed, we kunnen met de school gaan praten.' Ik trok me terug.

En daarna gaf ik me gewonnen. 'Mama P., hoe helpt u hem?' vroeg ik, nieuwsgierig naar de reden waarom zij geen moeite had met de 'buien' waardoor hij uit zijn eerdere pleeggezinnen en van scholen was verwijderd.

'Ik houd hem gewoon vast en ik wieg hem. Ik houd gewoon van hem. Als hij 's nachts bang wakker wordt en door het huis loopt, leg ik hem naast me in bed, ik wrijf over zijn rug en zing wat, en dan valt hij weer in slaap.' Mijn collega wierp me nu duidelijk bezorgde blikken toe: zevenjarige kinderen hoorden niet bij hun pleegouders in bed te slapen. Maar ik was geïntrigeerd en bleef luisteren.

'Wat lijkt hem te kalmeren wanneer hij overdag van streek raakt?' vroeg ik.

'Hetzelfde. Ik leg gewoon alles neer en ik houd hem vast en wieg hem op een stoel. Lang duurt het niet, arm kind.'

Terwijl ze dit zei, herinnerde ik me een terugkerend patroon in Roberts dossiers. In allemaal, ook in de laatste verwijzing van de school, werd er door boze personeelsleden gefrustreerd melding gedaan van de ongehoorzaamheid en het onvolwassen 'babyachtige' gedrag van de jongen, en werd er geklaagd over zijn aandachtvragende en aanhankelijke gedrag. Ik vroeg Mama P.: 'Dus u wordt niet gefrustreerd en boos als hij zo doet?'

'Wordt u boos op een baby wanneer die zich opwindt?' vroeg ze. 'Nee. Want dat doen baby's. Baby's doen wat ze kunnen en we vergeven hen altijd als ze troep maken, als ze huilen, als ze over ons heen spugen.'

'En Robert is uw baby?'

'Ze zijn allemaal mijn baby. Alleen is Robert al zeven jaar een baby.' We eindigden het gesprek en maakten een nieuwe afspraak voor een week later. Ik beloofde de school te zullen bellen. Mama P. keek me aan toen ik met Robert door de gang van de kliniek liep. Ik grapte dat Robert nog eens terug moest komen om ons meer te leren. Toen glimlachte ze eindelijk.

In de daaropvolgende jaren bleef Mama P. haar pleegkinderen naar onze kliniek brengen. En wij bleven van haar leren. Mama P. ontdekte veel eerder dan wij dat veel jonge slachtoffers van mishandeling en verwaarlozing lichamelijk gestimuleerd moeten worden, zoals wiegen, zacht vastgehouden worden, een manier van troosten die geschikter lijkt voor veel jongere kinderen. Ze wist dat je niet met deze kinderen omgaat op basis van hun leeftijd, maar op basis van hun behoeften, van wat ze mogelijk gemist hebben in de 'gevoelige perioden' van hun ontwikkeling. Bijna alle kinderen die naar haar toegestuurd werden, hadden een enorme behoefte om vastgehouden en aangeraakt te worden. Zodra mijn personeel haar in de wachtkamer deze kinderen zag vasthouden en wiegen, drukten ze hun bezorgdheid uit dat ze ze infantiliseerde.

Maar ik ging begrijpen waarom haar overweldigend liefdevolle, lichamelijk koesterende stijl, waarover ik me aanvankelijk ook zorgen had gemaakt dat die verstikkend kon zijn voor oudere kinderen, vaak precies was wat ze nodig hadden. Deze kinderen hadden nooit de herhaalde, patroonmatige lichamelijke verzorging gekregen om een goed geregeld en responsief stressreactiesysteem te kunnen ontwikkelen. Ze hadden nooit geleerd dat er van hen werd gehouden en dat ze veilig waren; ze hadden niet de interne veiligheid die nodig is om de wereld veilig te kunnen onderzoeken en te kunnen groeien zonder angst. Ze hongerden ernaar om aangeraakt te worden, en dat was wat ze van Mama P. kregen.

Dus toen ik bij Laura en haar moeder ging zitten, wist ik dat ze beiden baat konden hebben bij Mama P.'s wijsheid over het opvoeden van kinderen, en vooral bij haar ongelofelijk moederlijke en liefdevolle karakter. Ik ging terug naar de verpleegsterspost, zocht haar telefoonnummer op en belde. Ik vroeg haar of ze bereid was om een moeder met haar kind in haar huis op te nemen zodat Virginia kon leren om Laura op te voeden. Ze stemde meteen in. Gelukkig waren beide gezinnen opgenomen in een particulier gefinancierd zorgprogramma waardoor we deze maatregel konden betalen, want het pleegzorgstelsel is meestal te inflexibel om zoiets toe te laten.

Nu moest ik Virginia – en mijn collega's – nog zien te overtuigen. Toen ik weer in de kamer kwam waar ze zat te wachten, leek Virginia onrustig. Mijn collega-psychiater had haar een van mijn essays gegeven over ons klinisch werk met mishandelde kinderen. Virginia dacht dat ik haar een slechte ouder vond. Voor ik mijn mond kon opendoen, zei ze: 'Als mijn baby er beter van wordt, neemt u haar dan alstublieft.' Virginia hield van haar baby, zoveel dat ze bereid was haar te laten gaan als dat nodig was om haar te laten herstellen.

Ik legde uit wat ik wel wilde doen, namelijk dat zij bij Mama P. gingen wonen. Virginia stemde daar direct mee in, zeggend dat ze alles zou doen om Laura te helpen.

De kinderartsen maakten zich echter nog steeds veel zorgen om Laura's voedselbehoefte. Ze had zoveel ondergewicht dat ze bang waren dat ze zonder medische hulp niet genoeg calorieën binnen kreeg. Ze kreeg haar voeding op dat moment immers via een slangetje. Ik vertelde de artsen dat we haar dieet nauwlettend in de gaten zouden houden om er zeker van te zijn dat ze voldoende calorieën binnen kreeg, en dat bleek een goede zet te zijn. We konden haar opmerkelijke vooruitgang daardoor documenteren. De eerste maand dat ze bij Mama P. woonde, verbruikte Laura precies evenveel calorieën als in de maand ervoor in het ziekenhuis, toen haar gewicht nauwelijks op de tien kilo was gebleven. Maar in Mama P.'s koesterende omgeving kwam Laura 4,5 kilo in een maand aan en ging ze van tien naar bijna vijftien kilo! Haar gewicht nam met 35 procent toe op dezelfde hoeveelheid calorieën die daarvoor niet genoeg was geweest om gewichtsverlies te voorkomen, omdat ze nu de lichamelijke koestering kreeg die haar hersenen nodig hadden om de juiste groeihormonen vrij te geven die nodig zijn voor groei.

Door Mama P. te observeren en door de lichamelijke genegenheid te krijgen die Mama over iedereen om haar heen uitstrooide, begon Virginia te leren wat Laura nodig had en hoe ze dat haar kon geven.

Vóór de tijd van Mama P. waren de maaltijden robotachtig of vol conflicten verlopen: door de voortdurend wisselende dieetinstructies en adviezen van verschillende artsen en ziekenhuizen die probeerden te helpen, werd de verwarde, lege ervaring die eten voor Laura was alleen maar verergerd. En omdat Virginia de behoeften van haar kind niet begreep, was ze de ene keer liefdevol en de volgende weer streng of bestraffend. Ook negeerde ze haar dochter soms simpelweg. Verstoken van de beloningen die een koesterende manier van zorgen moeder en kind doorgaans opleveren, voelde Virginia zich zeer gefrustreerd. Het ouderschap is lastig. Zonder de neurobiologische capaciteit om de vreugde van het ouderschap te voelen, liggen irritaties en ergernissen constant op de loer.

Door Mama P.'s gevoel voor humor, haar warmte en haar omhelzingen kreeg Virginia iets van de moeder die ze had gemist. En door te zien hoe Mama P. reageerde op haar andere kinderen en op Laura, begon Virginia op Laura's signalen te reageren. Nu kon ze beter zien wanneer Laura honger had, wanneer ze wilde spelen, wanneer ze moest slapen. De vierjarige had als een kind van twee jaar vast lijken te zitten in de opstandige fase van de 'peuterpuberteit', maar nu begon ze in emotioneel en lichamelijk opzicht te rijpen. Terwijl Laura groeide, kwam er een eind aan de spanning tussen moeder en dochter tijdens de maaltijden. Virginia ontspande zich en was in staat om geduldiger en consequenter te zijn bij het opvoeden.

Virginia en Laura woonden ongeveer een jaar bij Mama P. Daarna bleven de twee vrouwen bevriend en verhuisde Virginia naar de buurt van Mama zodat ze de nauwe banden konden onderhouden. Laura werd een levendig meisje, dat net als haar moeder de neiging had emotioneel afstandelijk te zijn, maar over een sterk innerlijk moreel kompas beschikte; ze hadden beiden sterke positieve waarden. Toen Virginia een tweede kind kreeg, wist ze vanaf het begin hoe ze goed voor hem moest zorgen, en hij had geen problemen met zijn groei. Virginia ging een opleiding doen en haar kinderen doen het zelf ook goed op school. Ze hebben vrienden, zijn lid van een kerkgemeenschap en wonen bij Mama P. in de straat.

Zowel Laura als Virginia dragen echter nog de littekens uit hun vroege jeugd. Als je moeder en dochter stiekem zou observeren, zou je hun gezichtsuitdrukking leeg kunnen vinden of zelfs droevig. Zodra ze zich realiseren dat je er bent, nemen ze hun sociale rol op zich en reageren ze op je zoals het hoort, maar als je oplet, 'voel' je dat er iets ongemakkelijks of onnatuurlijks in jullie omgang is. Ze kunnen veel van de normale sociale omgangssignalen nabootsen, maar hebben geen van beiden uit zichzelf de neiging om sociaal te zijn, om spontaan te glimlachen of uiting te geven aan warm, koesterend lichamelijk gedrag zoals een omhelzing.

Hoewel iedereen tot op zekere hoogte een rol speelt bij anderen, vallen mensen die heel vroeg zijn verwaarloosd eerder door de mand. Op een 'hoger', meer cognitief niveau zijn moeder en dochter heel goede mensen. Ze hebben geleerd om morele regels en sterke geloofsovertuigingen te gebruiken om hun angsten en verlangens in te tomen. Maar in de relationele en sociale communicatiesystemen van het brein, de bron van emotionele banden met anderen, zijn er schaduwen van de verstoorde verzorging uit hun vroege jeugd. We worden gevormd door de aard en de timing van onze ontwikkelingservaringen. Net zoals mensen die een vreemde taal laat in hun leven leren, zullen Virginia en Laura de taal van de liefde nooit accentloos spreken.

5 | Het kilste hart

EEN EXTRA ZWAAR beveiligde gevangenis binnengaan is altijd een beangstigende ervaring: nadat je identiteit uitgebreid is gecontroleerd bij het hek, moet je je sleutels, portemonnee, telefoon en al het overige afgeven dat mogelijk gestolen of als wapen gebruikt kan worden. Alles wat je identificeert, wordt in beslag genomen, behalve je kleren. Op een van de eerste gesloten deuren waar je doorheen gaat, hangt een bordje dat eigenlijk zegt dat je er helemaal alleen voor staat als je voorbij dat punt gegijzeld wordt. Het beleid is er duidelijk op gericht te voorkomen dat bezoekers doen alsof ze gegijzeld worden door gevangenen zodat die kunnen ontsnappen, maar het roept ook direct een ongemakkelijk gevoel op. Er zijn minstens drie of vier dubbele dikke metalen deuren met veel lagen van menselijke en elektronische beveiliging ertussen, die stevig achter je dichtvallen voor je het soort gevangene kunt ontmoeten dat ik kwam onderzoeken. Leon van zestien jaar oud had op sadistische wijze twee tienermeisjes vermoord en daarna hun dode lichamen verkracht.

Virginia en Laura waren een voorbeeld van de manier waarop verwaarlozing in de vroege jeugd de ontwikkeling van de gebieden in de hersenen kan verstoren, die empathie en het vermogen om gezonde relaties aan te gaan regelen – een verlies waardoor mensen vaak onhandig, eenzaam en sociaal onaangepast zijn. Emotionele deprivatie in de eerste jaren van het leven kan mensen echter ook doen neigen naar boosaardigheid en mensenhaat. In de gevallen van de moeder en de dochter werden beiden ondanks hun gebrekkige inlevingsvermogen zeer morele mensen; door hun vroege jeugdervaringen waren ze emotioneel gehandicapt en konden ze sociale signalen vaak niet oppikken, maar ze waren niet vervuld van woede en haat. Leons verhaal illustreert een veel gevaarlijkere – en gelukkig minder vaak voorkomende – mogelijke uitkomst. Van Leon zou ik leren hoe schadelijk ouderlijke verwaarlozing – zelfs als die onbedoeld is – kan zijn en dat de netwerken van de 'extended family', die kinderen vroeger tegen die verwaarlozing beschermden, door de moderne westerse cultuur kunnen worden uitgehold.

Leon was veroordeeld wegens een halsmisdaad en kon ter dood veroordeeld worden. Zijn advocaat had me ingehuurd om te getuigen tijdens het vaststellen van de strafmaat. In deze zitting wordt bepaald of er 'verzachtende' omstandigheden waren, zoals een geschiedenis van psychische problemen of mishandeling, die in overweging genomen moeten worden wanneer er een vonnis wordt geveld. Mijn getuigenis zou het hof helpen om een keuze te maken tussen levenslang en de doodstraf.

Ik bezocht de gevangenis op een perfecte lentedag, een heldere dag waarop de meeste mensen blij zijn om te leven. Het vrolijke geluid van tjilpende vogels en de warmte van de zon leken bijna ongepast toen ik voor het massieve grijze gebouw stond. Het telde vijf verdiepingen en was opgetrokken uit cementblokken. Er zaten te weinig, getraliede ramen in en aan een muur zat een groen wachtershuisje vast met een rode deur, dat veel te klein leek in verhouding tot het imposante gevangenisgebouw. Het terrein werd omgeven door een zes meter hoog hekwerk met drie lagen gekronkeld prikkeldraad erbovenop. Ik was de enige persoon die buiten was. Op het parkeerterrein stonden een paar oude auto's.

Met bonzend hart liep ik op de rode deur af; mijn handpalmen voelden klam. Ik moest mezelf inprenten om rustig te blijven. De spanning leek bijna tastbaar. Ik liep naar binnen door een dubbele deur, ging onder een metaaldetector door, werd kort gefouilleerd en daarna naar binnen meegenomen door een bewaakster die even gekooid en wrokkig leek als een gevangene.

'Bent u psycholoog?' vroeg ze terwijl ze me afkeurend aankeek.

'Nee, ik ben psychiater.'

'O, maakt niet uit. Genoeg werk hier.' Ze lachte minachtend.

Ik dwong mezelf te glimlachen. 'Dit zijn de regels, die moet u lezen.' Ze gaf me een A-4-tje en vervolgde: 'Geen smokkelwaar. Geen wapens. U mag geen cadeaus geven en ook niets meenemen uit de gevangenis.' Haar toon en houding vertelden me dat ze niets van me moest hebben.

Misschien was ze boos omdat ze deze mooie dag in de gevangenis moest doorbrengen. Misschien was ze verontwaardigd omdat ze vond dat mensen die in de geestelijke gezondheidszorg voor het rechtssysteem werken, vooral helpen om criminelen aan de verantwoordelijkheid voor hun daden te laten ontsnappen.

'Goed,' zei ik, en ik probeerde respectvol te klinken. Maar ik zag dat ze haar standpunt over mij al had gevormd. Het was ook geen wonder dat ze vijandig was. Ons brein past zich aan aan onze omgeving, en dit oord zou niet gauw vriendelijkheid of vertrouwen bij iemand oproepen.

De gesprekskamer was klein en er stonden een metalen tafel en twee stoelen in. Er lagen grijze tegels met groene spikkels op de vloer en de muren waren geverfd in een cementachtige kleur. Leon werd door twee mannelijke bewakers naar binnen gebracht. Hij zag er klein en kinderlijk uit en was gekleed in een oranje overall. Zijn armen en benen waren aan elkaar geketend. Hij was dun en klein voor zijn leeftijd. Hij zag er niet gevaarlijk uit. Ja, zijn houding was agressief en ik kon zien dat hij al gevangenistatoeages had, want er stond een scheve 'X' op zijn onderarm. Maar de stoerheid kwam onecht en gekunsteld over, als een ondermaatse kater met overeind staand haar, die langer probeert te lijken dan hij is. Het was bijna niet te geloven dat deze nu achttienjarige jongen twee mensen op brute wijze had vermoord.

Hij had zijn twee jonge slachtoffers in een lift gezien, in de flat waar hij woonde. Het was nog maar drie of vier uur 's middags geweest, maar hij had al bier gedronken. Hij had de tienermeisjes op een lompe manier oneerbare voorstellen gedaan. Toen de meisjes hem afwezen, wat weinig verbazingwekkend was, was hij ze gevolgd naar een appartement waar hij ze, ogenschijnlijk na een lichamelijke confrontatie, dood had gestoken met een tafelmes. Cherise was twaalf jaar oud en haar vriendin Lucy was dertien jaar oud. Beide meisjes waren nog nauwelijks in de puberteit. De aanval was zo snel gegaan en Leon was zoveel groter dan zijn slachtoffers dat de meisjes zich niet hadden kunnen verweren. Hij had Cherise snel vastgebonden met een riem. Daarna probeerde Lucy weerstand te bieden en vermoordde hij haar. Of om te voorkomen dat er een getuige zou zijn of omdat hij nog boos was, slachtte hij ook het vastgebonden meisje af. Vervolgens verkrachtte hij de dode lichamen. Omdat zijn woede nog niet gekoeld was, schopte en stompte hij ze ook nog.

Hoewel Leon al vaak in aanraking was gekomen met justitie, wees niets er in zijn dossiers op dat hij in staat was tot zoiets gewelddadigs. Zijn ouders waren hardwerkende, getrouwde, legale immigranten, eerlijke burgers zonder strafblad. Zijn familie was nooit in aanraking gekomen met de kinderbescherming; er was geen geschiedenis van mishandeling, er waren geen uithuisplaatsingen, en ook geen andere duidelijke signalen die wezen op mogelijke hechtingsproblematiek. Toch viel er in alle dossiers te lezen dat hij er een meester in was om de mensen om hem heen te manipuleren en, wat onheilspellender was, dat hij totaal ontdaan was van emotionele verbondenheid met anderen. Hij werd vaak beschreven als iemand met weinig tot geen inlevingsvermogen: meedogenloos, hard, onverschillig voor de meeste 'consequenties' die op school of in programma's voor jeugdige delinquenten bedacht werden.

Toen ik hem zo zag, zo klein met zijn boeien in deze vreselijke gevangenis, kreeg ik bijna medelijden met hem. Maar toen begonnen we te praten.

'Bent u de dokter?' vroeg hij duidelijk teleurgesteld. Hij bekeek me van top tot teen.

'Ja.'

'Ik heb haar gezegd dat ik een vrouwelijke psychiater wilde,' sneerde hij. Hij duwde zijn tafel van de stoel af en schopte ertegenaan. Ik vroeg hem of hij het met zijn advocaat over mijn bezoek had gehad en of hij begreep wat het doel ervan was.

Hij knikte en probeerde stoer en onverschillig over te komen, maar ik wist dat hij bang moest zijn. Hij zou het waarschijnlijk nooit toegeven of begrijpen, maar vanbinnen was hij altijd op zijn hoede, altijd waakzaam en de mensen om hen heen aan het bestuderen. Om erachter te komen wie hem kon helpen en wie hem pijn kon doen. Wat is het zwakke punt van deze persoon, wat wil hij, waar is hij bang voor?

Vanaf het moment dat ik binnenkwam, zag ik dat hij ook mij bestudeerde. Speurend naar een zwakte, zoekend naar een manier om me te manipuleren. Hij was slim genoeg om het stereotype van de liberale, weekhartige psychiater te kennen. Hij had zijn advocaat door. Zij had nu medelijden met hem; hij had haar ervan overtuigd dat hij degene was die onrecht was aangedaan. De meisjes hadden hem uitgenodigd in het appartement. Ze hadden beloofd seks met hem te zullen hebben. Het liep uit de hand en het was een ongeluk. Hij was over hun lichamen gestruikeld, en zo was het bloed aan zijn laarzen gekomen. Het was nooit zijn bedoeling geweest om ze pijn te doen. En nu wilde hij ook mij ervan overtuigen dat hij een miskend slachtoffer was van twee valse tienermeiden die hem hadden uitgedaagd en verleid.

'Vertel eens iets over jezelf.' Ik begon met een open vraag om te kijken waar hij uit zou komen.

'Wat bedoelt u? Is dat een of andere truc?' vroeg hij wantrouwig.

'Nee. Ik dacht alleen dat jij de aangewezen persoon moest zijn om me iets over jou te vertellen. Ik heb al heel veel gelezen over wat andere mensen vinden. Leraren, therapeuten, reclasseringsambtenaren, de pers. Ze hebben allemaal een mening. Daarom wil ik ook de jouwe horen.'

'Wat wilt u weten?'

'Wat wil je me vertellen?' De dans ging door. We cirkelden om elkaar heen. Het was een spelletje dat ik goed kende. Hij was er goed in. Maar ik was er gewend aan.

'Goed, laten we met hier en nu beginnen. Hoe is het om in een gevangenis te wonen?'

'Saai. Niet heel erg. Er valt niet veel te doen.'

'Hoe ziet je dag eruit?' En zo begon het. Hij begon zich langzaam te ontspannen toen hij over de routine van de gevangenis en over zijn eerdere ervaringen met de jeugdrechter vertelde. Ik liet hem praten en na een paar uur hielden we een pauze zodat hij een sigaret kon roken. Toen ik terugkwam, was het tijd om ter zake te komen. 'Vertel eens wat er met die meisjes gebeurde.'

'Het stelde niet zoveel voor. Ik hing gewoon een beetje rond en toen kwamen die twee meisjes langs. We raakten aan de praat en ze nodigden me uit in hun appartement om een beetje te klooien. Maar boven veranderden ze van gedachten. En toen werd ik pissig.' Deze versie was anders dan zijn eerdere verklaring en dan andere beschrijvingen die hij had gegeven. Het leek erop dat hij het verhaal steeds minder gewelddadig maakte naarmate de misdaad langer geleden was. Elke keer dat hij het vertelde, was hij minder verantwoordelijk voor wat er was gebeurd; in plaats van de meisjes werd hij steeds meer het slachtoffer.

'Het was een ongeluk. Ik wilde ze alleen maar bang maken. Die domme wijven wilden hun bek niet houden,' vervolgde hij. Mijn maag kwam in opstand. Niet reageren. Niets zeggen. Als hij voelt hoe afschuwelijk en walgelijk je het vindt, is hij niet eerlijk. Dan past hij zijn verhaal aan. Rustig blijven. Ik knikte.

'Maakten ze veel lawaai?' vroeg ik zo neutraal mogelijk.

'Ja. Ik zei dat ik ze geen pijn zou doen als ze gewoon hun mond hielden.' Hij gaf een kort, steriel verslag van de moorden. De verkrachting sloeg hij over. Hij vertelde ook niet dat hij de meisjes bruut had geschopt.

Ik vroeg of hij boos was geworden van hun geschreeuw, of dat was waarom hij tegen de lichamen had geschopt. In het autopsieverslag stond dat het dertienjarige meisje in haar gezicht was geschopt en in haar nek en op haar borst was gestompt.

'Nou, ik schopte ze niet echt. Ik struikelde gewoon. Ik had wat gedronken. Dus…' zei hij, hopend dat ik de rest zou invullen. Hij keek op om te zien of ik in zijn leugens was getrapt. Er lag weinig emotie op zijn gezicht of in zijn stem. Hij beschreef de moorden alsof hij op school iets over aardrijkskunde vertelde. De enige zweem van emotie was de minachting waarmee hij zei dat zijn slachtoffers 'ervoor hadden gezorgd' dat hij hen had vermoord; hij was woedend op hen omdat ze terug hadden gevochten en zich hadden verzet.

Zijn kilte was ijzingwekkend. Dit was een roofdier, iemand die zich alleen zorgen maakte over wat hij van anderen kon krijgen, wat hij hen kon laten doen en hoe ze zijn zelfzuchtige doelen konden dienen. Hij kon niet eens doen alsof hij met hen meeleefde tegenover een psychiater die door zijn advocaat was ingehuurd, iemand die in hem zocht naar een spoortje van goedheid of belofte.

Niet dat hij niet wist dat hij moest proberen om berouwvol over te komen. Hij was er eenvoudig niet toe in staat om rekening te houden met de gevoelens van anderen, behalve dan door daar misbruik van te maken. Hij kon geen medelijden met anderen voelen, dus kon hij ook niet goed doen alsof. Leon was niet onintelligent. Zijn IQ lag in bepaalde opzichten zelfs aanzienlijk boven het gemiddelde. Het was echter wel onregelmatig. Terwijl zijn verbale IQ laag tot normaal was, was zijn performale score, waarbij dingen worden gemeten als het vermogen om een reeks beelden in de juiste volgorde te leggen en voorwerpen in een ruimte te manipuleren, vrij hoog. Hij scoorde vooral goed met zijn vermogen om sociale situaties te doorzien en de bedoelingen van andere mensen te begrijpen. Deze kloof tussen verbale en performale scores komt vaak voor bij mishandelde of getraumatiseerde kinderen en kan erop wijzen dat de groeibehoefte van bepaalde hersengebieden, vooral de corticale gebieden die zijn betrokken bij het reguleren van de lagere, meer reactieve gebieden, niet is vervuld. Van de algemene bevolking heeft ongeveer 5 procent dit patroon, maar in gevangenissen en jeugdinrichtingen stijgt het aandeel naar ruim 35 procent. Het is een weerspiegeling van de gebruiksafhankelijke ontwikkeling van het brein: met meer chaos en dreiging tijdens de ontwikkeling zullen de stressreactiesystemen en die gebieden van het brein die verantwoordelijk zijn voor het begrijpen van sociale signalen die wijzen op dreiging, groeien terwijl minder genegenheid en koestering tot onderontwikkeling van de systemen die compassie en zelfbeheersing sturen, zullen leiden. Deze testresultaten waren de eerste aanwijzingen dat er waarschijnlijk iets was misgegaan in zijn vroege jeugd.

Ik probeerde er tijdens ons interview achter te komen wat er kon zijn gebeurd, maar ver kwam ik niet. De meeste mensen herinneren zich sowieso maar weinig van de op ontwikkelingsgebied kritieke jaren vanaf de geboorte tot en met de kleutertijd. Toch bleek hij vanaf heel vroeg problemen te hebben gehad. In zijn dossiers werd verhaald van agressief gedrag in de tijd voor hij naar school ging. Uit ons gesprek maakte ik ook op dat hij weinig vrienden of blijvende relaties had gehad met mensen buiten zijn familie. In zijn dossiers stonden verhalen over intimidaties en kleine vergrijpen als winkeldiefstal en andere diefstallen, maar hij was nog nooit eerder in een gevangenis voor volwassenen beland. Toen hij als tiener met de politie in aanraking was gekomen, was hij vooral voorwaardelijk veroordeeld; hij had niet eens veel tijd doorgebracht in jeugdinrichtingen, ook al had hij een paar ernstige aanrandingen gepleegd.

Wel kwam ik erachter dat hij verscheidene ernstige overtredingen had begaan of dat hij daarvan werd verdacht zonder dat hij ervoor was aangeklaagd of veroordeeld omdat er onvoldoende bewijzen waren om de beschuldigingen te staven. Zo was hij ooit betrapt op het bezitten van een gestolen fiets. De eigenaar van de fiets, een tiener, was zo erg in elkaar geslagen dat hij met levensbedreigende verwondingen in het ziekenhuis terecht was gekomen. Maar er waren geen getuigen van de aanval – in elk geval niemand die wilde getuigen – en dus werd Leon alleen beschuldigd van het bezit van een gestolen fiets. In de loop van verschillende evaluatiebezoeken schepte hij uiteindelijk op over eerdere aanrandingen, met dezelfde minachting als waarmee hij het over de moorden had gehad.

Zoekend naar een teken van wroeging stelde ik wat uiteindelijk een gemakkelijke vraag had moeten zijn.

'Als je er nu op terugkijkt, wat zou je dan anders hebben gedaan?' vroeg ik, in de verwachting dat hij op zijn minst een paar platitudes zou uiten over zijn woede beheersen en mensen geen pijn doen.

Hij leek even na te denken en antwoordde toen: 'Ik weet het niet. Die laarzen misschien weggooien?'

'De laarzen weggooien?'

'Ja. Het kwam door de afdrukken van de laarzen en het bloed dat eraan zat, dat ik werd gepakt.'

Veel psychiaters zouden de gevangenis hebben verlaten in de overtuiging dat Leon het archetypische 'vleesgeworden kwaad' was, een genetische gril van de natuur, een duivels kind zonder inlevingsvermogen. Er zijn genetische predisposities die inderdaad van invloed lijken te zijn op de hersensystemen die met inlevingsvermogen te maken hebben. Mijn onderzoek heeft me er echter toe gebracht om te geloven dat zulk extreem gedrag als dat van Leon zeldzaam is onder mensen die niet aan bepaalde vormen van vroege emotionele en/of lichamelijke deprivatie hebben geleden.

Als Leon bovendien de genetische opmaak had die het risico op sociopathisch gedrag vergrootte – als zulke genen al bestaan – dan zouden er in zijn familiegeschiedenis andere familieleden, zoals een ouder, een grootouder, misschien een oom zijn met vergelijkbare, eventueel minder extreme problemen. Zoals bijvoorbeeld een geschiedenis van meerdere arrestaties. Maar die was er niet. Leon was juist aangegeven door zijn eigen broer, een broer die alles leek te zijn wat Leon niet was. Frank*, Leons broer, had net zoals zijn ouders en andere familieleden een betaalde baan. Hij was een succesvolle loodgieter, getrouwd, een plichtsgetrouwe vader van twee kinderen en gerespecteerd in de gemeenschap. Op de dag van de moorden had hij bij thuiskomst Leon aangetroffen die, met zijn bloed bedekte laarzen nog aan, televisie zat te kijken in de woonkamer. Op het nieuws was een dringend bericht over de recente ontdekking van de verkrachte lichamen van twee jonge meisjes in Leons gebouw. Terwijl hij af en toe een stiekeme blik op de laarzen wierp, wachtte Frank tot Leon wegging, en belde daarna de politie om zijn verdenkingen te uiten over zijn broers connectie met de misdaad.

Broers en zussen delen op zijn minst 50 procent van hun genen. Hoewel Frank genetisch gezegend kon zijn met een veel groter vermogen om empathie te voelen dan Leon, was het onwaarschijnlijk dat dat een afdoende verklaring was voor hun zeer verschillende temperamenten en levenspaden. Toch hadden Leon en Frank voor zover ik wist in hetzelfde huis gewoond met dezelfde ouders, zodat Leons omgeving waarschijnlijk ook niet de boosdoener was. Ik kon er alleen achterkomen wat er ten grondslag aan Leons problemen lag door Frank en zijn ouders, Maria* en Alan*, te ontmoeten. Bij onze eerste ontmoeting hadden ze allemaal duidelijk veel verdriet over de situatie.

Maria was klein en klassiek gekleed in een dichtgeknoopt vest. Ze zat rechtop, met haar knieën tegen elkaar en haar handen op de handtas op haar schoot. Alan droeg donkergroene werkkleren; zijn naam was in een wit ovaal op de borstzak genaaid. Frank droeg een blauw overhemd en een kakikleurige broek. Maria zag er droevig en breekbaar uit, Alan leek zich te schamen en Frank leek boos. Ik begroette hen door hen de hand te schudden en probeerde oogcontact te maken.

'Het spijt me dat we onder deze omstandigheden kennis met elkaar moeten maken,' zei ik, terwijl ik hen voorzichtig bekeek. Ik wilde zien hoe ze op anderen reageerden, of ze over inlevingsvermogen beschikten, of er tekenen van pathologisch of vreemd gedrag waren die niet in Leons dossiers en familiegeschiedenis terecht waren gekomen. Maar ze reageerden op de juiste manier. Ze hadden verdriet, voelden zich schuldig, waren bezorgd, alles wat je zou verwachten van een familie die net had ontdekt dat een van hen een onbeschrijflijke misdaad had begaan.

'Zoals u weet, heeft de advocaat van uw zoon me gevraagd om hem te onderzoeken voordat er een uitspraak wordt gedaan in de rechtzaak. Ik heb Leon nu twee keer ontmoet. Ik wilde ook wat tijd met u doorbrengen om beter te begrijpen hoe hij als kind was.' De ouders luisterden, maar ze keken me niet aan. Frank keek me echter strak aan, verdedigend en beschermend tegenover zijn ouders. 'We proberen allemaal te begrijpen waarom hij dit heeft gedaan,' besloot ik.

De ouders keken me aan en knikten, de ogen van de vader vulden zich met tranen. Hun verdriet vulde de kamer; Frank wendde eindelijk zijn blik van me af om zijn eigen tranen weg te knipperen. Ik zag dat deze ouders al weken verscheurd werden door verdriet, verwarring en schuldgevoel terwijl ze zochten naar het 'waarom'. *Waarom had hun zoon dit gedaan? Waarom was hij zo geworden? Wat hebben we verkeerd gedaan? Zijn we slechte ouders? Is hij slecht geboren?* Ze spraken totaal verbijsterd over Leon en zeiden dat ze hun best hadden gedaan, dat ze hard hadden gewerkt en hem hadden gegeven wat ze konden. Ze waren met hem naar de kerk gegaan, vertelden ze, ze hadden alles gedaan wat de leraren en scholen en decanen hadden gevraagd. Ik hoorde hoe ze zichzelf beschuldigden: *misschien hadden we strenger moeten zijn. Misschien hadden we minder streng moeten zijn. Misschien had ik hem naar mijn moeder moeten sturen toen hij voor het eerst in de problemen kwam.* Ze worstelden zich door de dagen heen, vermoeid door hun verdriet en de slapeloze nachten en het doen alsof ze de starende en afkeurende blikken van hun buren en collega's niet zagen.

'Laten we bij het begin beginnen. Vertel eens hoe jullie elkaar hebben ontmoet,' zei ik.

Alan sprak als eerste, er verscheen een glimlachje om zijn mond toen hij dacht aan zijn eigen jeugd en verkeringstijd. Alan en Maria hadden elkaar als kind al ontmoet. Ze kwamen uit grote gezinnen in hetzelfde dorp. Ze gingen naar dezelfde school, baden in dezelfde kerk en woonden in dezelfde buurt. Ze hadden weinig geld, maar waren rijk aan familie. Ze groeiden op tussen de neven en nichten, tantes, ooms en grootouders. Iedereen kende iedereen, maar dat betekende ook dat iedereen bij elkaar betrokken was. In de gemeenschap van Alan en

Maria waren kinderen nooit ver van de waakzame ogen van het een of andere familielid.

Op haar vijftiende ging Maria van school om als kamermeisje in een plaatselijk hotel te gaan werken. Alan haalde zijn diploma en ging in een fabriek in de buurt werken. Ze trouwden toen hij twintig was en zij achttien. Hij deed het goed in de fabriek en verdiende goed de kost. Maria raakte spoedig zwanger.

De zwangerschap was een vreugdevolle gebeurtenis voor beide families. Maria werd in de watten gelegd en ze kon met haar werk stoppen zodat ze thuis kon blijven met hun kind. Het jonge gezin woonde in het souterrain van een gebouw waarvan een oom de eigenaar was. Haar ouders woonden naast de deur en zijn familie een blok verder. Terwijl ze het over deze tijd in hun leven hadden, glimlachten ze naar elkaar. Alan was meestal aan het woord, en Maria knikte bevestigend. Frank luisterde aandachtig alsof hij nog nooit iets had gehoord over het vroegere leven van zijn ouders. Bij tijd en wijle leek de familie bijna te vergeten wat hen hier had gebracht.

Hoewel Alan het gesprek leidde, probeerde ik af en toe een vraag aan Maria te stellen, maar zij glimlachte alleen maar beleefd naar me en keek dan naar haar man die voor haar antwoordde. Na verloop van tijd werd me duidelijk dat Maria, die vriendelijk en beleefd was, geestelijk zwak was. Ze leek veel van mijn vragen niet te begrijpen. Uiteindelijk vroeg ik haar: 'Vond u het leuk op school?' Alan keek me aan en antwoordde rustig: 'Ze is niet goed in die dingen. In dat opzicht is ze misschien een beetje langzaam.' Ze keek me schaapachtig aan en ik knikte en glimlachte terug. Haar man en haar zoon waren duidelijk heel beschermend jegens haar.

Alan beschreef vervolgens de geboorte van hun eerste zoon, Frank. Toen Maria terugkwam van het ziekenhuis, brachten de grootmoeders, tantes en oudere nichten uren door met de jonge moeder en haar pasgeboren kind. Moeder en baby werden ondergedompeld in de aandacht en de liefde van hun grote families. Wanneer Maria zich overweldigd voelde door de verantwoordelijkheid voor dit afhankelijke wezentje te moeten zorgen, was er altijd een tante of een nicht of haar eigen moeder om te helpen. Als ze gek werd van zijn gehuil, kon ze altijd aan een familielid vragen of ze wilde oppassen.

Maar toen raakte Alan zijn baan kwijt. Hij deed zijn best om een nieuwe baan te vinden, maar de fabriek was gesloten en goede banen voor mensen zonder hogere opleiding waren bijna niet te vinden. Na zes maanden werkloos te zijn geweest slaagde hij erin een baan te vinden bij een andere fabriek, maar die lag in de stad, honderdzestig kilometer verder. Hij had het gevoel dat hij de baan wel moest aannemen.

Het gezin verhuisde met de nu driejarige Frank naar een appartementencomplex in de stad. De enige woning die ze zich konden veroorloven was in een verpauperde buurt in de binnenstad met hoge aantallen geweldsmisdrijven en drugsgebruik. Maar weinig mensen hadden er werk of hadden hun wortels in de buurt. Zoals zo vaak in dit land waren grote families verspreid geraakt en woonde de familieleden niet dicht bij elkaar zoals vroeger. De meeste gezinnen met kinderen werden bestierd door alleenstaande moeders.

Al snel raakte Maria zwanger van haar tweede kind. Maar deze zwangerschap verliep heel anders dan de eerste. Ze stond er de hele dag alleen voor in een klein appartement met een peuter als enig gezelschap. Haar nieuwe leven was verwarrend voor haar en maakte haar eenzaam. Ze kende niemand en wist niet hoe ze aansluiting kon vinden bij haar buren. Alan maakte lange uren en was doodmoe wanneer hij thuiskwam. Maria's driejarige zoon werd haar beste vriend. Ze brachten hele dagen samen door. Ze wandelden naar een park in de buurt, namen de bus naar de gratis musea in de stad en namen deel aan een welzijnsprogramma voor moeders in een kerk. Maria ontwikkelde een routine waarbij ze het appartement vroeg in de ochtend verliet en de hele dag wegbleef. Boodschappen deed ze vlak voor het naar huis gaan. Die routine bood houvast. Ze had elke dag ongeveer dezelfde activiteiten en de bekende gezichten die ze zag, boden haar een soort band met anderen en herinnerden haar aan de vertrouwdheid van de wereld die ze had achtergelaten. Toch miste ze haar familie. Ze miste haar buurt. Ze miste de groep van ervaren vrouwen die haar hadden geholpen bij het opvoeden van haar eerste baby.

Toen werd Leon geboren. Maria werd overweldigd door de onvermijdelijke behoeften van de pasgeborene. Ze had nog nooit eerder een baby alleen hoeven verzorgen. Het werd me duidelijk dat de familie de beperkingen van Maria had begrepen en toen het nodig was naar voren was gestapt om een liefhebbende, voorspelbare en veilige omgeving voor Frank te bieden. Maar toen Leon werd geboren, was dit vangnet er niet. Ik begon in te zien waarom Leon en Frank zo verschillend waren geworden.

'Hij was gewoon zo'n moeilijke baby. Hij huilde,' vertelde Maria me over Leon. Ze glimlachte. Ik glimlachte terug.

'En hoe kalmeerde u hem?'

'Ik probeerde hem te voeden. Soms accepteerde hij de fles en hield hij op.'

'Hoe nog meer?'

'Soms wilde hij niet ophouden. Dan gingen we wandelen.'

'We?'

'Ik en Frank.'

'O.'

'Is iemand u ooit komen helpen om Leon te verzorgen?'

'Nee. We werden wakker, gaven hem de fes en gingen daarna wandelen.'

'Waren dat dezelfde wandelingen als voor de geboorte van Leon?'

'Ja. We gingen naar het park. Speelden een tijdje. Gingen met de bus naar de kerk en lunchten. Daarna gingen we naar het kindermuseum. En met de bus naar de markt om eten te kopen voor het avondeten. Daarna naar huis.'

'Dus u was het grootste deel van de dag weg.'

'Ja.'

Beetje bij beetje werd me duidelijk dat de moeder vanaf de tijd dat Leon vier weken oud was geweest haar 'wandelingen' met haar oudste zoon, die toen vier jaar oud was, had hervat. Ze liet baby Leon alleen in een donker appartement. Mijn hart kromp toen ik luisterde naar de moeder – onschuldig, maar niet op de hoogte van de kritieke behoefte van een baby – terwijl ze haar stelselmatige verwaarlozing van haar jongste zoon beschreef. Het was moeilijk om kritisch te zijn: ze had haar zoon van vier jaar liefdevol en met aandacht verzorgd. Maar tegelijkertijd had ze haar pasgeborene de noodzakelijke ervaringen ontnomen om later gezonde relaties te kunnen vormen en onderhouden.

'Hij huilde niet meer zoveel,' zei ze, en zo te horen dacht ze nog steeds dat haar oplossing voor het probleem had gewerkt.

Maar toen hij ouder werd, zo vertelden beide ouders, reageerde Leon nooit op dezelfde manier op hun verzorging als Frank. Wanneer ze Frank een reprimande gaven, voelde hij zich slecht dat hij zijn ouders had teleurgesteld en verbeterde hij zijn gedrag. Wanneer Frank te horen kreeg dat hij iets goed had gedaan, glimlachte hij en zag je dat hij het een beloning vond om het zijn ouders naar de zin te maken. Het jongetje omhelsde hen gemakkelijk, hij rende naar mama of papa om zijn kleine armpjes om hen heen te slaan.

Leon echter toonde geen emotie wanneer hij een standje of straf kreeg. Het leek hem niet te kunnen schelen dat hij zijn ouders had laten zitten of dat hij iemand emotioneel of lichamelijk pijn had gedaan. Hij verbeterde zijn gedrag niet. Wanneer zijn ouders of leerkrachten blij met hem waren en hem positieve aandacht gaven, leek hij al even onaangedaan. Hij ontweek het om aangeraakt te worden of om anderen aan te raken.

In de loop der tijd leerde hij vleien, koketteren en andere vormen van manipulatie om te krijgen wat hij wilde. Als dat niet werkte, deed hij toch wat hij wilde en als hij niet kreeg wat hij wilde, dan nam hij het gewoon. Als hij betrapt werd wanneer hij iets deed wat niet mocht, loog hij, en als hij werd betrapt op een leugen bleef hij ongevoelig onder preken en straffen. Het enige wat hij van zijn straffen leek te leren was hoe hij zijn bedrog nog kon verbeteren en hoe hij zijn slechte gedrag beter kon verbergen. Leerkrachten, decanen, jeugdpredikanten en therapeuten zeiden allemaal hetzelfde: Leon leek niets te geven om iets of iemand behalve zichzelf. De normale relationele beloningen en consequenties – je ouders trots maken, een vriend blij maken, je van streek voelen als je een dierbare kwetst – lieten hem koud.

Hij kwam in de problemen, eerst op de peuterspeelzaal, daarna op de kleuterschool, daarna op de basisschool. Aanvankelijk waren het kleine dingen: snoep stelen, pesterijtjes, klasgenootjes met potloden prikken, een grote mond tegen de leerkrachten, het in de wind slaan van regels. Maar in de derde klas werd hij doorverwezen naar de geestelijke gezondheidszorg. In de vijfde klas was hij een bekende bij het jeugdrechtstelsel, en werd hij voorgeleid op beschuldiging van spijbelen, diefstal en vandalisme. Door dit ongevoelige en criminele gedrag kreeg hij op zijn tiende de diagnose 'gedragsstoornis'.

Terwijl Maria met Frank was gaan wandelen, had Leon eerst in zijn wieg liggen huilen. Maar hij had al snel geleerd dat huilen er niet toe leidde dat iemand hem te hulp schoot, dus hield hij op. Hij lag daar alleen en onverzorgd, zonder iemand die tegen hem praatte of die hem prees omdat hij zich had leren omdraaien of had leren kruipen (er viel toch al weinig te ontdekken). Het grootste deel van de dag hoorde hij geen taal, zag hij niets nieuws en kreeg hij geen aandacht.

Net als Laura en Virginia bleef Leon verstoken van de belangrijke prikkels die nodig zijn om de hersengebieden te ontwikkelen die stress temperen en plezier en troost in verband brengen met menselijk gezelschap. Zijn gehuil was onbeantwoord gebleven en zijn vroege behoefte aan warmte en aanrakingen onvervuld. Virginia was ten minste consistent verzorgd in haar pleeggezinnen, ook al was ze voortdurend verplaatst, en Laura had ten minste de voortdurende aanwezigheid van haar moeder gekend, ook al was ze niet voldoende op een liefdevolle manier door haar aangeraakt. Maar Leons vroege leven was gekmakend wisselvallig geweest. Soms besteedde Maria aandacht aan hem, andere keren liet ze hem de hele dag alleen thuis. Af en toe was Alan thuis en speelde met hem, maar nog vaker was hij aan het werk of te moe van zijn lange werkdagen om met een baby te willen spelen. Voor een kind zou een omgeving waarin hij het ene moment wordt verzorgd en het andere totaal aan zijn lot wordt overgelaten wel eens de slechtst denkbare wereld van allemaal kunnen zijn. Het brein heeft behoefte aan patroonmatige, herhaalde prikkels om zich goed te ontwikkelen. Wanneer er op een grillige, onvoorspelbare manier op angst, eenzaamheid, ongemak en honger gereageerd wordt, blijft het stresssysteem van een kind altijd in de alarmstand staan. Omdat Leon geen consistente, liefdevolle reacties kreeg op zijn angsten en behoeften, ontwikkelde hij nooit de normale associatie tussen menselijk contact en stressverlichting. In plaats daarvan leerde hij dat hij zelf de enige was op wie hij kon vertrouwen.

Wanneer hij met anderen omging, leek hij door zijn behoeftigheid afwisselend veeleisend, agressief en koud. In de vergeefse pogingen die hij deed om de liefde en aandacht te krijgen die hij zo wanhopig nodig had, haalde Leon uit, sloeg hij mensen, pakte hij dingen af en maakte ze kapot. Omdat hij alleen gestraft werd, groeide zijn woede.

En hoe 'erger' hij zich gedroeg, hoe meer hij zijn omgeving bevestigde in het geloof dat hij 'slecht' was en hun genegenheid niet verdiende. Het was een vicieuze cirkel, en naarmate Leon ouder werd, escaleerde zijn wangedrag van pesterijen naar misdaad.

Leon zag dat andere mensen het fijn vonden om geknuffeld en aangeraakt te worden, maar omdat zijn eigen behoeften daaraan genegeerd waren, begon het hem afkeer in te boezemen. Hij zag dat andere mensen het fijn vonden om met elkaar om te gaan, maar omdat hij zo vroeg geen aandacht had gekregen, liet het hem nu meestal koud. Hij begreep relaties gewoon niet.

Leon kon van eten genieten en van materiële dingen als speelgoed en televisie, hij kon genoegen scheppen in lichamelijke sensaties, waaronder de associaties die verband hielden met zijn ontluikende seksualiteit. Maar omdat hij verwaarloosd was toen de belangrijkste sociale bedrading van de hersenen zich ontwikkelde, genoot hij er niet van om iemand een plezier te doen of een complimentje van een ander te krijgen en leed hij ook niet echt onder de afwijzing die volgde wanneer zijn gedrag niet naar de smaak van leraren of klasgenoten was. Omdat hij geen verband legde tussen mensen en plezier, zag hij er de noodzaak niet van in om te doen wat ze wilden, bracht het hem geen vreugde om hen gelukkig te maken, en kon het hem niet schelen of ze gekwetst werden of niet.

Toen hij tweeënhalf was, kwam Leon door zijn gedragsproblemen in aanmerking voor een voorschools preventieprogramma dat een geweldige gelegenheid had kunnen zijn, maar waardoor zijn problemen eigenlijk alleen maar verergerd werden. Zijn moeder liet hem overdag niet meer alleen en hij werd blootgesteld aan voldoende cognitieve prikkels om te leren praten en intellectueel te begrijpen wat er van hem werd verwacht, maar dat maakte niet goed wat hij gemist had. Het programma was goed bedoeld, maar er was maar een verzorger op de vijf of zes peuters met ernstige problemen, een verhouding die al niet klopt om de juiste aandacht aan gewone kinderen van die leeftijd te kunnen geven, laat staan aan peuters met emotionele stoornissen.

Door de cognitieve ontwikkeling van zijn hersenschors was Leon echter wel in staat om waar te nemen hoe andere mensen zich gedroegen. In de loop der tijd leerde hij om passend gedrag te veinzen wanneer hij wilde. Hierdoor kon hij anderen manipuleren zodat ze deden wat hij wilde, hoewel hij door zijn onderontwikkelde limbische en relationele systemen beperkt was tot oppervlakkige relaties. Voor hem waren mensen gewoon voorwerpen die of in de weg stonden of van pas kwamen voor zijn behoeften. Hij was een klassieke sociopaat (de psychiatrische diagnose is antisociale persoonlijkheidsstoornis of ASPS), en ik denk dat hij bijna helemaal een product van zijn omgeving was, en niet van zijn genen. Ik geloof dat hij, als hij was opgevoed zoals zijn broer Frank, waarschijnlijk een normaal leven had gehad en bijna zeker nooit een moordenaar en verkrachter zou zijn geworden.

Zelfs de stappen die werden genomen om hem te helpen – zoals het voorschoolse preventieprogramma waardoor hij in een groep met andere emotioneel gestoorde kinderen kwam – verergerden zijn conditie alleen maar. Onderzoeken hebben steeds weer aangetoond dat probleemgedrag meestal verder verergert wanneer een kind tussen andere probleemkinderen wordt gezet. Dit patroon van averechts werkende interventies ging zijn hele jeugd en puberteit door, omdat hij werd ondergebracht in het speciaal onderwijs en andere programma's. Daar trof hij ook andere antisociale leeftijdgenoten, die elkaars impulsiviteit alleen maar versterkten. Ze werden elkaars medeplichtige, hitsten elkaar op en gaven voor elkaar vorm aan het idee dat geweld de beste manier is om problemen op te lossen. Bovendien kreeg hij door wat hij in zijn buurt, in de bioscoop en op tv zag, die in de plaatsen waar hij zijn tijd doorbracht bijna altijd aanstond, ook de boodschap dat je problemen met geweld oplost en dat je plezier kunt halen uit de lichamelijke macht die je over anderen kunt hebben. Leon leerde het ergste menselijke gedrag kopiëren, maar hij kon nog steeds niet begrijpen waarom hij het beste gedrag moest nadoen.

Er zijn andere hersenstoornissen met een verminderd inlevingsvermogen, die inzicht bieden in sociopaten als Leon. De opvallendste is autisme en de minder ernstige variant, het Asperger Syndroom, die beide sterk genetisch bepaald lijken te zijn. Ongeveer eenderde van de autistische kinderen leert nooit spreken en ze neigen er allemaal toe zich af te zonderen van anderen en zich meer op voorwerpen dan op mensen te richten. Meestal gebruiken ze hun fantasie niet bij het spelen en ze hebben de grootste moeite om relaties te vormen en begrijpen.

De aandoening gaat vaak vergezeld van sensorische integratieproblemen en sensorische overgevoeligheden, zoals niet goed tegen 'kriebelige' stoffen kunnen en overweldigd worden door lawaai of fel licht. Autistische kinderen vertonen herhaald gedrag, zoals wiegen, en vreemde obsessies, vaak met bewegende voorwerpen – bijvoorbeeld treinen of de wieltjes van speelgoedauto's. Sommige autistische mensen zijn zeer getalenteerd in wiskunde of tekenen, en de meeste ontwikkelen gerichte belangstelling voor specifieke voorwerpen of ideeën. Mensen met Asperger hebben een groter vermogen om aansluiting te vinden bij anderen en in de wereld te functioneren dan mensen met ernstigere vormen van autisme, maar door hun obsessies en hun onvermogen om sociale signalen te begrijpen, blijven ze vaak in een isolement. Door hun slechte sociale vaardigheden kan het ook moeilijk voor ze zijn om een baan te krijgen of houden, hoewel hun onhandigheid in sommige gevallen helemaal goedgemaakt wordt door hun wiskundig en bouwkundig inzicht. Veel kinderen die het etiket 'sukkel' of 'nerd' krijgen opgeplakt omdat ze geen aansluiting vinden bij hun leeftijdgenoten, zouden wel eens het Asperger Syndroom kunnen hebben of bijna aan de criteria voor deze diagnose voldoen.

Om sociaal te kunnen functioneren moeten mensen een zogenaamde 'theory of mind' (theorie van het inlevingsvermogen) ontwikkelen. Dat betekent dat ze moeten weten dat andere mensen van hen verschillen, andere kennis van de wereld hebben en andere verlangens en interesses. Bij autisme is dit onderscheid onduidelijk. Een reden waarom autistische kinderen soms niet praten is dat ze niet de behoefte hebben om te communiceren; ze zijn zich er niet van bewust dat andere mensen niet weten wat zij weten. Tijdens een bekend experiment deden onderzoekers een potlood in een buisje waar normaal snoep in zat. Daarna vroegen ze aan autistische kinderen wat iemand die buiten de kamer stond, erin verwachtte aan te treffen. Normale kleuters en zelfs de kinderen met het Down Syndroom zeiden snoep. Maar de autistische kinderen stonden erop dat anderen het potlood zouden verwachten, zich niet realiserend dat mensen die niet hadden gezien dat het snoep eruit werd gehaald, zouden denken dat het er nog in zat. De kinderen wisten dat het snoep weg was, dus hun logische aanname was dat iedereen dat moest weten. (Men denkt dat de hersengebieden die betrokken zijn bij het overbrengen van 'theory of mind', in de linker mediale frontaalkwab liggen, net boven de ogen.)

Hoewel ze vreemd kunnen lijken, neigen autistische mensen in tegenstelling tot sociopaten als Leon echter niet naar geweld of misdaad, ook al zijn ze niet in staat zich in anderen in te leven of bijvoorbeeld te herkennen dat het negeren van iemand kwetsend kan zijn. Hun gebrek aan inlevingsvermogen is conceptueel. Autistische mensen kunnen vaak ongevoelig zijn voor de gevoelens en behoeften van anderen, maar dat komt doordat ze die gevoelens niet goed kunnen waarnemen, niet omdat ze iemand willen kwetsen of expres onaardig zijn. Ze hebben het vermogen om lief te hebben en emotionele pijn te voelen, maar niet de bedrading die ervoor zorgt dat ze volledig begrijpen hoe ze met anderen om moeten gaan en relaties moeten onderhouden. Het ontbreekt hen aan inlevingsvermogen in de zin dat het ze moeite kost om zich voor te stellen hoe het is om in andermans schoenen te staan – dit wordt ook wel 'gedachtenblindheid' genoemd – maar ze kunnen wel sympathie voor de ervaringen van mensen opbrengen wanneer ze zich bewust van hen worden.

Sociopaten als Leon zijn anders. Hun onvermogen om zich in te leven komt doordat het hen moeite kost om de gevoelens van anderen te spiegelen, gekoppeld aan een gebrek aan compassie. Met andere woorden, niet alleen herkennen ze totaal niet wat andere mensen voelen, het kan ze ook niet schelen of ze hen kwetsen of ze verlangen daar zelfs actief naar. Ze kunnen zich voorstellen in andermans schoenen te staan en ze kunnen op basis daarvan voorspellen hoe andere mensen zich zullen gedragen, maar het interesseert ze niet hoe het daar is. Ze maken zich alleen zorgen om hoe anderen van invloed zijn op hen.

In wezen hebben ze een 'theory of mind', maar wel een verdraaide. Omdat ze niet in staat zijn om echt liefde te voelen, zien ze dat gevoel als iets wat je belooft om bijvoorbeeld aan seks te komen, niet als een oprecht gevoel. Omdat ze de gevoelens van andere mensen gebruiken om hen te manipuleren, gaan sociopaten ervan uit dat iedereen dat doet. Ze beleven zelf geen plezier aan relaties en geloven daarom ook niet dat anderen dat wel oprecht zo voelen. Ze zijn egoïstisch en geloven dat anderen ook alleen uit eigenbelang handelen. Als gevolg daarvan doen ze verzoeken om aandacht of genade af als manipulatieve pogingen om de macht te krijgen, niet als oprechte emotionele verzoeken. Ze zijn emotioneel bevroren: niet alleen hun eigen gevoelens zijn vervormd, maar ook de manier waarop ze deze gevoelens van anderen waarnemen en erop reageren.

Het wekt geen verbazing dat onderzoek inmiddels heeft uitgewezen dat een aantal chemische correlaten van sociopathie ook kunnen worden aangetroffen bij een paar van dezelfde neurotransmitternetwerken die onze stressreactiesystemen samenstellen: veranderingen in de serotonine-, noradrenaline- en dopaminesystemen bleken betrokken te zijn bij aggressief, gewelddadig of antisociaal gedrag. Jonge mensen met antisociale trekken en verhard gedrag hebben vaak abnormale hoeveelheden van het stresshormoon cortisol (dat in een speekseltest kan worden gemeten). Sociopaten staan erom bekend dat ze leugendetectors om de tuin kunnen leiden, die in feite lichamelijke reacties meten die in verband staan met angst en stress, niet met bedrog. Hun stresssystemen blijken ontregeld te zijn en reageren alleen nog maar op extreme prikkels, ofwel omdat ze door een vroeg trauma in een te hoge versnelling zijn blijven staan, ofwel vanwege genetische kwetsbaarheid, ofwel, en dat ligt het meest voor de hand, door een combinatie van beide. Hierdoor lijken ze 'koud' en emotieloos en kunnen ze ongestraft liegen, omdat ze zich niet zoals anderen verraden door de angst om betrapt te worden. Het kan ook betekenen dat ze veel hogere niveaus van pijnlijke of plezierige prikkels nodig hebben om überhaupt iets te voelen. In tegenstelling tot mensen die op trauma reageren door in een zeer sensitieve staat vast te komen zitten waarin ieder beetje stress een enorme reactie ontketent, lijken de systemen van sociopaten vast te zitten aan het andere eind van het spectrum, in een ongevoelig makende – en soms dodelijke – verdoofdheid.

Bij de voorbereiding van mijn getuigenis dacht ik diep na over wat ik over Leon zou zeggen en wat ik vond van zijn eigen verantwoordelijkheid voor zijn daden. Waarom moordde hij? Waarom moordt iemand? Zijn dat wel de juiste vragen? Misschien moest ik proberen te begrijpen waarom de rest van de mensen niet moordt, en wat Leons gedrag niet temperde. Waarom precies waren de dingen misgelopen voor deze jongen? Hoe had hij zijn tegenspoed, verwaarlozing en trauma omgesmeed in haat – of hadden die dingen hem juist omgesmeed? Het leed geen twijfel dat hij schuldig was en hij voldeed niet aan de wettelijke definitie van ontoerekeningsvatbaarheid, waarvoor een persoon niet in staat mag zijn om goed van slecht te onderscheiden. Leon wist dat moord tegen de wet was en dat je er niet ongestraft mee wegkwam; hij had bekend en hij had geen enkele diagnosticeerbare psychische aandoening die afbreuk zou doen aan zijn morele redeneringen.

Het grootste deel van zijn kindertijd en jeugd voldeed hij aan de criteria voor aandachtstekortstoornis en gedragsstoornis. Als volwassene paste Leon zeker in het profiel voor zowel ADHD als ASPS, maar die diagnoses, die simpelweg symptomen beschrijven als opstandigheid, gevoelloos gedrag en het onvermogen om de aandacht te richten, gaan niet over de geestelijke vertroebeling die iemands vermogen aantasten om te weten dat het vermoorden en verkrachten van mensen onacceptabel is. Deze stoornissen worden gekenmerkt door een zwakkere impulsbeheersing, maar dat betekent niet een totaal gebrek aan vrije wil.

Maar hoe zat het met Leons onvermogen om liefde te geven en te ontvangen? Kunnen we het hem kwalijk nemen dat hij een jeugd had die het deel van zijn brein deed verschrompelen dat hem in staat zou hebben gesteld om de grootste vreugde te voelen die we bijna allemaal in het leven kennen: de pijn en het plezier van menselijk contact? Natuurlijk niet. Ik geloof dat hij verantwoordelijk is voor zijn reacties op zijn kwetsbaarheden. Virginia en Laura worstelden met vergelijkbare problemen, maar zij werden geen gewelddadige mensen, laat staan moordenaars.

Je zou kunnen redeneren dat deze verschillende uitkomsten met geslacht te maken hebben, en inderdaad is het mannelijk geslacht de grootste voorspellende factor van gewelddadig gedrag. Mannelijke moordenaars overtreffen de vrouwelijke in aantal met op zijn minst negen man tegen een vrouw, hoewel vrouwen deze kloof zeer recentelijk lijken te zijn gaan dichten. Desondanks is mannelijk geweld in de loop der geschiedenis in alle culturen en zelfs bij de meeste diersoorten overheersend. Bij onze evolutionair meest verwante neven, de chimpansees, zijn het de mannetjes die oorlog maken met anderen, en de mannetjes die geneigd zijn om geweld te gebruiken. Toch had ik andere tienerjongens behandeld die veel ernstiger waren verwaarloosd of mishandeld, en die veel minder kansen op liefde en genegenheid hadden gehad dan Leon. Sommige waren opgegroeid in een kooi zonder liefhebbende familie, terwijl Leon twee ouders en een broer had en verwaarloosd was uit onwetendheid, niet uit boosaardigheid. De meeste van de jongens die ik had behandeld, groeiden op tot onhandige en eenzame jongens, vele waren psychisch ernstig ziek, maar de grote meerderheid was niet boosaardig.

Hoe zit het met erfelijkheid? Kon dat Leons gedrag verklaren? Ongunstige erfelijkheid in combinatie met een allesbehalve ideale omgeving was waarschijnlijk een factor in hoe hij werd opgevoed en hoe hij werd. Als Leon bijvoorbeeld een gemakkelijker karakter had gehad, had Maria zich misschien niet zo overweldigd gevoeld door zijn behoeften; als Maria intelligenter was geweest, had ze misschien betere manieren gevonden om om te gaan met haar veeleisende baby.

Maar wat er denk ik in Leons leven gebeurde, was een aaneenschakeling van kleine, op zichzelf onbelangrijke negatieve beslissingen die door hem en voor hem werden gemaakt en die geleidelijk leidden tot een afschuwelijke uitkomst voor zijn slachtoffers, zijn familie en hemzelf. Je hebt misschien gehoord van het 'vlindereffect': het idee dat complexe systemen – de beroemdste is het systeem dat het weer op aarde bepaalt – buitengewoon gevoelig zijn voor kleine fluctuaties op bepaalde kritieke punten. Zulke systemen reageren zo op kleine verstoringen dat, in dit voorbeeld, als een vlinder op het verkeerde moment in Brazilië met zijn vleugels fladdert, hierdoor een reeks gebeurtenissen ontketend kan worden die uiteindelijk kan uitmonden in een tornado die een dorp in Texas verwoest. Het menselijk brein, het meest complexe systeem van allemaal – zelfs het gecompliceerdste voorwerp in het universum zoals wij dat kennen – is even kwetsbaar voor een versie van het vlindereffect.

Het zou ook een 'sneeuwbaleffect' genoemd kunnen worden: wanneer dingen vanaf het begin goed gaan, blijven ze vaak goed gaan en corrigeren ze zichzelf vaak bij kleine problemen. Maar wanneer ze fout gaan, zullen ze vaak blijven fout gaan.

Dit effect is ook echt ingebouwd in de architectuur van ons brein en ons lichaam. Een minuscule chemische gradiënt bijvoorbeeld bepaalt welke van onze vroege cellen huid zullen worden, welke hersenen zullen worden en welke botten, hart en darmen zullen worden. Andere extreem kleine verschillen zeggen tegen de ene neuron om deel te worden van de kleine hersenen, en tegen de andere om deel te worden van de grote hersenen. Vergelijkbare kleine verschillen in positie en in concentratie van bepaalde chemicaliën bepalen welke cellen blijven leven en welke zullen sterven.

We hebben bij lange na niet genoeg genen om ook maar te beginnen met het bepalen van de locatie of zelfs maar de soort van elke cel: er zijn er maar dertigduizend voor het hele lichaam en toch heeft het brein alleen al honderd miljard zenuwcellen (en tien ondersteunende gliacellen voor elk van die zenuwcellen). Elk van die miljarden neuronen maakt tussen de vijfduizend en tienduizend verbindingen, waardoor buitengewoon complexe netwerken ontstaan. Ons lichaam en vooral ons brein zijn ervoor gemaakt om praktisch onwaarneembare, beginnende incongruenties uit te vergroten tot enorm gedifferentieerde resultaten. En hierdoor kunnen wij weer reageren op de gecompliceerde sociale en fysieke omgeving waarin we leven.

Dus terwijl het voor de meeste ouders van baby's met darmkrampjes vooral frustrerend is, was het voor de al beperkte emotionele capaciteiten van Leons moeder overweldigend. Ver van haar grote familie kon ze hem aan niemand overdragen wanneer ze aan het eind van haar Latijn was, zoals ze in de tijd van Frank had gedaan. Door haar baby overdag aan zijn lot over te laten, gaf ze hem niet de belangrijke input die hij nodig had om zijn al enigszins ontregelde stressreactiesystemen te kalmeren en uiteindelijk te organiseren, waardoor ze nog chaotischer en wanordelijker werden.

Hierdoor werd Leon weer beurtelings aanhankelijk en agressief, wat zijn sociale vaardigheden in de weg stond terwijl die hem hadden kunnen helpen om de warmte en de zorg die hij nodig had elders te krijgen. Hij vervreemde daardoor ook van zijn ouders, en er ontstond een cyclus van wangedrag, straf en toenemende woede en leed. Daarna werd hij vanaf de peuterschool in een groep met negatieve leeftijdgenoten geplaatst, waardoor de schade nog vergroot werd.

In een omgeving met normale leeftijdgenootjes had hij meer hulp kunnen krijgen, dan had hij misschien gezonde vriendschappen ontwikkeld en was hij zich niet antisociaal gaan gedragen. Maar in het gezelschap van andere boze, angstige en behoeftige kinderen, die ook nog werden gestigmatiseerd doordat ze etiketten opgeplakt kregen, werd hij juist steeds onrustiger en onbeheerster en ging hij steeds impulsiever en agressiever reageren.

Nergens maakte Leon bewust de keuze om boosaardig te worden, maar elke kleine keuze die hij of zijn familie maakte, duwde hem verder in de richting van sociopathie, en elk gevolg van die keuzes maakte verdere negatieve keuzes steeds waarschijnlijker. Er waren talrijke vertakkingen in de weg waar andere omstandigheden ertoe hadden kunnen leiden dat Leon een beter persoon was geworden, waar betere keuzes hadden kunnen leiden tot het begin van een heilzame – en geen schadelijke – cyclus. Maar helaas verwierp hij elke mogelijkheid om zich af te wenden van zijn woede en impulsiviteit en kreeg hij bij geen van de kruispunten de juiste hulp en ondersteuning die hij van andere mensen had moeten krijgen om hem uit het spoor te trekken waarin hij vast was komen te zitten.

Het brein – en ons zelf – wordt opgebouwd uit miljoenen kleine beslissinkjes, sommige bewust, de meeste niet. Op het oog onbelangrijke keuzes kunnen leiden tot enorm uiteenlopende resultaten in de toekomst. Alles draait om timing. We weten niet wanneer de kleinste keuze, of 'stimulus', een brein in ontwikkeling op het pad van het genie zal duwen of op de snelweg naar de hel. Ik wil benadrukken dat dit niet betekent dat ouders perfect moeten zijn. Maar het is belangrijk te weten dat jonge kinderen zeer ontvankelijk zijn voor de spiraalsgewijze gevolgen van de keuzes die wij – en later zij – maken, zowel in positieve als in negatieve zin.

Gelukkig heeft de heilzame cyclus net zo'n zelfvergrotend cascade-effect als de schadelijke. Een prijzend woord op precies het juiste moment bijvoorbeeld kan ervoor zorgen dat een kind met een bescheiden belangstelling voor kunst er meer passie voor gaat voelen. Die intensiteit kan groeien en hem ertoe brengen een grotere vaardigheid te ontwikkelen, meer geprezen te worden en uiteindelijk een artistieke genialiteit in zijn brein te bouwen waar ooit misschien alleen een bescheiden potentieel lag.

Een paar recente onderzoeken benadrukken de kracht van dit effect in de sport. De helft van de beste jonge voetbalspelers in Engeland in de teams die hun competitie aanvoeren, zijn in de eerste drie maanden van het jaar geboren. De rest is gelijk verdeeld over de andere maanden. Hoe zou dat komen? Nou hebben alle jeugdteams leeftijdsgrenzen; als je vroeger in het jaar geboren bent, zul je lichamelijk volgroeider en meer bedreven zijn en meer beloningen krijgen voor je bekwaamheid dan degenen uit de groep die later zijn geboren. Het plezier van de beloningen leidt tot meer oefenen; we trekken naar onze bekwaamheid toe. En in de positieve feedbackcyclus binnen de heilzame cyclus, vloeit vaardigheid voort uit oefening, trekt oefening beloning aan en voedt beloning oefening. Dit kleine verschil, dat in de loop der tijd door oefening vergroot wordt, leidt tot een enorm verschil, waarbij de vroeger geboren spelers een veel grotere kans krijgen om de selectie te halen als ze de leeftijd hebben om bij de profs te kunnen spelen. Deze positieve spiralen zijn echter moeilijk te voorspellen. We weten gewoon niet wanneer de vlinder zijn kleine briesje zal laten opzwellen tot een storm.

Dus wat kon ik het hof over Leon vertellen en hoe schatte ik zijn kans op rehabilitatie in? Ik zou getuigen dat zijn hersenen zich onevenwichtig ontwikkeld hadden door wat er als baby met hem was gebeurd. En ik zou de diagnoses aandachtstekortstoornis en gedragsstoornis bevestigen, die gelden als verzachtende factoren, ook al onthieven ze hem niet van de verantwoordelijkheid voor zijn daden.

Ik zou het hof vertellen dat zijn emotionele, sociale en cognitieve problemen en neuropsychiatrische diagnoses verband hielden met de onbedoelde verwaarlozing door zijn moeder. Zijn stressreactiesystemen hadden abnormale input gekregen: dat hij als baby alleen werd gelaten maakte dat ze versterkt werden, en er was niemand in de buurt tijdens die kritieke tijd om hem te leren hoe hij ze kon kalmeren. En in de tijd dat deze lagere systemen van het brein overontwikkeld raakten, bleven de hogere, corticale gebieden eromheen, de gebieden die onze reactie op de wereld, onze focus en onze zelfbeheersing reguleren, onderontwikkeld.

Ik moest ook het feit dat Leon had gedronken toen hij de misdaad pleegde, in overweging nemen. Alcohol haalt remmingen weg, je zelfbeheersing vermindert erdoor en je impulsiviteit wordt vergroot. Leon was al geneigd om te handelen zonder na te denken; alcohol maakte deze neiging alleen maar groter, met fatale gevolgen voor zijn slachtoffers. Had hij de misdaad gepleegd als hij daarvoor niet had gedronken? Ik vermoed van niet. Door de alcohol werden de al overwerkte en niet goed ontwikkelde remmen op zijn gedrag losgemaakt, waardoor zijn woede en lust de vrije teugel kregen. Als hij niet dronken was geweest, was hij misschien veel eerder opgehouden, voordat hij de meisjes vermoordde of zelfs maar aanviel.

Uiteindelijk getuigde ik over Leons vroege jeugd en de gevolgen daarvan voor zijn vermogen om relaties te onderhouden, voor zijn impulsbeheersing en zijn aandachtsboog. Ik besprak hoe vroege verwaarlozing kinderen vatbaar kan maken voor een verminderd inlevingsvermogen en voor geweld. Ik somde alle verzachtende omstandigheden op die ik had gevonden. Meer kon ik niet doen: er viel niet aan te tonen dat hij niet wettelijk aansprakelijk was voor zijn daden, en ik kon niet ontkennen dat hij een voortdurend gevaar was voor zijn omgeving.

Tijdens een pauze stond ik toevallig in de buurt van de verdachte terwijl hij naar de familieleden van de slachtoffers keek, die stonden te huilen en elkaar probeerden te troosten. Ze waren wanhopig, tranen stroomden over hun wangen, ze klampten zich aan elkaar vast als overlevenden op een vlot. Leon zei tegen me: 'Waarom huilen ze? Ik ben degene die naar de gevangenis gaat.' Weer schrok ik van zijn leegheid. Hij was emotioneel blind.

Daarna, toen Leon uit de zaal was verwijderd en de jury zich terugtrok om te beraadslagen, werd ik benaderd door Cherise's moeder. Haar pijn viel af te lezen aan elke stap die ze zette, aan de langzame beweging van haar handen, aan haar hele gezichtsuitdrukking. 'Dokter! Dokter!' riep ze zeer dringend naar me, bang dat ik weg zou gaan voor ze met me kon praten. Ik stond stil, draaide me om en zag haar langzaam op me afkomen. Bijna smekend vroeg ze: 'Waarom heeft hij het gedaan? U hebt hem gesproken. Waarom heeft hij mijn kind vermoord? Vertel het me alstublieft. Waarom?'

Ik schudde mijn hoofd om haar te kennen te geven dat ik haar, met al mijn expertise, geen bevredigend antwoord kon geven.

Huilend en zich vastklampend aan mijn arm vroeg ze het weer. 'U weet hoe die dingen werken. Waarom heeft hij mijn meisje vermoord?'

'Ik weet het echt niet zeker,' zei ik, me schamend voor de ontoereikendheid van mijn woorden. Ik zocht iets om deze rouwende moeder te helpen. 'Ik denk dat zijn hart koud is. Iets in hem is gebroken. Hij kan geen liefde voelen zoals u – zoals uw dochter kon. U hebt zoveel pijn omdat u zoveel van haar hield. Hij voelt de dingen niet zoals u – goede en slechte dingen.'

Ze was even stil. Ik zag dat ze haar dochter even voor zich zag, ze glimlachte zwakjes, daarna volgden er meer tranen. Ze zuchtte en knikte. 'Ja. Hij moet vanbinnen gebroken zijn om zo'n mooi kind te kunnen vermoorden. Ze deed nooit iemand pijn.' Ik omhelsde haar even onhandig en daarna liep ze terug naar haar familie. Ik dacht aan Maria en Alan en Frank. Met ons onderzoek beginnen we de geheimen van het brein en de oorzaken van tragedies zoals deze te ontrafelen, maar op dat moment was ik me pijnlijk bewust van alles wat we nog niet weten.

6 | De jongen die opgroeide als hond

HOE KOMT HET DAT iemand toch de juiste keuze kan maken, ook al heeft hij niet de beste kansen op ontwikkeling gekregen die hij nodig heeft? Hoe kwam het dat Virginia hulp bleef zoeken voor haar baby, in plaats van haar simpelweg in de steek te laten? Wat kunnen we uit Mama P.'s methode halen om aan andere kinderen als Laura voor te schrijven? Kan de juiste behandeling helpen om te voorkomen dat kinderen als Leon een dreiging worden? Zou ik vandaag iets nieuws tegen Cherise's moeder – en tegen Frank, Alan en Maria – kunnen zeggen over de reden waarom Leon zijn vreselijke misdaad had gepleegd?

Net zoals we slechts geleidelijk gingen begrijpen dat de opeenvolgende of sequentiële ontwikkeling van een kinderbrein aangetast wordt door trauma en verwaarlozing, drong het ook slechts geleidelijk tot ons door dat dit begrip ons kon helpen om mogelijke behandelingen te vinden. Deze inzichten brachten ons ertoe om te ontwikkelen wat we de 'neurosequentiële benadering van therapeutische diensten voor mishandelde en getraumatiseerde kinderen' zijn gaan noemen. Een van de eerste kinderen op wie we deze methode toepasten, was veel, veel ernstiger verwaarloosd dan Leon.

Ik ontmoette Justin in 1995 toen hij zes jaar was. Hij lag op de Pediatrische Intensive Care Unit (PICU). Ik was door het personeel uitgenodigd om met 'die-psychiatrische-voodoo-waar-u-zo-goed-in-bent' te proberen om hem te laten ophouden fecaliën en eten naar het personeel te gooien. De PICU was bijna altijd vol en vierentwintig uur per dag druk. Het wemelde er van de verpleegsters, artsen, assistenten en familieleden. Het lawaai van medische apparaten, telefoons en gesprekken vulden de grote ruimte met een aanhoudend gezoem. De lichten waren altijd aan, er liepen altijd mensen rond en hoewel iedereen er met een doel was en elk gesprek ergens over ging, was het totaaleffect chaos.

Ik liep onopvallend door de herrie naar de verpleegsterspost en bestudeerde het bord om de jongen te vinden die ik moest zien. Toen hoorde ik hem. Bij het horen van een luide, vreemde kreet draaide ik me onmiddellijk om en toen zag ik een mager, klein kind in een loszittende luier die in een kooi zat. Justins ledikant had ijzeren staven en erbovenop was met draad een triplex paneel bevestigd. Het zag eruit als een hondenkooi, en ik zou meteen gaan ontdekken dat dat vreselijk ironisch was. Het jongetje wiegde heen en weer terwijl hij een primitief slaapliedje jammerde om zichzelf te troosten. Hij was bevuild met zijn eigen uitwerpselen, zijn gezicht was besmeurd met eten en zijn luier was zwaar en doorweekt met urine. Hij werd behandeld voor een ernstige longontsteking, maar hij verzette zich tegen alle behandelingen en moest onder bedwang worden gehouden om bloed te kunnen afnemen. Hij trok zijn infusen los, hij schreeuwde en gilde tegen het personeel en gooide met zijn eten. In dit ziekenhuis leek de PICU (waar naar verhouding veel personeel was) nog het meest op een psychiatrische afdeling, en daarom was Justin hiernaartoe overgeplaatst. Daar hadden ze provisorisch een bed/kooi opgetuigd. En toen hij eenmaal in de kooi was geplaatst, begon de jongen te gooien met uitwerpselen en al het andere waar hij zijn handen op kon leggen. Op dat moment besloten ze de hulp van de psychiatrie in te roepen.

In de loop der jaren had ik geleerd dat het niet verstandig is om een kind te verrassen. Van onvoorspelbaarheid en het onbekende wordt iedereen onrustig en dus minder goed in staat om informatie juist te verwerken. Bovendien, en belangrijk voor klinische evaluatie, geldt dat hoe angstiger iemand is, hoe moeilijker het voor hem wordt om zijn gevoelens, gedachten en geschiedenis goed te herinneren en beschrijven. Maar het belangrijkst is dat het, wanneer een kind angstig is, veel moeilijker is om een positieve relatie met hem aan te gaan, het voertuig voor therapeutische veranderingen.

Ik had ook geleerd wat de kracht van een eerste indruk was. Ik kon een veel beter idee van de prognose van een kind krijgen als het een gunstige of op zijn minst neutrale eerste indruk van me had. Dus in plaats van gewoon vragen te stellen aan een nietsvermoedend en meestal bang en gedesoriënteerd kind, had ik gemerkt dat ik het beter een kans kon geven om me eerst te ontmoeten. We voerden een kort, grappig of vermakelijk gesprekje, ik gaf het kind de kans me een beetje te taxeren, gaf het een heldere, eenvoudige verklaring van wat ik van hem wilde leren en liet het daarna even alleen om die informatie te verwerken. Ik verzekerde hem of haar ervan dat hij of zij de controle had. Het kind hoefde niets te zeggen als het dat niet wilde: als er een onderwerp aan bod kwam dat hij niet met me wilde bespreken, hoefde hij het me maar te laten weten en ik zou van onderwerp veranderen. Zodra het wilde stoppen, was het gesprek voorbij. In al die jaren heb ik maar een keer een kind, een tienermeisje, horen zeggen dat ze niet wilde praten. Maar later in de week zei ze tegen het personeel dat de 'psychiatervent met het krulhaar' de enige was met wie ze wilde praten.

Zodra ik Justin zag, wist ik dat dit geval anders zou zijn. Ik moest meer over hem weten voor ik hem kon benaderen. Ik pakte zijn kaart, liep terug naar de verpleegsterspost en las zijn oude dossiers terwijl ik af en toe een blik op hem wierp. Hij bewoog heen en weer met zijn knieën tot aan zijn kin opgetrokken en zijn armen om zijn benen geslagen. Hij zat in zichzelf te neuriën of te kreunen, en om de zoveel minuten stootte hij een luide, boos klinkende kreet uit. Het personeel was eraan gewend geraakt en niemand keek nog zijn kant op.

Uit zijn dossiers werd me al snel duidelijk dat Justins vroege leven niet normaal was geweest. Justins moeder was een vijftienjarig meisje dat hem voorgoed bij haar eigen moeder had achtergelaten toen hij twee maanden was. Justins grootmoeder was volgens iedereen een goedaardige, koesterende vrouw die haar kleinkind aanbad. Helaas was ze ook ziekelijk dik en had ze de bijbehorende gezondheidsproblemen waardoor ze erg ziek was. Toen Justin ongeveer elf maanden oud was, werd ze opgenomen in het ziekenhuis. Ze overleed een paar weken later.

Tijdens haar ziekte paste haar bij haar inwonende vriend, Arthur*, op Justin. Baby Justin ging zich moeilijk gedragen, wat vast een resultaat was van het feit dat hij in zo korte tijd zowel zijn moeder als zijn grootmoeder had verloren. Arthur, die zelf nog in de rouw was, wist niet wat hij aan moest met een huilend en razend jong kind en omdat hij al eind zestig was, was hij geestelijk en lichamelijk niet toegerust voor een dergelijke taak. Hij deed een beroep op de kinderbescherming om een permanente plek voor de jongen te zoeken, die immers niet eens familie van hem was. De kinderbescherming had kennelijk het gevoel dat de jongen veilig was en vroeg of Arthur Justin kon houden tot ze een plek voor hem hadden gevonden. Hij stemde daarmee in. Arthur was over het algemeen een passieve en geduldige man. Hij ging ervan uit dat de kinderbescherming zijn best zou doen om een nieuw thuis voor Justin te vinden. Maar de kinderbescherming is een reactieve, op crises gerichte instelling, en omdat niemand erop aandrong dat het moest gebeuren, gebeurde het niet.

Arthur was niet gemeen, hij was gewoon niet op de hoogte van de behoeften die kinderen hebben. Hij verdiende de kost als hondenfokker en paste die kennis helaas ook toe op de verzorging van de baby. Hij begon Justin gewoon in een hondenkooi te houden. Hij zorgde ervoor dat de baby te eten kreeg en een schone luier, maar hij sprak zelden tegen hem, speelde niet met hem en deed geen van de andere gewone dingen die ouders doen om hun kinderen te koesteren. Justin leefde vijf jaar in die kooi, en de meeste dagen had hij alleen honden als gezelschap.

Als we getuige konden zijn van de momenten van troost, nieuwsgierigheid en beloning van een kind – en van zijn momenten van angst, vernedering en deprivatie – zouden we zoveel meer over hem weten, wie hij is en wie hij waarschijnlijk zal worden. Het brein is een historisch orgaan, een weerspiegeling van onze persoonlijke geschiedenis. Onze genetische talenten manifesteren zich alleen als we de juiste soorten ontwikkelingservaringen krijgen, en op het juiste tijdstip. Vroeg in het leven worden deze ervaringen vooral gestuurd door de volwassenen om ons heen.

Terwijl ik Justins kaart las, begon ik me zijn leven voor te stellen. Op tweejarige leeftijd had Justin de diagnose 'statische encefalopathie' gekregen, wat betekende dat hij door een onbekende oorzaak ernstig hersenletsel had dat waarschijnlijk niet zou herstellen. Hij was naar de dokter gebracht omdat hij ernstig achterliep in zijn ontwikkeling: hij kon niet lopen en niet eens een paar woorden spreken tegen de tijd dat de meeste kinderen actieve en onderzoekende peuters zijn die zijn begonnen met zinnetjes te vormen. Toen Arthur Justin langs bracht om hem te laten onderzoeken, vroeg helaas niemand naar de thuissituatie. En niemand maakte een goede ontwikkelingsgeschiedenis van hem. De jongen was onderzocht op verscheidene lichamelijke aandoeningen, en zijn hersenen waren gescand waarbij er sprake bleek te zijn van atrofie (verschrompeling) van de cortex en van vergroting van de met vocht gevulde holtes midden in het brein. Zijn brein leek zelfs op dat van iemand met vergevorderde alzheimer; de omvang van zijn hoofd was zo klein dat hij onder het tweede percentiel zat voor kinderen van zijn leeftijd.

In die tijd waren veel artsen zich nog niet bewust van de schade die kan ontstaan door verwaarlozing alleen. Ze namen aan dat iets wat zo duidelijk zichtbaar was op een scan het bewijs moest zijn van een genetisch defect of van een intra-uteriene beschadiging, zoals blootstelling aan toxinen of ziekte; ze konden zich niet voorstellen dat alleen de vroege omgeving zulke ingrijpende, lichamelijke gevolgen kon hebben. Maar uit onderzoeken door onze groep, en later door andere groepen, is gebleken dat wezen die aan hun lot werden overgelaten in kindertehuizen zonder voldoende genegenheid en individuele aandacht te krijgen, inderdaad een zichtbaar kleinere hoofdomvang en kleinere hersenen hebben. Het brein vertoont duidelijke afwijkingen, bijna identiek aan die bij Justin.

Helaas werden bij Justin, net als bij Laura, de problemen verergerd door een versplinterd medisch stelsel. In de loop der tijd zag hij zelden twee keer dezelfde arts, ook al had hij ingewikkelde onderzoeken als hersenscans en chromosoomanalyses moeten ondergaan om genetische problemen op te sporen. Niemand volgde zijn zaak in de tijd of zocht uit hoe zijn thuissituatie was. Tegen de tijd dat hij vijf jaar was, bleek uit een herhalingsonderzoek dat hij minimale vooruitgang had geboekt in de fijne en grove motoriek, en in vermogens op het gebied van gedrag, cognitie, taal en spraak. Hij kon nog steeds niet lopen of praten. Voor de artsen, die niet wisten aan welke deprivatie dit kind werd blootgesteld, leken de meeste van zijn door het brein gestuurde vermogens gewoon niet goed te werken. Ze veronderstelden dat Justins 'statische encefalopathie' het gevolg was van een of andere, tot nog toe onbekende en onbehandelbare geboorteafwijking. De onuitgesproken conclusie bij kinderen met zulk ernstig hersenletsel is dat ze niet reageren op therapeutisch ingrijpen. Het kwam erop neer dat de artsen Arthur hadden verteld dat de jongen blijvend hersenletsel had opgelopen en dat hij misschien nooit in staat zou zijn om voor zichzelf te zorgen, waardoor Arthur zich niet aangemoedigd voelde om verder te zoeken naar hulp.

Of het nu kwam door dit medische pessimisme of door zijn onregelmatige verzorging, Justin kreeg nooit spraaktherapie, fysiotherapie of ergotherapie, en er werden bij zijn bejaarde verzorger thuis nooit sociale voorzieningen getroffen. Aan zijn lot overgelaten nam Arthur beslissingen over de verzorging van Justin die naar zijn idee goed waren voor de opvoeding. Hij had zelf nooit kinderen gehad en was het grootste deel van zijn leven een eenling geweest. Hij was zelf zeer beperkt, waarschijnlijk enigszins achter. Hij voedde Justin op zoals zijn huisdieren: hij gaf hem voedsel, onderdak, discipline en heel soms echt medeleven. Arthur was niet met opzet wreed: hij haalde Justin en de honden dagelijks uit hun kooien om ze te laten spelen en ze te knuffelen. Maar hij begreep niet dat Justin zich als een dier gedroeg omdat hij als een dier werd behandeld; als de jongen 'niet gehoorzaamde', ging hij terug in de kooi. Justin werd meestal gewoon genegeerd.

Ik was de eerste medische deskundige aan wie Arthur iets vertelde over zijn opvoedpraktijken, omdat ik helaas de eerste was die het vroeg.

Na Arthur te hebben ondervraagd, Justins kaart gelezen en zijn gedrag geobserveerd te hebben, realiseerde ik me dat het mogelijk was dat sommige van de problemen van de jongen niet te wijten waren aan een volledig ontbreken van potentieel. Misschien sprak hij niet omdat er zelden tegen hem werd gesproken. Misschien was hij aan veel minder woorden blootgesteld dan het gemiddelde kind, dat ongeveer drie miljoen woorden hoort tegen de tijd dat het drie is. Misschien stond en liep hij niet omdat niemand hem ooit vleiend had toegesproken, met uitgestoken hand om hem te steunen en aan te moedigen. Misschien kon hij niet met mes en vork eten omdat hij ze nooit in zijn handen had gehad. Ik besloot Justin te benaderen in de hoop dat zijn achterstand inderdaad het gevolg was van een gebrek aan stimulering, of eigenlijk een gebrek aan kansen en niet aan capaciteit.

Het verplegende personeel keek naar me toen ik voorzichtig naar zijn bedje liep. 'Hij gaat met dingen gooien,' zei een van hen cynisch. Ik probeerde in slow motion te bewegen. Ik wilde dat hij naar me keek en dat het contrast tussen de nieuwigheid van mijn afgemeten passen en de doorgaans gehaaste bewegingen in de PICU zijn aandacht zou trekken. Ik keek niet naar hem. Ik wist dat oogcontact bedreigend kon zijn, net als bij dieren. Dus sloot ik de gordijnen om zijn bedje voor een deel zodat hij alleen mij of de verpleegsterspost kon zien. Op die manier zou hij minder afgeleid worden door de kinderen in de aangrenzende bedden.

Ik probeerde me de wereld vanuit zijn perspectief voor te stellen. Hij was nog steeds ziek, zijn longontsteking was nog maar gedeeltelijk genezen. Hij zag er doodsbang en verward uit; hij begreep dit nieuwe, chaotische oord niet waarin hij was geplaatst. Zijn plek in de hondenkennel was tenminste vertrouwd geweest; hij had de honden om zich heen gekend en had geweten wat hij van hen kon verwachten. Bovendien wist ik dat hij honger moest hebben, want hij had de afgelopen drie dagen bijna al zijn eten weggegooid. Toen ik dichterbij kwam, grijnsde hij, kroop rond in de beperkte ruimte van zijn bed en stootte een van zijn kreten uit.

Ik stond stil. Daarna trok ik langzaam mijn witte jas uit en liet hem op de grond vallen. Justin staarde me aan. Langzaam maakte ik mijn stropdas los en deed hem af. Ik rolde de mouwen van mijn overhemd op. Bij elke handeling deed ik een stapje naar hem toe. Ik sprak niet onder het bewegen. Ik probeerde zo weinig mogelijk dreigend te zijn: geen snelle bewegingen, geen oogcontact, ik sprak op een lage, melodieuze, ritmische toon, bijna zoals in een slaapliedje. Ik benaderde hem zoals je een bange baby of een angstig dier zou benaderen.

'Ik ben dr. Perry, Justin. Je weet niet wat er gebeurt, hè? Ik ga proberen je te helpen, Justin. Kijk, ik heb net mijn witte jas uitgetrokken. Is dat goed? Mag ik iets dichterbij komen? Is dat ver genoeg? Oké. Eens kijken wat hier zou kunnen werken. Mmm. Laat ik mijn stropdas eens afdoen. Ik weet zeker dat je geen stropdassen kent. Ik doe hem af.'

Hij kroop niet langer rond op zijn bed. Ik hoorde zijn ademhaling: een snel, hijgend gegrom. Hij moest sterven van de honger. Mijn oog viel op een muffin op een lunchblad, ver buiten zijn bereik maar wel binnen zijn gezichtsveld. Ik liep eropaf. Hij gromde harder en sneller. Ik pakte de muffin, brak er een stukje af, stopte het langzaam in mijn mond en begon overdreven te kauwen om te laten zien dat ik ervan genoot en het lekker vond.

'Mmm, heerlijk, Justin. Wil je ook wat?' Ik bleef praten en strekte mijn hand uit. Ik kwam iets dichterbij. Hij hoefde zijn arm maar uit te strekken om bij het voedsel in mijn hand te kunnen. Ik stond stil en bleef hem uitdagen door de muffin naar hem uit te steken. Het leek uren te duren, maar binnen dertig seconden stak hij aarzelend zijn hand uit. Hij stopte halverwege en trok zijn arm weer terug. Hij leek zijn adem in te houden. Daarna griste hij opeens het stukje uit mijn hand en trok het mee zijn bedje in. Hij bewoog snel naar de verste hoek van het bed en bekeek me. Ik stond nog steeds op dezelfde plek, glimlachend, en zei zo luchtig mogelijk: 'Goed, Justin. Dat is jouw muffin. Het is in orde. Het is goed.'

Hij begon te eten. Ik zwaaide hem gedag en liep langzaam terug naar de verpleegsterspost.

'Nou, wacht maar af. Over een minuutje schreeuwt hij weer en gooit hij met dingen,' zei een van de verpleegsters, die bijna teleurgesteld leek dat hij zijn 'slechte' gedrag niet bij mij had laten zien. 'Dat zal best,' zei ik op weg naar buiten.

Van wat ik tot dat moment over het effect van verwaarlozing op het brein had geleerd, wist ik dat de enige manier om erachter te komen of Justin beschikte over een onbenut potentieel of dat hij gewoon niet in staat was zich verder te ontwikkelen, was te kijken of zijn neurale systemen gevormd konden worden door patroonmatige, herhaalde ervaringen in een veilige en voorspelbare omgeving. Ik had echter nog niet geleerd wat de beste manier was om deze ervaringen te structureren.

Ik wist wel dat ik als eerste de chaos en sensorische overbelasting in Justins omgeving moest verminderen. We verplaatsten hem naar een van de privékamers van de PICU. Daarna beperkten we het aantal personeelsleden dat met hem zou werken tot een minimum. We begonnen met fysio-, ergo- en taal- en spraaktherapie. Een van onze stafleden bracht elke dag tijd met hem door, en ook ik bracht hem dagelijks bezoekjes.

Justin ging opvallend snel vooruit. Elke dag was hij weer verder, elke dag leek hij zich veiliger te voelen. Hij gooide niet meer met eten en smeerde zijn fecaliën nergens meer over uit. Hij begon te glimlachen. Hij toonde duidelijke signalen van herkenning en begrip van verbale opdrachten. We realiseerden ons dat hij enige sociale stimulans en genegenheid van de honden had gekregen waarbij hij leefde; honden zijn ongelooflijk sociale dieren en hebben een verfijnde sociale hiërarchie binnen hun troep. Soms reageerde hij op onbekenden zoals veel bange honden dat doen: aarzelend dichterbij komen, terugdeinzen en daarna weer naar voren komen.

Naarmate de dagen verstreken, begon hij zijn genegenheid te tonen aan mij en verscheidene andere stafleden. Hij begon zelfs tekenen van humor te laten zien. Zo wist hij dat het personeel gek werd van het 'poep gooien'. Toen iemand hem een keer een chocoladereep gaf, liet hij de chocola in zijn hand smelten en stak hij zijn arm in de lucht alsof hij ermee ging gooien. De mensen om hen heen deinsden achteruit. En daarna barstte hij in hartelijk lachen uit. Dit primitieve gevoel voor humor – waarmee hij liet zien dat hij begreep wat het effect van zijn daden op anderen was en dat hij aansluiting bij hen zocht – gaf me al snel de hoop dat hij het vermogen had om te veranderen.

Eerst dachten mijn collega's echter dat ik de middelen van het ziekenhuis verspilde aan fysiotherapeuten die moesten proberen om hem te helpen staan en zijn grove en fijne motorische kracht te verbeteren. Maar binnen een week zat Justin op een stoel en kon hij met hulp staan. Binnen drie weken had hij zijn eerste stappen gezet. Daarna kwam een ergotherapeut hem helpen met zijn fijne motoriek en de beginselen van zijn eigen verzorging: zich aankleden, een lepel gebruiken, tandenpoetsen. Hoewel kinderen die zo ernstig verstoken zijn gebleven van verzorging, vaak een zeer ontwikkeld reukvermogen hebben en hun eten en mensen vaak proberen te ruiken en likken, was Justins gesnuffel wel heel uitgesproken. Waarschijnlijk had dat te maken met zijn leven tussen de honden. Hij moest leren dat dat niet altijd gepast is.

In deze tijd hielpen taal- en spraaktherapeuten hem om te beginnen met spreken door hem aan de woorden bloot te stellen die hij in zijn jeugd had gemist. Zijn ongebruikte, niet ontwikkelde neurale netwerken begonnen te reageren op deze nieuwe, herhaalde patronen van stimuleringen. Zijn brein leek op een spons, dorstig naar de ervaringen die het nodig had, en het zoog ze gretig op.

Na twee weken ging het goed genoeg met Justin om hem uit het ziekenhuis te ontslaan en in een pleeggezin te plaatsen. In de paar maanden die erop volgden, ging hij opvallend goed vooruit. Dit was het snelste herstel van ernstige verwaarlozing dat we ooit hadden gezien. Mijn perspectief op het vermogen om te veranderen na vroege verwaarlozing veranderde erdoor. Ik werd veel hoopvoller over de prognose voor verwaarloosde kinderen.

Zes maanden later werd Justin overgeplaatst naar een pleeggezin dat veel verder van het ziekenhuis af woonde. We boden onze diensten aan zijn nieuwe team van artsen aan, maar uiteindelijk verloren we het contact met hem in de stroom patiënten die onze groep begon aan te trekken. Maar we hadden het vaak over Justin wanneer we andere gezinnen adviseerden die ernstig verwaarloosde kinderen hadden geadopteerd; door hem zijn we opnieuw gaan kijken naar de manier waarop we zulke kinderen moesten beoordelen en behandelen. We wisten nu dat op zijn minst sommige kinderen veel beter konden worden dan we daarvoor hadden durven dromen.

Ongeveer twee jaar na Justins ziekenhuisverblijf kwam er een brief uit een klein stadje naar de kliniek – een kort verslag van het pleeggezin waarin we op de hoogte werden gesteld van hoe het met de kleine jongen ging. Hij bleef het zo goed doen, hij bereikte snel mijlpalen in de ontwikkeling die niemand voor mogelijk had gehouden. Nu hij acht was, kon hij naar de kleuterschool. Er was een foto bijgesloten van Justin in zijn mooiste kleren met een broodtrommel in de hand en een rugzakje om, staand naast de schoolbus. Op de achterkant van het briefje had Justin zelf met kleurpotlood geschreven: 'Dank u, dr. Perry. Justin.' Ik huilde.

Met wat ik van Justins geval had geleerd – dat patroonmatige, herhaalde ervaringen in een veilige omgeving een geweldige uitwerking kunnen hebben op het brein – begon ik de lessen van Mama P. over het belang van lichamelijke genegenheid en stimulans in onze zorg te integreren. Een van de volgende gevallen die ons zou helpen om de neurosequentiële benadering te ontwikkelen, was dat van een jonge tiener die vroege levenservaringen bleek te hebben die zowat gelijk waren aan de reden waarom Leon zijn destructieve en uiteindelijk moordzuchtige pad was ingeslagen.

Net als Leon kwam Connor uit een intact gezin en leek zijn vroege jeugd aan de oppervlakte niet traumatisch. Connors ouders waren beiden succesvolle, hoger opgeleide ondernemers. Net als Leon had Connor een bovengemiddeld IQ, maar in tegenstelling tot Leon deed Connor het wel goed op school. Toen we zijn eerdere psychiatrische behandeling kort bespraken, merkten we op dat hij op verschillende momenten meer dan twaalf verschillende neuropsychiatrische diagnoses had gekregen, variërend van autisme, naar pervasieve ontwikkelingsstoornis, kinderschizofrenie, bipolaire stoornis, ADHD, obsessiefcompulsieve stoornis (OCS), ernstige depressie, angststoornis en meer.

Toen de veertienjarige voor het eerst naar binnen werd gebracht om me te zien, had hij de diagnose periodieke explosieve stoornis, psychotische stoornis en aandachtstekortstoornis gekregen. Hij kreeg vijf verschillende psychofarmaca en werd behandeld door een psychoanalytisch getrainde therapeut. Hij liep met onregelmatige, onhandige passen. Wanneer hij angstig of onrustig was, ging hij zitten wiegen, strekte hij ritmisch zijn vingers uit en neuriede in zichzelf op een monotone toon waar de meeste mensen nerveus van werden. Hij zat vaak heen en weer te schommelen, net zoals Justin had gedaan toen ik hem voor het eerst in zijn bed/kooi had gezien. Hij had geen vrienden: hij was geen pestkop geworden zoals Leon, maar hij was er juist een gemakkelijk doelwit voor. Connor was op een socialevaardigheidstraining gedaan in een poging om zijn isolement en slechte relationele vermogens aan te pakken, maar tot dusverre was het uitgelopen op een jammerlijke mislukking. Ik zou er al snel achterkomen dat het was alsof ze hadden geprobeerd een baby te leren rekenen.

Op het gebied van relaties was Connor beslist vreemd, maar hij vertoonde niet de klassieke symptomen van autisme of schizofrenie. Zijn gedrag was vergelijkbaar met dat van kinderen met die aandoeningen, maar hij vertoonde niet de 'gedachtenblindheid' of de onverschilligheid jegens relaties die autisten of de verstoorde gedachten van iemand met schizofrenie zo vaak kenmerken. Toen ik hem onderzocht, zag ik dat hij zich wilde inlaten met andere mensen, iets wat zeldzaam is bij mensen die echt autisme hebben. Hij was sociaal beslist onaangepast, maar hij had niet de totale desinteresse voor sociale contacten die een wezenlijk kenmerk is van autisme. De jongen slikte ook zoveel medicijnen dat niemand kon zeggen welke van zijn 'symptomen' verband hielden met zijn oorspronkelijke problemen en welke veroorzaakt werden door de bijwerkingen van de medicijnen. Ik besloot hem te laten stoppen met de medicijnen. Als er enige medicatie nodig bleek te zijn, dan zou ik ze weer voorschrijven.

Connors eigenaardige symptomen en het feit dat ze niet overeenkwamen met typische gevallen van autisme of schizofrenie, deden me denken aan de symptomen die ik bij andere kinderen had gezien die vroeg getraumatiseerd of verwaarloosd waren geweest, zoals Justin. Vooral door zijn merkwaardige schuine loopje vermoedde ik dat wat er ook was misgegaan, het vroeg in zijn jeugd was begonnen, omdat gecoördineerd lopen afhankelijk is van goed gereguleerde middenhersenen en hersenstam, gebieden die cruciaal zijn voor het coördineren van de stressreactie. Aangezien de hersenstam en de middenhersenen zich tijdens de ontwikkeling als een van de eerste gebieden organiseren, was het vermoedelijk in het eerste jaar van zijn leven misgegaan.

Ik maakte een voorzichtige ontwikkelingsgeschiedenis en ondervroeg Connors moeder, Jane*, over de vroege jeugd van haar zoon en die van haarzelf. Ze was een slimme vrouw, maar onrustig en duidelijk aan het eind van haar Latijn. Haar eigen jeugd was zonder problemen verlopen. Ze was enig kind en opgevoed door liefhebbende ouders. Helaas voor Connor woonde ze echter niet in de buurt van haar familie en had ze als tiener niet veel opgepast. Daardoor had ze tot ze haar eigen kind kreeg weinig ervaring met baby's en peuters. In onze mobiele, moderne maatschappij is het gebruikelijk om minder kinderen te krijgen, verder van onze eigen familie te wonen en je in een wereld te bewegen waarin de generaties steeds meer van elkaar gescheiden leven. Daardoor zijn veel mensen niet vaak genoeg in de buurt van kinderen om te leren hoe ze zich zouden moeten gedragen bij elke ontwikkelingsfase. Bovendien wordt er binnen ons onderwijsstelsel geen aandacht besteed aan de ontwikkeling en verzorging van kinderen of aan de beginselen van de ontwikkeling van het brein. Het resultaat is een soort 'ongeletterdheid op het gebied van kinderen', die helaas een grote rol zou spelen in wat er misging voor Connor, net als bij Leon was gebeurd.

Een paar jaar voor de geboorte van hun zoon verhuisden Jane en haar echtgenoot, Mark*, van New Jersey naar New Mexico om een onderneming op te zetten, die goed liep. Nu ze financieel onder de pannen waren, besloot het stel te proberen een kind te verwekken en Jane raakte al snel zwanger. Ze stond onder uitstekende prenatale zorg, had een normale bevalling, en het kind was stevig en gezond. Maar hun familiebedrijf eiste zoveel aandacht dat Jane een paar weken na de bevalling weer naar kantoor ging. Omdat ze akelige verhalen had gehoord over de kinderopvang, besloten Mark en zij een nanny in te huren. Toevallig was een nicht van Jane naar het dorp verhuisd en was ze op zoek naar werk, dus leek het de ideale oplossing van hun beider problemen om haar aan te nemen.

Helaas nam de nicht buiten medeweten van Jane en Mark een andere baan aan vlak nadat ze ermee had ingestemd voor hen te gaan werken. Omdat ze wat extra wilde verdienen, vertelde ze Jane en Mark niet dat ze het kind alleen liet om naar haar andere werk te gaan. Ze voedde en verschoonde hem 's ochtends, vertrok naar haar werk, voedde en verschoonde hem 's middags en keerde net terug voor zijn ouders thuiskwamen van hun werk. Ze was bang dat hij luieruitslag kreeg of dat er brand uitbrak of iets anders gebeurde terwijl het kind alleen was, maar niet over hoe schadelijk haar handelingen konden zijn. Deze nicht wist nog minder van de ontwikkeling van een kind dan Jane: ze realiseerde zich niet dat baby's net zo goed genegenheid en aandacht nodig hadden als voeding, vocht, droge kleren en onderdak.

Jane vertelde me dat ze zich schuldig voelde dat ze zo snel weer aan het werk ging. Ze vertelde dat Connor de eerste twee weken nadat ze weer naar kantoor was gegaan vreselijk huilde. Maar daarna hield hij op met huilen, dus dacht Jane dat alles in orde was. 'Mijn baby was tevreden,' vertelde ze, waarna ze beschreef dat ze hem ooit per ongeluk met een veiligheidsspeld prikte en hij geen spier vertrok. 'Hij huilde nooit,' zei ze warm, zich er niet van bewust dat het net zo goed een teken van mogelijke problemen kan zijn dat een baby nooit huilt als wanneer hij te veel huilt. Weer werd ze belemmerd door een gebrek aan basiskennis over de ontwikkeling van een kind. Net als Maria dacht ze dat een stille baby een gelukkige baby was.

Binnen een paar maanden begon Jane echter te vermoeden dat er iets mis was. Connor leek niet zo snel te groeien als de baby's van haar vriendinnen. Hij zat niet rechtop, draaide zich niet om en kroop niet op de leeftijd dat andere baby's die mijlpalen bereikten. Bezorgd over zijn gebrek aan vooruitgang nam ze hem mee naar de kinderarts van de familie, die uitmuntte in het herkennen en behandelen van lichamelijke ziektes, maar niet veel wist over hoe zij geestelijke en emotionele moeilijkheden kon opsporen. Zelf had deze dokter geen kinderen en wist ze niet uit de eerste hand hoe hun psychologische ontwikkeling verliep. Zoals de meeste artsen had ze daar ook maar weinig over geleerd tijdens haar opleiding. De kinderarts kende de ouders goed, dus ze had geen reden om hen te verdenken van mishandeling of verwaarlozing. Daarom vroeg ze bijvoorbeeld niet of Connor huilde of hoe hij op mensen reageerde. Ze vertelde Jane eenvoudig dat baby's zich in verschillende tempo's ontwikkelen en probeerde haar gerust te stellen dat hij zijn achterstand snel zou inhalen.

Op een dag, toen Connor ongeveer achttien maanden oud was, kwam Jane thuis uit haar werk. Het huis was donker, dus ging ze ervan uit dat de oppas met het kind naar buiten was gegaan. Er kwam een vreselijke stank uit Connors kamer. De deur stond half open, dus wierp ze een blik naar binnen. Ze trof haar zoon aan, zittend in het donker, alleen, zonder speelgoed, zonder muziek, zonder oppas, maar met een volle, vieze luier. Jane was verafschuwd. Toen ze haar niet erop aansprak, biechtte de vrouw op dat ze Connor had achtergelaten om naar haar andere werk te gaan. Jane ontsloeg de nicht en hield op met werken om thuis te blijven met de baby. Ze dacht dat het met een sisser was afgelopen: ze dacht dat er geen blijvende gevolgen zouden zijn, omdat hij niet was ontvoerd, verwond was geraakt bij een brand, of lichamelijk ziek was geworden. Ze bracht zijn steeds vreemdere gedrag niet in verband met de bijna dagelijkse verwaarlozing die meer dan een jaar had geduurd.

In de tijd dat hij sociaal steeds geïsoleerder raakte en vreemd, herhaald gedrag begon te vertonen, was er niemand binnen de geestelijke gezondheidszorg, niemand op school, niemand van de leraren in het speciaal onderwijs, niemand van de ergotherapeuten of counselors naar wie hij gestuurd was, die ontdekte dat Connor in zijn vroege jeugd was verwaarloosd. Honderden duizenden dollars en honderden uren werden verspild aan pogingen om zijn uiteenlopende 'stoornissen' te behandelen. Het resultaat was deze in zichzelf mompelende en heen en weer wiebelende veertienjarige jongen, die geen vrienden had en depressief was; een jongen die geen oogcontact maakte met andere mensen, die nog steeds de schreeuwende, gewelddadige woede-uitbarstingen had van een drie- of vierjarige; een jongen die wanhopig veel behoefte had aan de prikkels die zijn hersenen de eerste maanden van zijn leven hadden moeten missen.

Toen Mama P. de getraumatiseerde en verwaarloosde kinderen voor wie ze zorgde had gewiegd en vastgehouden, had ze intuïtief ontdekt wat het fundament van onze neurosequentiële benadering zou worden: deze kinderen hebben patroonmatige, herhaalde ervaringen nodig die bij hun ontwikkelingsbehoeften passen, behoeften die de leeftijd weerspiegelen waarop ze belangrijke prikkels gemist hadden of getraumatiseerd waren, niet hun huidige, chronologische leeftijd. Wanneer ze in haar schommelstoel een zevenjarig kind knuffelde, verschafte ze de aanraking en het ritme die hij als baby gemist had, ervaringen die noodzakelijk zijn voor een goede groei van de hersenen. Een fundamenteel principe van de ontwikkeling van de hersenen is dat neurale systemen zich op een opeenvolgende manier organiseren en functioneel worden. Bovendien hangt de organisatie van een minder volgroeid gebied gedeeltelijk af van binnenkomende signalen van lagere, meer volgroeide gebieden. Als een systeem niet krijgt wat het nodig heeft wanneer het dat nodig heeft, zouden de systemen die ervan afhankelijk zijn ook niet goed kunnen functioneren, zelfs als de prikkels die het later ontwikkelde systeem nodig heeft op de juiste manier verschaft worden. De sleutel tot een gezonde ontwikkeling is dat je de juiste ervaringen in de juiste hoeveelheden op het juiste moment opdoet.

Een deel van de reden van Justins snelle reactie op onze therapie, zo ontdekte ik al gauw, was dat hij koesterende ervaringen had gehad in het eerste jaar van zijn leven, vóór zijn grootmoeder was overleden. Dit betekende dat zijn laagste en meest centraal gelegen hersengebieden een goede start hadden gekregen. Als hij vanaf zijn geboorte in een kooi was opgevoed, was zijn toekomst een stuk minder rooskleurig geweest. Het baarde me zorgen dat Connor, net als Leon, praktisch vanaf zijn geboorte tot anderhalf jaar verwaarloosd was. De enige hoop was dat er op zijn minst enige blootstelling aan koesterende zintuiglijke ervaringen was geweest in de avonduren en in het weekend wanneer zijn ouders voor hem zorgden.

Gebruikmakend van deze inzichten besloten we dat we onze benadering zouden systematiseren in overeenstemming met de ontwikkelingsperiode waarin de schade voor het eerst was voorgekomen. Door zorgvuldig naar Connors symptomen en zijn ontwikkelingsgeschiedenis te kijken, hoopten we dat we konden achterhalen welke gebieden de meeste schade hadden opgelopen en dat we onze interventies goed daarop konden afstemmen. Daarna zouden we met verrijkingservaringen en doelgerichte therapieën de aangedane hersengebieden helpen in de volgorde waarin ze waren beschadigd door verwaarlozing en trauma (vandaar de naam 'neurosequentieel'). Als we na de eerste reeks ingrepen een verbeterd functioneren konden rapporteren, konden we aan de tweede reeks beginnen voor het volgende hersengebied en ontwikkelingsstadium, tot hij hopelijk op het punt zou komen waarop zijn biologische leeftijd en zijn ontwikkelingsleeftijd samenvielen.

In Connors geval was het duidelijk dat zijn problemen in zijn vroege babytijd waren begonnen, toen de lagere en meest centrale gebieden van het brein zich actief ontwikkelden. Deze systemen reageren op ritme en aanraking: de regelcentra van de hersenstam sturen de hartslag, het stijgen en dalen van neurochemicaliën en hormonen in de dag- en nachtcyclus, de pas van iemands loop en andere patronen die ritmisch moeten verlopen om goed te gaan. Lichamelijke genegenheid is noodzakelijk om een deel van de chemische activiteit van het gebied aan te sporen. Zonder deze genegenheid kan lichamelijke groei (dus ook de groei van het hoofd en de hersenen) vertragen, zoals in Laura's geval.

Zoals Leon en anderen die onder vroege verwaarlozing leden, verdroeg Connor het niet om aangeraakt te worden. Bij de geboorte is menselijke aanraking een nieuwe en aanvankelijk stressvolle stimulus. De liefdevolle aanraking moet nog in verband worden gebracht met plezier. Pas in de armen van een aanwezige, liefdevolle verzorger worden de vele uren van aanrakingen vertrouwd en verbonden met veiligheid en troost. Wanneer de behoefte van een baby aan deze koesterende aanraking niet vervuld wordt, lijkt er geen verband te worden gelegd tussen menselijk contact en plezier en kan het zelfs onaangenaam worden om aangeraakt te worden. Om dit op te lossen en de missende prikkel te helpen verschaffen, verwezen we Connor door naar een massagetherapeut. Eerst richtten we de aandacht op het vervullen van zijn behoeften aan huidcontact; daarna, zo hoopten we, konden we zijn asynchrone lichamelijke ritmes verder aanpakken.

Zoals we bij Laura zagen, is aanraking van enorm belang voor de ontwikkeling van een mens. Sensorische paden die betrokken zijn bij de ervaring van de tastzin ontwikkelen zich als eerste en zijn in vergelijking met zicht, reuk, smaak en gehoor bij de geboorte het meest uitgebreid ontwikkeld. Uit onderzoeken naar premature baby's blijkt dat tedere, huid-op-huidaanrakingen ze helpen om aan te komen, beter te slapen en sneller te volgroeien. Premature baby's die zacht gemasseerd werden, gingen zelfs gemiddeld bijna een week eerder naar huis. Bij oudere kinderen en volwassenen blijkt massage ook de bloeddruk te verlagen, depressie te bestrijden en stress te verminderen doordat de hoeveelheid stresshormonen wordt verlaagd die wordt afgegeven door het brein.

Onze reden om met massage te beginnen was ook strategisch: onderzoek heeft aangetoond dat ouders die baby- en kindermassage leren toepassen, betere relaties met hun kinderen krijgen en zich dichter bij hen voelen staan. Bij kinderen met autisme of andere aandoeningen waardoor ze afstandelijk lijken, kan het tot stand brengen van dit gevoel van nabijheid de verhouding ouder-kind vaak snel verbeteren en daarmee de betrokkenheid van de ouders bij de therapie vergroten.

Dit was zeer belangrijk in Connors geval, omdat zijn moeder heel angstig was voor onze benadering. Rijen psychologen, psychiaters, decanen en goedbedoelende buren en leerkrachten hadden haar immers steeds op het hart gedrukt zijn 'babyachtige' gedrag niet te tolereren en zijn uitbarstingen te negeren. Hij had behoefte aan structuur en grenzen, zeiden ze, niet aan geknuffel. Andere mensen hadden haar verteld dat Connor onvolwassen was en moest worden gedwongen om zijn primitieve, zichzelf troostende methoden als wiegen en neuriën op te geven. En nu zeiden wij dat hij teder behandeld moest worden, wat voor haar hetzelfde was als verwennen. In plaats van hem te negeren wanneer zijn gedrag onbeheersbaar dreigde te worden, zoals gedragstherapeuten vaak voorstelden, zeiden wij dat hij eigenlijk 'beloond' moest worden met een massage. Onze benadering leek tegen het verstand in te druisen, maar omdat er tot dat moment nog niets had geholpen stemde ze ermee in het te proberen.

Connors moeder was aanwezig bij deze massagesessies, en we lieten haar actief deelnemen aan dit deel van de therapie. We wilden dat ze er was om hem gerust te stellen en hem te helpen als de aanrakingen te stressvol voor hem waren. We wilden ook dat ze zelf leerde om haar liefde voor haar zoon te uiten met liefdevolle aanrakingen, zodat ze de omhelzingen en koesterende aanrakingen die hij in zijn babytijd had moeten missen kon compenseren. De massage was geleidelijk, systematisch en herhaald. De eerste keren betrof het Connors eigen handen, die geleid werden om zijn arm, schouders en bovenlichaam te masseren. Met een hartritmemonitor hielden we bij of hij enige stress ervoer. Toen zijn eigen aanrakingen geen veranderingen meer veroorzaakten in zijn hartslag, zetten we zijn moeder aan het werk. Met dezelfde, herhaalde, geleidelijke bewegingen leerde ze haar zoon masseren. Uiteindelijk riep het ook geen onrust meer bij hem op om door zijn moeder gemasseerd te worden en begon de massagetherapeut met een conventionelere therapeutische massage. De benadering was zeer langzaam en vriendelijk: het idee was Connor te laten wennen aan lichamelijke aanrakingen en hem er zo mogelijk van te leren genieten. Nadat ze had geleerd haar zoon nek- en schoudermassages te geven, ging ze thuis door met de therapie, vooral wanneer Connor van streek leek of om een massage vroeg. We legden hen beiden uit waarom we deze benadering probeerden.

Er werd niets geforceerd. We wisten dat Connor aanvankelijk afkerig stond jegens aanrakingen en instrueerden de therapeut om te reageren op elk signaal van Connor dat het hem 'te veel' werd. Ze zou de massage pas intensiever maken wanneer de eerdere vorm en mate van aanraking vertrouwd en veilig waren geworden. Ze begon haar werk altijd door hem een van zijn eigen handen te laten gebruiken om de massage te 'testen' en wanneer hij daaraan gewend was, begon ze zijn vingers en handen te masseren. Geleidelijk was ze in staat alle aangewezen lichaamsdelen te masseren. De moeder van Connor kreeg ook de instructie om de aanwijzingen van haar zoon op te volgen en geen contact af te dwingen als hij het overweldigend vond.

In de loop van zes tot acht maanden begon Connor het lichaamscontact met anderen langzaam te verdragen en daarna begon hij er ook van te genieten. Ik zag dat hij klaar was voor de volgende behandelingsfase toen hij met uitgestoken hand op me afkwam, alsof hij me de hand wilde schudden. Uiteindelijk klopte hij op mijn hand, zoals een grootmoeder bij een klein kind doet, maar voor hem was zelfs zo'n vreemd gebaar een vooruitgang. Daarvóór zou hij nooit lichamelijk contact hebben gemaakt, laat staan dat hij het initieerde. Hij zou het juist actief vermeden hebben.

Nu was het tijd om te werken aan zijn gevoel voor ritme. Het kan vreemd lijken, maar ritme is vreselijk belangrijk. Als ons lichaam het belangrijkste ritme van het leven – de hartslag – niet kan houden, dan kunnen we niet overleven. Het reguleren van dit ritme is geen statische, vastliggende taak: het hart en het brein geven elkaar voortdurend signalen om zich aan te passen aan de veranderingen van het leven. Onze hartslag moet bijvoorbeeld omhoog om te kunnen vechten of vluchten, en dan moet het hart toch ritmisch blijven kloppen ondanks de wisselende eisen die eraan worden gesteld. Het reguleren van de hartslag in tijden van stress en het beheersen van de stresshormonen zijn twee belangrijke taken waarvoor het nodig is dat het brein de maat kan houden.

Ook talrijke andere hormonen zijn ritmisch gereguleerd. Het brein houdt zich niet slechts aan één maat: het kent vele ritmen, die allemaal niet alleen gelijk moeten lopen met de patronen van dag en nacht (en bij vrouwen met hun menstruatiecyclus of zwangerschapsfasen), maar ook met elkaar. Verstoringen in die hersengebieden die ritme houden, zijn vaak oorzaken van depressie en andere psychiatrische stoornissen. Daarom worden deze aandoeningen bijna altijd vergezeld van slaapproblemen (in zekere zin het verkeerd lezen van dag en nacht).

De meeste mensen hebben ook niet genoeg waardering voor het belang van deze ritmen in het bepalen van de toon van de interacties tussen ouder en kind. Als de belangrijkste metronoom van een baby – zijn hersenstam – niet goed functioneert, zullen niet alleen zijn hormonale en emotionele reacties op stress moeilijk te reguleren zijn, maar zullen ook zijn honger- en slaapcyclus onvoorspelbaar zijn. Hierdoor kan het een stuk moeilijker worden voor zijn ouders. De behoeften van baby's zijn veel gemakkelijker te zien wanneer ze zich voordoen op voorspelbare tijdstippen: als hun baby op vaste tijden honger krijgt en moe wordt, kunnen ouders zich gemakkelijker aanpassen aan zijn wensen waardoor de situatie veel minder stressvol is. De gevolgen van een slecht gereguleerd lichaamsritme zijn dus eigenlijk veel groter dan je aanvankelijk zou vermoeden.

In de normale loop van zijn ontwikkeling komt de baby in een ritmische groef die deze verschillende patronen aandrijft. De moeder van de baby knuffelt hem wanneer hij drinkt, en hij wordt getroost door haar hartslag. Het ritme van zijn eigen hart kan zelfs gedeeltelijk gereguleerd worden door dit contact: sommige gevallen van wiegendood (*Sudden Infant Death Syndrome* of SIDS) komen, zo luidt een theorie, voor wanneer baby's geen lichamelijk contact hebben met volwassenen en dus een tekort krijgen aan de zo belangrijke zintuiglijke input. Er is zelfs onderzoek waaruit blijkt dat het hart van de baby in de baarmoeder in de maat met dat van zijn moeder kan slaan. We weten in elk geval dat de moederlijke hartslag de patroonmatige, herhaalde signalen verschaft – gehoor, trilling en tastzin – die van wezenlijk belang zijn voor de organisatie van de hersenstam en diens belangrijke stressregulerende neurotransmitternetwerken.

Wanneer een baby honger krijgt en huilt, zal het niveau van stresshormonen stijgen. Maar als vader of moeder regelmatig komt om hem te voeden, gaan ze weer omlaag. In de loop der tijd krijgen ze een herhalend patroon dankzij de dagelijkse routine. Toch zal de baby zich af en toe slecht voelen en huilen: geen honger, niet nat, geen waarneembare lichamelijke pijn en toch ontroostbaar. Wanneer dit gebeurt, zullen de meeste ouders hun baby knuffelen en wiegen, waarbij ze bijna instinctief ritmische bewegingen en liefdevolle aanrakingen gebruiken om het kind te troosten. Het ritme waarmee mensen hun baby wiegen is interessant genoeg ongeveer tachtig slagen per minuut, hetzelfde ritme als dat van het hart van een volwassene die ontspannen is. Bij sneller wiegen zal de baby de bewegingen als stimulerend ervaren, maar gaat het langzamer dan zal het kind vaak blijven huilen. Om onze kinderen te troosten, stemmen we hen lichamelijk af op het ritme van het meesteruurwerk van het leven.

In sommige theorieën over taalontwikkeling wordt gesuggereerd dat mensen eerst leerden dansen en zingen voor ze konden praten, dat muziek eigenlijk de eerste menselijke taal was. Baby's leren de muzikale aspecten van de spraak – de betekenissen van klanken bijvoorbeeld – inderdaad lang voordat ze de inhoud ervan begrijpen. Overal ter wereld spreken mensen op een universele manier tegen baby's – en opmerkelijk genoeg ook tegen huisdieren – namelijk op een hoge toon die de nadruk legt op een koesterende, emotionele, muzikale klank. In alle culturen zingen zelfs moeders die geen noot kunnen zingen voor hun baby, hetgeen doet vermoeden dat muziek en zang een belangrijke rol spelen in de ontwikkeling van baby's.

Connor had de muziek en het ritme echter gemist toen hij ze het hardst nodig had. Wanneer hij als kleine baby overdag huilde, kwam niemand hem wiegen en troosten om zijn stressreactiesystemen en hormonen weer naar een normaal niveau te brengen. Hoewel hij de eerste anderhalf jaar van zijn leven 's avonds en in het weekend wel gewoon verzorgd werd, lieten die acht uur durende periodes van eenzaamheid blijvende littekens achter. Om het gemiste in te halen, besloten we Connor te laten meedoen aan een muziek- en bewegingscursus waardoor hij bewust zou leren om de maat te houden en waardoor, zo hoopten we, zijn hersenen een beter, algemeen gevoel zouden krijgen voor ritme. De cursus was op zich niets ongebruikelijks: het leek veel op wat je op kinderdagverblijven of kleuterscholen ziet, wanneer kinderen ritmisch in hun handen leren klappen, samen leren zingen, geluiden leren herhalen in bepaalde patronen en in het ritme mee slaan met voorwerpen als blokken of simpele trommels. Alleen waren de kinderen hier ouder, want we hadden helaas veel andere patiënten die als klein kind verwaarloosd waren en bij wie we deze aanpak wilden uitproberen.

Eerst was Connor opvallend aritmisch: zelfs bij het simpelste ritme kon hij niet in de maat mee slaan. Er zat een ritme in zijn onbewuste gewiebel, maar hij kon niet doelbewust een regelmatige slag maken of nadoen. Ik geloof dat dat veroorzaakt werd doordat het de hersenstam aan vroege input had ontbroken, waardoor er een zwakke verbinding was ontstaan tussen zijn hogere en lagere hersengebieden. We hoopten deze verbindingen te versterken door zijn bewuste controle over ritme te vergroten.

Aanvankelijk was de cursus frustrerend voor hem, en Jane raakte ontmoedigd. Op dat moment was Connor ongeveer negen maanden bij ons onder behandeling. De frequentie van zijn uitbarstingen was omlaag gegaan, maar op een dag kreeg hij een vreselijke woedeaanval op school. De schoolleiding belde Jane op haar werk om haar te verzoeken haar zoon onmiddellijk op te halen. Ik was er inmiddels aan gewend geraakt dat ze me een paar keer per week in paniek opbelde, maar dit voorval maakte haar helemaal wanhopig. Ze dacht dat het betekende dat Connors behandeling mislukt was, en ik moest doen wat ik kon om haar te overtuigen van deze inderdaad ongebruikelijke therapeutische aanpak. Ze had tientallen zeer goede therapeuten, psychiaters en psychologen ontmoet, en wat wij deden leek in de verste verte niet op een van de eerdere behandelingen. Zoals zoveel ouders van worstelende kinderen wilde ze dat we gewoon het 'juiste' medicijn vonden en dat we Connor leerden om zich naar zijn leeftijd te gedragen.

Toen ik haar nummer dat weekend weer te voorschijn zag komen op mijn pieper, kromp ik ineen. Ik wilde haar niet terugbellen om te horen dat er weer een terugval was geweest en ik wilde haar niet ervan hoeven overtuigen dat ze geen nieuwe, contraproductieve andere behandeling moest proberen van een of andere 'expert' over wie iemand haar had verteld. Ik dwong mezelf terug te bellen, en haalde diep adem om tot rust te komen. Ik dacht dat mijn ergste angst bewaarheid werd toen ik aan haar stem hoorde dat ze gehuild had.

'Wat is er aan de hand?' vroeg ik snel.

'O, dr. Perry,' zei ze. Ze zweeg en het leek haar moeite te kosten om te praten. De moed zakte in mijn schoenen.

Maar toen vervolgde ze: 'Ik moet u bedanken. Vandaag kwam Connor naar me toe, omhelsde me en zei dat hij van me hield.' Het was voor het eerst dat hij dat spontaan deed. Nu werd Jane, in plaats van zich zorgen te maken over onze aanpak, een van onze grootste fans.

Terwijl Connor vooruitgang boekte in de muziek- en bewegingscursus, begonnen we ook andere positieve veranderingen waar te nemen. Zo werd zijn loopje veel normaler, zelfs wanneer hij nerveus was. In de loop der tijd werd ook het wiegen en neuriën minder. Toen we hem hadden leren kennen, had hij zich bijna voortdurend zo gedragen als hij geen taak onder handen had zoals huiswerk of een spelletje. Maar nu viel hij er alleen op terug als iets hem erg beangstigde of van streek maakte. Waren al mijn patiënten maar zo gemakkelijk te doorgronden! Vanwege deze neiging wist ik het ook meteen als we te ver waren gegaan met een uitdaging en konden we ons terugtrekken tot hij zich er gemakkelijk onder voelde om ermee aan de slag te gaan. Nadat hij ongeveer een jaar onder behandeling was geweest, begonnen zijn ouders en leerkrachten de echte Connor te zien en niet alleen zijn vreemde gedrag.

Toen hij eenmaal had geleerd hoe hij de maat kon houden, begon ik parallel daaraan aan een speltherapie met hem. De muziek- en bewegingscursus en de massagetherapie hadden zijn gedrag al verbeterd: hij had geen woedeaanvallen meer gehad na het incident waardoor Jane bijna met de therapie was gestopt. Maar zijn sociale ontwikkeling liep nog steeds achter, hij werd nog steeds gepest en had nog geen vrienden. Een typische behandeling voor tieners met dergelijke problemen is een socialevaardigheidstraining zoals die waarin Connor had gezeten voor hij bij ons was gekomen. Vanwege de ontwikkelingsachterstand die hij door zijn vroege verwaarlozing had opgelopen, was die echter nog te gevorderd voor hem geweest.

De eerste menselijke sociale interactie begint met een normale verbintenis tussen ouder en kind. Het kind leert hoe hij zich in een sociale situatie moet gedragen waarin de regels voorspelbaar en makkelijk te achterhalen zijn. Als een kind niet begrijpt wat hij moet doen, leren zijn ouders hem dat. Als hij het verkeerd blijft begrijpen, corrigeren zijn ouders hem. Herhaaldelijk. Fouten worden verwacht en snel en voortdurend vergeven. Voor dit proces is enorm veel geduld nodig. Zoals Mama P. me al in herinnering bracht: baby's huilen, ze spugen, ze maken er een zootje van, maar je had er al op gerekend en houdt toch wel van ze.

In de volgende sociale arena moet het kind leren de wereld van leeftijdgenoten meester te worden, waar het overtreden van sociale regels veel minder geaccepteerd is. Hier zijn de regels impliciet en worden ze eerder opgepikt door observatie dan door rechtstreekse instructies. Vergissingen kunnen op de lange termijn negatieve gevolgen hebben omdat leeftijdgenoten snel diegenen verwerpen die 'anders' zijn, diegenen die niet begrijpen hoe ze aansluiting kunnen zoeken bij anderen en op hen moeten reageren.

Als iemand het vermogen om de duidelijk omschreven regels van de relatie tussen ouders en kind te begrijpen niet heeft ontwikkeld, is het bijna onmogelijk om hem de relaties tussen leeftijdgenoten te leren. Net zoals hogere motorische functies zoals lopen afhankelijk zijn van ritmische regulatie door lagere hersengebieden zoals de hersenstam, is voor geavanceerdere sociale vaardigheden een beheersing van elementaire sociale lessen vereist.

Ik moest Connor voorzichtig benaderen omdat hij aanvankelijk sceptisch tegenover me stond: gesprekken met zielenknijpers hadden hem weinig goeds gebracht en hij vond het over het algemeen moeilijk om met anderen om te gaan. Dus probeerde ik hem niet direct te betrekken. Ik gaf hem de controle over onze interactie; als hij met me wilde praten, zou ik met hem praten. Maar als hij niet wilde praten, zou ik hem laten. Hij kwam binnen voor de therapie en ging in mijn kantoor zitten. Ik bleef aan mijn bureau zitten werken. We brachten simpelweg tijd door in dezelfde ruimte. Ik eiste niets, hij vroeg niets.

Naarmate hij zich meer op zijn gemak begon te voelen, werd hij ook nieuwsgieriger. Hij schoof iets naar me toe, en daarna nog een beetje, en al gauw liep hij naar me toe om naast me te komen staan. Uiteindelijk vroeg hij na vele weken: 'Wat ben je aan het doen?' En ik zei: 'Ik werk. Wat doe jij?'

'Eh, ik ben in therapie?' zei hij vragend.

'En wat is therapie voor jou?'

'Dat we zitten en praten?'

'Oké,' zei ik, 'waar wil je over praten?'

'Nergens over,' antwoordde hij aanvankelijk. Ik vertelde hem dat dat prima was, omdat ik het druk had. Hij kon zijn huiswerk maken en ik zou mijn werk doen. Nog een paar weken verder zei hij echter dat hij wel wilde praten. We zaten tegenover elkaar en hij vroeg: 'Waarom doen we dit?' Dit was heel anders dan de therapie die hij kende. Dus begon ik hem uit te leggen over het brein en de ontwikkeling ervan. Ik vertelde hem wat ik dacht dat er met hem was gebeurd toen hij een baby was. De wetenschap klonk hem aannemelijk in de oren, en hij wilde meteen weten: 'Wat is de volgende stap? Wat gaan we nu doen?' Toen praatte ik over het vormen van relaties met andere mensen en zei ik dat hij daar niet heel goed in leek te zijn.

Hij zei instemmend, maar met een glimlach: 'Ik weet het, het is klote!' Pas toen begon ik met expliciete sociale begeleiding, waar hij meteen heel graag mee wilde beginnen.

Het was moeilijker dan ik had gedacht. Lichaamstaal en sociale signalen waren onbegrijpelijk voor Connor: hij registreerde ze gewoon niet. Tijdens mijn werk met Connor realiseerde ik me keer op keer hoe verfijnd en subtiel veel van de menselijke communicatie toch is. Ik vertelde hem bijvoorbeeld dat mensen het prettig vinden om oogcontact te hebben wanneer ze met elkaar omgaan, dus dat het belangrijk is om mensen aan te kijken wanneer je naar hen luistert en wanneer je tegen hen praat. Hij wilde dat graag proberen, maar het resultaat was dat hij me strak ging aanstaren, net zoals hij daarvoor strak naar de vloer had zitten staren.

Ik zei: 'Nou, eigenlijk wil je dus niet dat mensen je de hele tijd aankijken.'

'O, wanneer moet ik ze dan wel aankijken?'

Ik probeerde uit te leggen dat hij ze even moest aankijken, maar dat hij zijn blik daarna moest afwenden omdat langdurig oogcontact afhankelijk van de situatie een menselijk signaal is voor agressie of romantische belangstelling. Hij wilde precies weten hoe lang hij moest kijken, maar dat kon ik hem natuurlijk niet vertellen omdat zoiets afhangt van non-verbale signalen en context. Ik probeerde hem te vertellen om drie seconden te wachten, maar het resultaat hiervan was dat hij hardop zat af te tellen, wat de zaak alleen maar verslechterde. Tijdens het oefenen ontdekte ik al snel dat we meer sociale signalen gebruiken dan ik me ooit had gerealiseerd, en ik had geen idee hoe ik ze hem moest leren.

Wanneer Connor bijvoorbeeld wegkeek nadat hij oogcontact met me had gemaakt, wendde hij zijn hele gezicht af in plaats van alleen zijn ogen. Of hij rolde met zijn ogen, een onbedoeld signaal van verveling of sarcasme. Het was alsof ik een buitenaards wezen een mensentaal moest leren. Uiteindelijk kwam hij echter tot het punt dat hij zich sociaal met anderen kon onderhouden, ook al was hij vaak nog een beetje robotachtig.

Elke stap was gecompliceerd. Toen we hem leerden om iemand goed de hand te schudden resulteerde dat beurtelings in slappe handjes of te stevige grepen. Omdat hij de signalen van andere mensen niet echt goed begreep, was hij zich er vaak niet bewust van dat hij iets had gezegd dat hen kwetste of verblufte of dat hij eng vreemd leek. Hij was een aardige jongeman: bij het binnenkomen groette hij altijd de secretaresses en probeerde hij een gesprekje met hen aan te knopen. Iets aan die uit-wisseling was dan echter teleurstellend, vaak zijn woordkeuze of de klank van zijn stem, en hij merkte de ongemakkelijke stiltes niet op. Toen iemand hem ooit vroeg waar hij woonde en hij antwoordde: 'Ik ben net verhuisd,' liet hij het daarbij. Door de klank van zijn stem en zijn korte antwoord dacht de ander dat hij niet wilde praten. Hij kwam bruusk of vreemd over; Connor begreep niet dat hij de ander op zijn gemak moest stellen door meer informatie te geven. Gesprekken heb-ben een zeker ritme, maar Connor wist nog niet hoe hij mee moest spelen.

Op een bepaald moment probeerde ik hem aan te spreken op zijn gevoel voor mode, een andere bron van problemen met zijn leeftijd-genoten. Stijl is gedeeltelijk een weerspiegeling van sociale vaardighe-den; om modieus te zijn moet je anderen observeren en signalen be-grijpen over 'wat in is' en 'wat uit is' en daarna moet je ontdekken hoe je ze kopieert op een manier die bij je past. De signalen zijn subtiel en iemands keuzen moeten, wil hij succesvol zijn, een reflectie zijn van zowel zijn individualiteit als van de juiste mate van aanpassing. Onder tieners kan het sociaal rampzalig zijn wanneer je deze signalen negeert, en Connor had geen flauw benul.

Zo droeg hij zijn overhemd helemaal dichtgeknoopt tot aan zijn hals. Op een dag stelde ik voor om het bovenste knoopje open te laten. Hij keek me aan alsof ik gek was en vroeg: 'Wat bedoel je?' Ik antwoord-de: 'Nou, je hoeft hem niet helemaal dicht te knopen.'

'Maar er zit daar een knoopje,' zei hij niet-begrijpend.

Dus pakte ik een schaar om het eraf te knippen. Jane was niet geamu-seerd, ze belde me op om te vragen: 'Sinds wanneer maken scharen deel uit van een normale therapeutische sessie?'

Maar omdat hij vooruitgang bleef boeken, bedaarde ze weer. Con-nor sloot zelfs vriendschap met een andere jongen in ons behandelings-programma, een tiener die ook verwaarloosd was en die wat betreft zijn emotionele ontwikkeling op een vergelijkbaar niveau zat. Ze hadden bij elkaar op de muziek- en bewegingscursus gezeten. Toen de andere jongen gefrustreerd was over zijn onvermogen om de maat te houden, had Connor tegen hem gezegd dat hij eerst ook zo slecht was geweest, maar dat ze erop hadden aangedrongen dat hij volhield. Ze vonden zich helemaal in elkaar door hun gemeenschappelijke hobby, Pokémonkaarten. In die tijd waren ze populair onder basisschoolleerlingen, maar dat was ook het emotionele niveau van de ontwikkeling van die jongens, ook al zaten ze in de tweede klas van de middelbare school. Ze probeerden hun obsessie te delen met hun leeftijdgenoten, maar de andere tieners staken uiteraard de draak met hen.

Connor had een laatste ongecontroleerde situatie, als resultaat van de Pokémonobsessie. Hij verdedigde zijn vriend tegen een paar andere pubers, die hem plaagden met de kaarten en ze probeerden te verscheuren. Jane raakte natuurlijk in paniek toen ze erover hoorde. Ze was al van mening dat ik de jongens niet moest aanmoedigen met hun Pokémonspelletjes, omdat ze zo'n incident had zien aankomen. Ik sprak met hen beiden en vertelde hen wanneer ze de kaarten konden laten zien, maar het leek me beter om de band tussen de twee te laten bloeien aangezien beide jongens er een gelegenheid door kregen om hun sociale vaardigheden te oefenen. Ik dacht niet dat ze in staat zouden zijn om van een voorschoolse naar een middelbareschooltijd te socialiseren zonder basisschoolervaringen (zoals Pokémon) als tussenstap, hoe onhandig ze ook waren. We legden de situatie aan de school uit en Connor en zijn vriend bleven van Pokémon genieten, maar iets discreter.

Connor deed zijn eindexamen en ging studeren zonder verdere uitbarstingen. Hij vervolgde zijn 'sequentiële' ontwikkeling met een klein beetje hulp van ons klinische team; we zagen hem in de schoolvakanties. Hij bleef zich sociaal ontwikkelen. Ik wist dat de behandeling een succes was geweest toen Connor – nu een computerprogrammeur – me een e-mail stuurde met als kop: 'Volgende les: meisjes!'

Connor is nog steeds sociaal onhandig en zal misschien altijd 'sullig' blijven. Maar ook al leed hij onder bijna precies dezelfde soort verwaarlozing tijdens een vergelijkbare ontwikkelingsperiode als Leon, hij vertoonde nooit iets van het boosaardige, sociopathische gedrag van de andere tiener.

Hij was een slachtoffer van pestkoppen en zelf geen pestkop. Ook al was hij een buitenstaander, hij was niet vervuld van haat. Zijn gedrag was vreemd en zijn woedeaanvallen leken bedreigend, maar hij viel geen andere kinderen aan, stal niets van hen en genoot er ook niet van om anderen pijn te doen. Zijn aanvallen werden uitgelokt door zijn eigen frustratie en angst, niet door een verlangen naar wraak of een sadistische wens om ervoor te zorgen dat anderen zich even slecht voelden als hij. Kwam het verschil door de behandelingen – de onze en die van alle psychiaters en therapeuten voor ons? Was het belangrijk dat zijn familie aandrong op een interventie toen hij jong was? Deed het ertoe dat we in staat waren om vroeg in Connors tienertijd op te treden? Waarschijnlijk. Maar had een van die dingen hem er daadwerkelijk van weerhouden om een razende sociopaat als Leon te worden? Dat kunnen we natuurlijk nooit weten. Maar in ons werk met kinderen als deze twee zeer verschillende jongens die heel vroeg ernstig verwaarloosd zijn, hebben we een aantal factoren gevonden die een duidelijke rol spelen in het pad dat ze volgen, en we proberen daar zoveel mogelijk van aan bod te laten komen in onze behandeling.

Er is een aantal belangrijke, genetisch bepaalde factoren. Temperament, dat bepaald wordt door erfelijkheid en de intra-uteriene situatie (beïnvloed door hartslag, voeding, hormoonspiegels en medicijngebruik van de moeder), is daar een van. Zoals eerder opgemerkt, zijn kinderen bij wie de stressreactiesystemen van nature beter gereguleerd zijn vanaf de geboorte gemakkelijkere baby's, waardoor hun ouders minder snel gefrustreerd raken en hen mishandelen of verwaarlozen.

Intelligentie is ook een belangrijke factor, een die vaak verkeerd wordt begrepen. Intelligentie is in wezen een snellere informatieverwerking: iemand heeft minder herhalingen van een ervaring nodig om een verband te leggen. Deze eigenschap van intelligentie lijkt grotendeels genetisch bepaald. Het vermogen om met minder herhalingen te leren betekent dat slimmere kinderen in wezen meer kunnen met minder. Als bijvoorbeeld een normaal kind achthonderd herhalingen nodig heeft van zijn moeder die hem voedt wanneer hij honger heeft, om te leren dat ze komt en zijn stress helpt verminderen, kan een 'slimmer' kind dat verband na vierhonderd herhalingen leggen.

Hoewel dit niet betekent dat slimme kinderen minder genegenheid nodig hebben, vloeit er wel uit voort dat slimme kinderen als ze iets moeten missen wellicht beter toegerust zijn om zich erdoorheen te slaan. Omdat ze minder herhalingen nodig hebben om een bepaald verband te leggen, leren slimmere kinderen misschien sneller mensen in verband brengen met liefde en plezier, zelfs als ze niet krijgen wat meestal het minimum aan stimulans is voor het smeden van die verbanden. Door deze eigenschap kunnen ze ook meer voordeel hebben van korte ervaringen van liefdevolle aandacht buiten de familie, die ernstig mishandelde en verwaarloosde kinderen kunnen helpen inzien dat het niet overal is zoals thuis; een besef dat ze de broodnodige hoop kan bieden.

Intelligentie kan ook helpen om jonge mensen op andere manieren te beschermen tegen het ontwikkelen van het soort woede en de sociopathie die we bij Leon zagen. Ten eerste kunnen ze er bij het nemen van beslissingen creatiever door zijn, waardoor ze meer opties hebben en de kans kleiner is dat ze slechte keuzes maken. Het helpt ze ook om geen defaitistische houding aan te nemen door te denken 'ik kan er verder niets aan doen'. Het vermogen om andere scenario's voor je te zien kan ook helpen om de impulsbeheersing te vergroten. Als je je een betere toekomst kunt voorstellen, zul je die ook eerder plannen. En als je beter in staat bent jezelf in de toekomst te projecteren, is je inlevingsvermogen bij anderen wellicht ook groter. Als je consequenties voorziet, leef je je eigenlijk in in je 'toekomstige ik'. Jezelf voorstellen in een andere situatie is niet heel anders dan jezelf het perspectief van anderen voorstellen – met andere woorden, je in hen in te leven. Toch is intelligentie alleen waarschijnlijk niet genoeg om een kind op het juiste spoor te houden. Leon bijvoorbeeld scoorde op sommige gebieden bovengemiddeld. Maar het lijkt wel te helpen.

Nog een factor is de timing van het trauma: hoe eerder het trauma, des te moeilijker het te behandelen is en des te groter de schade waarschijnlijk zal zijn. Justin had bijna een jaar liefdevolle en koesterende zorg gekregen voor hij in die hondenkooi werd gestopt. Die genegenheid legde de basis voor tal van functies – waaronder empathie – in zijn brein en heeft hem naar mijn overtuiging enorm geholpen bij zijn latere herstel.

Maar misschien is de belangrijkste factor bij het bepalen hoe het deze kinderen zal vergaan de sociale omgeving waarin ze opgroeien. Toen Maria en Alan tussen hun grote families woonden, konden andere familieleden Maria's beperkingen ondervangen waardoor Frank een normale, gelukkige jeugd had. Leon werd alleen verwaarloosd omdat Maria niet langer de beschikking had over haar sociale netwerk om haar te helpen bij het ouderschap. In Connors geval hadden de ouders meer geld, maar werden ze gehinderd door een gebrek aan kennis over de ontwikkeling van het kind. Als ze beter op de hoogte waren geweest, hadden ze zijn problemen veel eerder kunnen herkennen.

In de afgelopen vijftien jaar hebben talrijke non-profitorganisaties en regeringsinstanties zich gericht op het belang van voorlichting over goed ouderschap en de vroege ontwikkeling van het kind, en op hoe belangrijk de ontwikkeling van de hersenen is in de eerste paar jaar van het leven. Van Hillary Clintons 'It Takes a Village' tot Rob Reiners 'I Am Your Child'-Foundation tot de Zero to Three organisatie en de United Way's 'Success by Six', er worden miljoenen dollars gespendeerd om het publiek te leren wat de behoeften van jonge kinderen zijn. De hoop achter deze inspanningen – bij enkele ervan was ik ook betrokken – is dat deze soort verwaarlozing veel minder waarschijnlijk wordt als mensen eenmaal op de hoogte zijn. Ik geloof dat ze van veel invloed zijn geweest. Echter, door de scheiding van generaties in onze samenleving, het gebrek aan integratie van deze belangrijke ideeen in het openbaar onderwijs en de beperkte ervaring die veel mensen met jonge kinderen hebben voor ze zelf kinderen krijgen, lopen veel te veel ouders en hun kinderen nog risico's.

Er is momenteel weinig wat we kunnen doen om de genen, het temperament of de verwerkingssnelheid van het brein van een kind te veranderen, maar we kunnen wel meebepalen hoe ze thuis verzorgd worden en hoe hun sociale omgeving is. Veel getraumatiseerde kinderen met wie ik gewerkt heb die vooruitgang hebben geboekt, melden dat ze contact hadden met minstens een steunende volwassene: een leerkracht die zich voor hen interesseerde, een buurman of -vrouw, een tante, zelfs een buschauffeur. In Justins geval kon zijn brein door de vroege tederheid en liefde van zijn grootmoeder een latent vermogen voor genegenheid ontwikkelen, dat zich ontplooide toen hij uit zijn verwaarloosde situatie werd gehaald. Zelfs het kleinste gebaar kan soms verschil maken voor een kind met een brein dat hunkert naar genegenheid.

Onze neurosequentiële aanpak bij tieners als Connor doet ook vermoeden dat therapie de schade kan verzachten die is ontstaan door vroege verwaarlozing. Liefdevolle aanrakingen, passend bij de ontwikkelingsleeftijd waarop de schade is ontstaan, kunnen worden gegeven door massagetherapie en thuis worden herhaald om de gewenste associaties te versterken. Het maat houden kan worden geleerd met muziek- en bewegingscursussen, die niet alleen de ontregelde hersenstam helpen om de controle over belangrijke motorische activiteiten als lopen te verbeteren, maar naar onze mening ook de rol van die hersenstam versterken in de regulering van stressreactiesystemen. Socialisatie kan worden verbeterd door eerst simpele, op regels gebaseerde een-op-een relaties te leren en daarna door te gaan met complexere uitdagingen in groepen leeftijdgenoten.

Als eerder was ontdekt dat Leon door zijn moeder werd verwaarloosd, geloof ik dat er een grote kans is dat hij niet was geworden zoals hij is geworden. Om hem een wrede moordenaar te laten worden was er een lange keten van deprivatie nodig; hij kreeg niet de voor zijn ontwikkeling zo noodzakelijke prikkels, er werd slecht gereageerd op zijn behoeften en bovendien maakte hij zelf slechte keuzes. Ergens op deze kruispunten, vooral die aan het begin van zijn leven, had een richtingsverandering tot een compleet andere uitkomst kunnen leiden. Hadden we hem als jonge tiener kunnen behandelen, zoals Connor, en nog beter tijdens de basisschooljaren, zoals Justin, dan denk ik dat zijn toekomst er anders uit zou hebben gezien. Had iemand opgetreden toen hij een peuter was geweest, dan was hij een totaal ander persoon geworden, eerder iemand als zijn broer dan als de roofzuchtige jongeman die ik in de gevangenis ontmoette.

Omdat trauma – ook als dat veroorzaakt wordt door verwaarlozing, opzettelijk of onbedoeld – leidt tot een overbelasting van de stressreactiesystemen, gepaard gaand met controleverlies, moet de behandeling van getraumatiseerde kinderen beginnen door een veilige omgeving voor hen te creëren. Dat is het gemakkelijkst en werkt het best binnen een voorspelbare, respectvolle relatie. Vanuit deze koesterende 'thuisbasis' kunnen mishandelde kinderen beginnen een gevoel van bekwaamheid en controle te krijgen. Voor hun herstel moeten ze zich veilig voelen en het gevoel hebben de controle te hebben. Het laatste wat je wilt, is deze kinderen dus een behandeling opleggen of welke soort van dwangtactiek dan ook gebruiken.

In het volgende hoofdstuk wordt duidelijk hoe schadelijk sommige dwingende methodes kunnen zijn.

7 | Satanische paniek

'IK DOE NIET AAN SATAN,' zei ik tegen de gretige jongeman van het kantoor van de Texaanse gouverneur. Hij probeerde mijn hulp te krijgen voor een ingewikkelde zaak waarbij een groep kinderen betrokken was die ritueel misbruikt zouden zijn door leden van een satanische sekte. De jongens en meisjes waren op dat moment ondergebracht bij pleeggezinnen, veilig voor hun ouders die de duivel schenen te vereren en heksenbijeenkomsten met hun vrienden organiseerden. Op het kantoor van de officier van justitie was men zich echter zorgen gaan maken dat de kinderen door toedoen van de plaatselijke kinderbescherming alleen maar van de regen in de drup waren geraakt.

Het was eind 1993. Ik had me afzijdig proberen te houden van de controversiële 'geheugenoorlogen' die destijds woedden over of de gevallen van ernstig misbruik die voor het eerst tijdens een therapie werden 'herinnerd' en daarvóór niet, wel waar waren. Er werd ook gedebatteerd over of de verhalen van kinderen over recent misbruik of mishandeling wel accuraat waren. Ik wist zeker dat er afschuwelijk veel gevallen van echte kindermishandeling waren: daarvan zag ik dagelijks de schrijnende, concrete bewijzen.

Maar ik wist ook door mijn neurowetenschappelijke opleiding en mijn klinische werk met getraumatiseerde kinderen dat het verhalende geheugen niet simpelweg een video-opname van ervaringen is die opnieuw met fotografische juistheid kan worden afgespeeld. We vormen herinneringen, maar herinneringen vormen ons ook; het is een dynamisch, continu veranderend proces dat onderhevig is aan vooroordelen en invloeden van vele andere bronnen dan de daadwerkelijke gebeurtenis die we 'opslaan'. Wat we meemaken, filtert eerst wat erna komt – net als Tina's vroege seksuele misbruik haar perceptie van mannen vormde, en Leons en Connors verwaarlozing hun wereldbeeld wijzigde. Dit proces werkt echter beide kanten op: wat we nu voelen kan ook van invloed zijn op hoe we terugkijken en wat we ons herinneren van het verleden. Als gevolg hiervan kan wat we ons herinneren meebewegen met onze emotionele staat of stemming. Zijn we bijvoorbeeld depressief, dan neigen we ertoe al onze herinneringen te filteren door de waas van ons verdriet.

Tegenwoordig weten we dat je, wanneer je een herinnering uit zijn opslag in het brein haalt, hem automatisch opent om te 'bewerken', zoals bij het openen van een Wordbestand op je computer. Je bent je er misschien niet van bewust dat je huidige stemming en omgeving van invloed kunnen zijn op de emotionele klank van je herinnering, je interpretatie van de gebeurtenissen en zelfs je overtuigingen over welke gebeurtenissen daadwerkelijk gebeurden. Maar wanneer je de herinnering weer 'opslaat' en hem terugstopt in de opslag, kun je hem ongemerkt wijzigen. Wanneer je het over je herinnering aan een ervaring hebt, kan de interpretatie die je van een vriend, familielid of therapeut hoort, kleuren hoe en wat je je de volgende keer herinnert wanneer je dat 'bestand' weer opent. In de loop der tijd kunnen er door groeiende veranderingen zelfs herinneringen ontstaan van gebeurtenissen die nooit hebben plaatsgevonden. Onderzoekers hebben in een laboratorium testpersonen kunnen aanmoedigen om herinneringen aan jeugdervaringen te creëren die niet waren gebeurd: sommige waren gewoon, zoals verdwaald raken in een winkelcentrum, andere waren extreem, zoals iemand te hebben gezien die bezeten was van de duivel.

In 1993 was er echter nog niet zoveel onderzoek gedaan naar de aard van het geheugen en zijn ongelofelijke plooibaarheid, en de kennis die er was over traumatische herinneringen werd over het algemeen niet doorgegeven aan klinisch psychologen of anderen die beroepsmatig met kinderen werkten. Het was voor het eerst dat incestslachtoffers dapper over hun ervaringen vertelden, en niemand durfde vraagtekens te plaatsen bij hun verhalen of bij de realiteit van hun pijn. Kinderen die beweerden misbruikt te worden, werden ook veel serieuzer genomen dan in het verleden. Mensen wilden niet terug naar vroeger toen incest plegende ouders er wel op konden rekenen dat kinderen die vertelden dat ze mishandeld werden met ongeloof werden bejegend. Helaas is de combinatie van dit verlangen om het voordeel van de twijfel aan de slachtoffers te geven, de naïviteit van bepaalde therapeuten en hun onwetendheid over hoe dwang het geheugen kan beïnvloeden, erg schadelijk.

Misschien werd dat nergens duidelijker dan in de satanische paniek die begin jaren negentig over Gilmer in Texas heen spoelde. De assistent van de gouverneur legde me uit wat hij van de situatie wist.

Een zevenjarige jongen, Bobby Vernon jr., lag in een coma waaruit hij niet meer zou ontwaken, nadat hij door zijn nieuwe adoptievader van de trap was geduwd. Zowel de adoptievader als zijn vrouw hadden zelfmoord gepleegd nadat hun andere adoptie- en pleegkinderen waren weggehaald, volgend op de ziekenhuisopname van Bobby. De vader had zich de volgende dag door zijn hoofd geschoten, en de moeder had een dag daarna een overdosis genomen.

De schedel van de zevenjarige jongen was gebroken en hij had ernstig hersenletsel. De kleine Bobby had geweigerd steeds de trap op en af te rennen, iets wat zijn 'ouders' hem gedwongen hadden te doen. Volgens de broers en zussen die getuige waren geweest van het drama, had een van de ouders, of beide, zijn hoofd tegen een houten vloer gebeukt tot de achterkant van zijn hoofd helemaal 'papperig was'. Om het nog erger te maken, hadden de volwassenen niet meteen het alarmnummer gebeld toen ze eindelijk lang genoeg ophielden met slaan om zich te realiseren dat de jongen bewusteloos was, maar hadden ze een uur gewacht voor ze hulp zochten en hadden ze bizarre dingen geprobeerd als ruitenreiniger in zijn gezicht spuiten in een vergeefse poging om hem bij te brengen.

De ambulancemedewerkers waren vol afschuw over de manier waarop deze pleeg/adoptieouders de tien kinderen onder hun hoede kennelijk discipline bijbrachten. De kinderen beschreven uitgehongerd, geïsoleerd en herhaaldelijk geslagen te worden. De paramedici vertelden de ouders, James en Marie Lappe, dat ze de kinderbescherming gingen bellen, maar daarop kregen ze te horen dat het stel in dienst was bij de kinderbescherming. Het was een 'therapeutisch' pleeggezin. De kinderen waren volgens de familie Lappe het slachtoffer geweest van Satanisch Ritueel Misbruik (srm) door hun biologische ouders, en wat eruitzag als een wrede manier van straffen was in werkelijkheid 'therapie' voor de kinderen. Verbazingwekkend genoeg kreeg de familie Lappe steun van de maatschappelijk werkers van de kinderbescherming in oostelijk Texas, die erop stonden dat de kinderen bij hen in goede handen waren geweest. De familie woonde echter niet meer in oostelijk Texas. Ze waren 'in het geheim' naar een dorp in westelijk Texas verhuisd om weg te komen van wat zij een actieve en gevaarlijke satanische sekte noemden, die hun kinderen terugwilde en tot alles bereid was om ze ook terug te krijgen. De kinderbescherming in westelijk Texas wist niets van het 'therapeutische' huis in hun stad en was ook niet op de hoogte van de zogenaamde sekte. Op dat moment werden de hogere functionarissen van de kinderbescherming op de hoogte gesteld van de situatie.

De maatschappelijk werkers in oostelijk Texas zeiden dat een moorddadige satanische sekte eindelijk ontmaskerd was op basis van de getuigenissen die zij en de familie Lappe bij de kinderen hadden losgekregen. Er waren meldingen van rituele moorden, dode baby's, het drinken van bloed en kannibalisme. Acht sekteleden zaten in de gevangenis hun vonnis af te wachten, niet alleen vanwege het kindermisbruik, maar ook voor de groepsverkrachting van en de moord op een zeventienjarige cheerleader. Een van de arrestanten was de politieagent die oorspronkelijk belast was geweest met het onderzoek naar de verdwijning van het meisje. Twee satanisme-experts en een speciale aanklager zaten op deze zaak, zij zochten naar verdere aanklachten.

Maar nu begonnen de functionarissen van de overkoepelende kinderbescherming zich af te vragen of deze onderzoeken wel integer waren geweest. Ze vroegen de procureur-generaal om zich ermee te bemoeien. Het directe hoofd van de maatschappelijk werkers was bang dat ze gearresteerd zou worden als vergelding voor het uiten van haar twijfels aan het onderzoek. Haar angst bleek gegrond: de politieagent die ervan beschuldigd was een moorddadig sektelid te zijn en die daarna gearresteerd was, had een nauwkeurig onderzoek durven instellen en was uiteindelijk zelf aangeklaagd nadat hij vergelijkbare twijfels had geuit. Daarvóór had hij een onberispelijke staat van dienst gehad en talrijke onderscheidingen ontvangen, en was hij alom geprezen. Er waren ook aanklachten in voorbereiding voor andere politieagenten, hulpsheriffs, iemand die bij de dierenbescherming werkte en zelfs een FBI-agent en de politiecommissaris van Gilmer. Zestien kinderen waren al bij hun ouders weggehaald tijdens het onderzoek en niemand wist wat de volgende stap was.

Kon het allemaal een vreselijke vergissing zijn? Waren onschuldige ouders hun kinderen kwijtgeraakt aan een vlaag van satanische hysterie die was opgewekt door ondeugdelijke onderzoekstechnieken? Wat was er echt gebeurd in Gilmer? Zodra ik hoorde wat er met die zestien kinderen in het pleeggezin was gebeurd – toen in de leeftijd van twee tot tien jaar – voelde ik het als een plicht om erbij betrokken te raken.

Het belangrijkste wat ik van de staat moest doen was de kinderbescherming helpen bepalen of de kinderen die op dat moment in de pleegzorg zaten, echt het slachtoffer van ouderlijk misbruik waren geweest of dat ze bij hun ouders waren weggehaald door de valse beschuldigingen van andere kinderen die er in de loop van het onderzoek toe waren gebracht zich het misbruik te 'herinneren'. Daarvoor zou ik de geschiedenis van ieder kind moeten reconstrueren. Gelukkig waren er stapels dozen met oude dossiers en uren durende geluids- en videobanden met interviews met enkele kinderen en hun 'sektarische' ouders. Ons klinische team begon een gedetailleerde chronologie van de zaak samen te stellen. Dit document telde al snel tientallen pagina's.

Het was allemaal begonnen in 1989, in een teerpapieren huis omringd door een aantal oude caravans aan de Cherokee Trace Road, aan de rand van Gilmer. Gilmer is een kleine stad van vijfduizend inwoners in oostelijk Texas, in de buurt van de grens met Louisiana en Arkansas. Het is de hoofdstad van de provincie Upshur County, een onopvallende gemeenschap in de bijbelstreek waar echter de meeste analfabeten van het land wonen. Een op de vier volwassen inwoners kan niet lezen. In die tijd gaf Bette Vernon* haar toenmalige echtgenoot, Ward Vernon*, aan bij de politie wegens seksueel misbruik van hun twee dochters van vijf en zes jaar. Al snel raakten beide ouders betrokken bij de zaak, en al hun vier kinderen werden uit huis geplaatst. Naar aanleiding van het politieonderzoek werd Ward Vernon veroordeeld wegens kindermisbruik. En het is bijna niet te geloven, maar hij kreeg voorwaardelijk.

Tijdens zijn proeftijd ging hij samenwonen met een vrouw die Helen Karr Hill* heette en die zelf vijf kinderen had. Toen de kinderbescherming achter het bestaan van de verhouding kwam, werden ook die kinderen weggehaald. Helen, die uiteindelijk met Ward trouwde, gaf haar ouderlijke rechten op. Tijdens het onderzoek naar het seksueel misbruik van de kinderen, dat werd gestart naar aanleiding van het telefoontje van Bette Vernon, beschuldigden de kinderen ook hun grootouders en hun oom (Wards broer, Bobby Vernon*) ervan hen lastig gevallen te hebben, waardoor diens vijf eigen kinderen in een pleeggezin werden ondergebracht. Later zouden twee kinderen van bevriende gezinnen zich bij hen voegen in pleeggezinnen, op basis van de beschuldigingen van de kinderen die hen voorgegaan waren.

Door mijn werk met mishandelde kinderen ben ik een aantal grote families tegengekomen die doordrongen zijn van misbruik; families die over de generaties heen schadelijke 'tradities' in stand houden van panseksualiteit en kleingeestigheid, waarbij seksueel misbruik, mishandeling en onwetendheid bijna worden doorgegeven zoals bij andere families erfstukken en recepten worden doorgegeven. Op dat moment zag ik geen signalen dat de maatschappelijk werkers van de kinderbescherming onjuist of al te ijverig aan het werk waren geweest. Er waren lichamelijke bewijzen van seksueel misbruik – anale en soms genitale littekens – aangetroffen. Ook waren er sporen te zien van lijfstraffen op de lichamen van een paar van de zestien kinderen.

Maar bij de keuze van pleeggezinnen begonnen de dingen pas echt goed verkeerd te lopen. De kinderen werden in twee fundamentalistisch christelijke, 'therapeutische' gezinnen geplaatst, waar twee op het oog met elkaar strijdige culturele trends uit het eind van de jaren tachtig en het begin van de jaren negentig met elkaar zouden versmelten, met rampzalige gevolgen.

Amerika had een epidemie van kindermisbruik ontdekt, waarvan veel gevallen echt waren en aan de kaak gesteld dienden te worden en aandacht verdienden. Een van de redenen dat er in het nieuws en in praatprogramma's over misbruik werd gediscussieerd was de populariteit van de 'herstelbeweging', die Amerikanen had aangemoedigd om hun 'innerlijk kind' te vinden en het te helpen genezen van wonden die het had opgelopen door verwaarlozing of misbruik van ouders. Je kon nauwelijks een krant openslaan of de tv aanzetten zonder een beroemdheid tegen te komen die het had over het seksueel misbruik in haar (en soms zijn) jeugd. Enkele zelfhulpgoeroes beweerden dat meer dan 90 procent van de gezinnen niet goed functioneerden. Er waren therapeuten die een gretig voorstander waren van het idee dat de meeste problemen van hun cliënten konden worden teruggevoerd op kindermisbruik en die ze daarna gingen helpen om in hun geheugen te graven om het te ontdekken, ook als ze aanvankelijk beweerden zich niets van mishandeling of misbruik te herinneren. Toen sommige mensen hun geheugen begonnen door te spitten met de hulp van therapeuten met te weinig opleiding en te veel zelfvertrouwen, begonnen ze zich allerlei lelijke perversiteiten te herinneren die hen waren aangedaan, ook al raakten die 'herinneringen' steeds verder verwijderd van iedere aannemelijke realiteit.

De tweede trend was een stijging van het aantal evangelische christenen. Bekeerlingen en aanhangers verkondigden dat de duivel achter deze wijdverbreide seksuele gruweldaden moest zitten. Hoe kon je anders verklaren dat zoveel zieke geesten zulke gewelddadige en heidense daden verrichtten met onschuldige kinderen? Al gauw sloegen morele entrepreneurs hun slaatje uit het probleem door workshops te verkopen over hoe je kinderen kon herkennen die het slachtoffer waren van wat bekend werd als 'Satanisch Ritueel Misbruik'. Als onwaarschijnlijke bondgenoot van christelijk rechts plaatste het feministische paradepaardje, het tijdschrift *Ms.,* in januari 1993 het verhaal van een 'overlevende' van dergelijk misbruik op de eerste bladzijde. Op de cover stond: 'Geloof het maar, ritueel kindermisbruik bestaat,' en in het artikel werd het verhaal van een vrouw verteld die beweerde dat ze door haar ouders met crucifixen was verkracht en gedwongen het vlees van haar onthoofde babyzusje te eten.

De maatschappelijk werkers en de pleegouders die bij de zaak Vernon betrokken waren, werden ondergedompeld in deze culturele versmelting. Tegen de tijd dat de kinderen in 1990 in pleeggezinnen werden geplaatst, waren de pleegouders en de maatschappelijk werkers die toezicht op hen hielden naar een seminar geweest over 'Satanisch Ritueel Misbruik'. Toen de plaatselijke officier van justitie zich van deze zaken distantieerde omdat hij eerder een van de verdachten had vertegenwoordigd, overtuigden de maatschappelijk werkers van de kinderbescherming een plaatselijke rechter ervan een speciale openbare aanklager te benoemen. Deze speciale openbare aanklager huurde twee speciale 'satanische onderzoekers' in om te pleiten voor het bestaan van een duivel vererende sekte onder leiding van de familie Vernon, die actief was in Gilmer en deed aan kindermisbruik en mensenoffers. Deze 'onderzoekers' werden beschouwd als experts op het gebied van de onthulling van misdaden die door sektes waren gepleegd. Een van hen was een voormalige baptistische predikant uit Louisiana; de andere een gymleraar van het Texaanse Departement voor Openbare Veiligheid. Geen van beiden had ervaring met politieonderzoek.

Niets van het materiaal dat verband hield met Satanisch Ritueel Misbruik of 'hervonden herinneringen'-therapieën, was wetenschappelijk onderzocht voor het in brede kring bekend werd. De 'hervonden herinneringen'-therapeuten en workshoptrainers leerden dat kinderen nooit liegen over seksueel misbruik, ook al was er geen empirisch bewijs voor een dergelijke bewering. Ze zeiden ook tegen volwassen patiënten, die niet zeker wisten of ze misbruikt waren, dat 'als je denkt dat het gebeurd is, is het waarschijnlijk gebeurd,' en dat de aanwezigheid van aandoeningen als eetstoornissen en verslavingen, ook zonder enige herinneringen aan misbruik, konden bewijzen dat het was gebeurd. De controlelijsten voor het vaststellen van de aanwezigheid van 'Satanisch Ritueel Misbruik' waren op flinterdun bewijs gebaseerd; toch werden ze gepropageerd als diagnostisch gereedschap tijdens honderden workshops die voor therapeuten, maatschappelijk werkers en welzijnswerkers werden gehouden.

Waren deze methoden eerder onderzocht, dan zouden de onderzoeken uitwijzen dat herinneringen die onder hypnose en zelfs tijdens een gewone therapie naar boven komen, eenvoudig beïnvloed kunnen worden door de therapeut. Mensen koesteren sterke gevoelens over hun jeugd, maar dat betekent niet per se dat ze misbruikt zijn of dat alle gebeurtenissen die ze zich herinneren ook waar zijn. Kinderen liegen zelden spontaan over seksueel misbruik (maar het komt dus wel voor), maar ze kunnen er eenvoudig toe gebracht worden om verhalen te verzinnen, door volwassenen die zich misschien niet realiseren dat het kind hen gewoon vertelt wat ze willen horen. Openlijke dwang is niet nodig, hoewel de zaken daardoor wel slechter worden, zoals we zullen zien. Net zoals vergelijkbare controlelijsten die in die tijd ook de ronde deden voor incestslachtoffers en voor partners of familieleden van verslaafden, waren de 'satanische' controlelijsten zo vaag en zo veelomvattend dat iedere tiener met ook maar de geringste interesse voor seks, drugs en rock-'n-roll – met andere woorden, iedere normale tiener – kon doorgaan voor slachtoffer. En ieder jonger kind met nachtmerries, angst voor monsters of dat 's nachts in zijn bed plaste, kwam er ook voor in aanmerking.

In deze tijd werd ook kwistig gebruikgemaakt van een andere gevaarlijke vorm van kwakzalverij, helaas bij deze pleegkinderen. Deze had allerlei vormen en namen, maar was vooral bekend onder de namen 'holding therapy' en 'attachment therapy'. Tijdens deze 'behandeling' hielden volwassenen kinderen stevig in hun armen, dwongen ze hen in de ogen van hun verzorgers te kijken en zich 'open te stellen' voor herinneringen en angsten. Als het kind geen overtuigend verhaal ophoestte over vroeg misbruik, werd hij verbaal en lichamelijk mishandeld tot hij dat wel deed. De therapie, die geregeld gebruikt werd voor geadopteerde of pleegkinderen, hoorde een ouderlijke band tussen het kind en zijn nieuwe familie te smeden. Bij een vorm, die aan het begin van de jaren zeventig door een psycholoog uit Californië, Robert Zaslow, was verzonnen, waren er verschillende 'houders' betrokken, waarvan een was aangewezen om het hoofd van het kind vast te houden, terwijl de andere zijn ledematen neerdrukten en de knokkels van hun handen ruw over de ribbenkast van het kind heen en weer bewogen. Dit hoorde met zoveel kracht gedaan te worden dat er blauwe plekken ontstonden. Zaslows 'techniek' werd opgepikt en uitgewerkt door een groep therapeuten die oorspronkelijk in Evergreen in Colorado gevestigd waren. Zaslow verloor echter zijn vergunning nadat hij werd aangeklaagd wegens mishandeling. Ook de in Evergreen gevestigde therapeuten zouden uiteindelijk worden aangeklaagd voor sterfgevallen (van slachtoffers van kindermisbruik) die verband hielden met hun 'therapie'.

Holdingtherapie moest uren duren, zonder onderbrekingen om te eten of naar de wc te gaan. In de tussentijd moesten de volwassenen het kind bespotten zodat het boos werd, alsof de marteling waaraan het kleine lichaam werd blootgesteld nog niet genoeg was. Het op deze manier 'loslaten' van woede moest toekomstige woede-uitbarstingen voorkomen, alsof het brein woede opslaat als een boiler en geleegd kan worden door het uiten ervan. De sessie eindigde pas als het kind rustig was, niet meer reageerde op het gehoon en uiterlijk onderworpen was aan zijn verzorgers. Aan het eind moest hij zijn liefde verklaren aan zijn martelaars, zijn pleeg- of adoptieve ouders toespreken als zijn 'echte' ouders en totale onderwerping tonen. De familie Lappe en een vrouw met de naam Barbara Bass, die de kinderen van de familie Vernon onderdak verschafte, maakten gebruik van deze versie. Al improviserend voegde ze hun eigen dingen toe, zoals de kinderen de trap op en neer laten rennen tot ze uitgeput waren en huilden, voor ze met de holdingsessie begonnen.

Dit is een van de vele zaken waarbij een gebrek aan kennis gevaarlijk kan zijn. Aanhangers van holding (helaas bestaan er nog steeds een paar) geloven dat de problemen van getraumatiseerde kinderen het resultaat zijn van een slechte hechting met hun verzorgers door misbruik en/of verwaarlozing in de vroege jeugd. In veel gevallen is dit waarschijnlijk waar. Zoals we ontdekt hebben kan vroege deprivatie van liefde en genegenheid er bij sommige kinderen toe leiden dat ze manipulatief worden en weinig tot geen inlevingsvermogen hebben, zoals bij Leon. Voorstanders van holdingtherapie geloven ook, en naar mijn mening klopt dat ook, dat deze ontbrekende of beschadigde vroege ervaring de ontwikkeling van het vermogen van het brein om gezonde relaties in de weg kan staan.

Het gevaar ligt in hun oplossing van het probleem. Het gebruik van geweld of elke vorm van dwang bij getraumatiseerde, misbruikte of verwaarloosde kinderen werkt contraproductief: ze worden er eenvoudig opnieuw door getraumatiseerd. Trauma betekent een overweldigend en afschrikwekkend verlies van controle, en door mensen weer in situaties te plaatsen waarover ze geen controle hebben, komt dat gevoel terug en wordt hun genezing belemmerd. Het zou vanzelfsprekend moeten zijn, maar als je een kind neerdrukt en pijn doet tot hij zegt wat je wilt horen zul je geen band krijgen met dat kind. Hij zal je dan alleen gehoorzamen omdat hij bang is. Het 'goede gedrag' dat eruit volgt, kan er helaas uitzien als een positieve verandering. Soms uiten de kinderen hun genegenheid jegens de verzorgers daarna zelfs op een spontane manier. Deze 'traumaband' staat ook bekend als het Stockholmsyndroom: kinderen die gemarteld zijn tot ze zich onderwerpen, 'houden' van hun pleegouders zoals de ontvoerde krantenerfgename Patty Hearst 'geloofde' in de zaak van haar gijzelnemers, het Symbionese Liberation Army. Overigens verflauwen de 'liefde' en gehoorzaamheid van kinderen in de loop der tijd als de mishandeling niet steeds herhaald wordt, net zoals de betrokkenheid van Hearst bij de radicale opvattingen van de groep toen ze eenmaal was bevrijd.

De pleegouders uit oostelijk Texas wisten kennelijk niets van de mogelijke schade die de kinderen met de holdingtherapie werd toegebracht, en hetzelfde gold voor de maatschappelijk werkers van de kinderbescherming die het pleeggezin volgden en soms meededen aan de holdingsessies van de Vernon-kinderen. De ideologie van holding paste goed bij de religieuze overtuigingen van de gezinnen dat kinderen die nooit een pak slaag kregen, verwend zouden worden en dat de wil van kinderen gebroken diende te worden zodat ze zouden leren om weerstand te bieden aan zonde en verleiding. De pleeggezinnen en maatschappelijk werkers waren ervan overtuigd dat de wijdverbreide misbruik- en incestpraktijken in de biologische gezinnen van de kinderen alleen verklaard konden worden door een betrokkenheid bij een satanische sekte. Bovendien vertoonden de kinderen alle symptomen waarnaar de deelnemers aan de workshop over Satanisch Ritueel Misbruik hadden leren kijken. Een van hen vertelde een maatschappelijk werker zelfs: 'Papa zei dat als we het bos in zouden gaan, de duivel ons dan zou komen halen.' Dezelfde waarschuwing had natuurlijk van een ouder kunnen komen met welke religie dan ook, maar niemand had oren voor deze mogelijke verklaring.

Dus om kinderen hun trauma te 'helpen verwerken' en om een band met ze te krijgen, begon zowel de familie Lappe als Barbara Bass met holding. En hier ging een andere schadelijke overtuiging een rol spelen, een die helaas nog steeds algemeen standhoudt in de geestelijke gezondheidszorg. Ik noem het de 'psychische pus'-methode. Het is het idee dat, zoals een steenpuist die moet worden opengesneden, sommige herinneringen giftig zijn en uitgegraven en besproken moeten worden zodat mensen van hun trauma kunnen genezen. Vele mensen brengen uren door met therapie om te zoeken naar de sluitsteen van hun persoonlijke geschiedenis, om die ene herinnering te vinden die hun leven zinvol zal maken en hun huidige problemen in een keer zal oplossen.

Alleen werkt het geheugen niet zo. Het probleem met traumatische herinneringen is dat ze zich opdringen aan het heden, niet dat ze niet opgeroepen kunnen worden. Wanneer ze zich opdringen, kan het enorm helpen om ze te bespreken en te begrijpen hoe ze ons gedrag beïnvloeden zonder dat we het weten. Als een kind bijvoorbeeld water vermijdt omdat hij ooit bijna verdronken is, kan het hem helpen om het erover te hebben wanneer hij op het punt staat om naar het strand te gaan zodat hij weer veilig kan gaan zwemmen. Er zijn ook mensen die beter worden door hun angsten te bestrijden zonder erover te praten of zich hun pijnlijke herinneringen expliciet te herinneren. Voor mensen die in het heden geen negatieve invloed ondervinden van hun herinneringen, kan het schadelijk zijn om onder druk te worden gezet om zich op die herinneringen te concentreren.

Het is vooral belangrijk om op de copingmechanismen van een kind zelf te letten als het een steunende achterban heeft. In een onderzoek dat we halverwege de jaren negentig uitvoerden, ontdekten we dat kinderen met steunende families die waren opgegeven voor een therapie om het over een trauma te hebben, een grotere kans hadden om een posttraumatische stresstoornis te ontwikkelen dan de kinderen met ouders die te horen hadden gekregen hun kinderen alleen te brengen als ze specifieke symptomen vertoonden. In het uur therapie per week werd de aandacht gericht op de symptomen die de kinderen vertoonden, waardoor deze juist verergerden in plaats van verdwenen. Elke week begonnen de kinderen in de dagen voorafgaand aan de sessie na te denken over hun trauma, en elke week moesten de kinderen school of buitenschoolse activiteiten onderbreken om naar de kliniek te gaan voor hun therapie. In sommige gevallen werden de kinderen zich hyperbewust van hun normale stressreacties en hielden ze alles bij om iets tegen de therapeut te zeggen te hebben. Hierdoor werd hun leven ontwricht en hun leed eerder erger dan minder erg. Interessant was echter dat de therapie heilzaam was als het kind geen sterk sociaal netwerk had. Waarschijnlijk bood het ze een plek om zich toe te wenden, die ze anders niet hadden gehad. Het komt erop neer dat de individuele behoeften van mensen variëren en dat niemand gedwongen mag worden om het over een trauma te hebben als hij dat niet wil Als een kind omringd wordt door gevoelige, zorgzame volwassenen, kan het kind de timing, duur en intensiteit van korte, therapeutische momenten zelf bepalen. We observeerden dit in de praktijk bij de kinderen van de Branch Davidians en we hebben het gevoel dat diezelfde principes voor alle kinderen gelden die te maken krijgen met verlies en trauma, die leven in een gezond, sociaal, steunend netwerk.

De overtuiging dat je alleen beter kunt worden als je je de precieze details van een trauma in het verleden kunt herinneren, kan een zichzelf bevestigende voorspelling worden. Je kunt erdoor op het verleden gericht blijven in plaats van op het heden. Uit sommige onderzoeken is bijvoorbeeld gebleken dat een depressie verergerd kan worden door te piekeren over negatieve gebeurtenissen uit het verleden. Door de manier waarop het geheugen werkt, kan dergelijk gepieker ertoe leiden dat je oude, ambigue herinneringen in een nieuw licht gaat zien, een licht dat in de loop der tijd steeds donkerder wordt tot het uiteindelijk een trauma wordt dat nooit echt is gebeurd. Tel de dwingende, lichamelijk aanvallende praktijk van holding op bij de kneedbaarheid van het geheugen van kleine kinderen en je hebt het recept voor een ramp.

Tijdens de holdingsessies ondervroegen de pleegouders, en soms de maatschappelijk werkers en de 'satan-onderzoekers', de kinderen over hun duivelvererende ouders. Ze stelden lange, suggestieve vragen en duwden hun knokkels in de zijden van het kind tot het instemde met hun versie van de gebeurtenissen. De kinderen leerden al snel dat de holding veel eerder stopte als ze de betrokkenheid van hun ouders bij de sekte 'toegaven' en de bijbehorende rituelen beschreven. Spoedig bevestigden ze de verhalen van geofferde baby's, kannibalisme, duivelsmaskers, figuren met een kap op die in een kring om een brand in het bos stonden en satanische altaars, allemaal ontsproten aan de vragen en suggesties van de vragenstellers, ter bevestiging van de 'diagnose' ritueel misbruik die de pleegouders hadden gesteld. Weldra zeiden de kinderen dat ze voor een kinderpornofilm waren gefilmd in een pakhuis en dat ze getuige waren geweest van ettelijke moorden. Toen de pleegouders begonnen te vragen of er nog andere kinderen door de sekte waren misbruikt, begonnen de kinderen, die wanhopig graag wilden ontsnappen aan de holding, de namen van hun vriendjes op te noemen. Als gevolg daarvan werden twee andere kinderen bij hun ouders weggehaald en werden nog veel meer kinderen genoemd als mogelijke slachtoffers van misbruik.

Gelukkig waren veel van deze holdingsessies en daarmee samenhangende 'interviews' opgenomen op geluids- of videoband. Hoe vreselijk ze ook waren om naar te kijken en luisteren, er kwamen wel een paar ongelofelijke feiten door aan het licht, toen we probeerden te achterhalen welke kinderen echt het slachtoffer waren geworden van hun ouders en welke ouders beschuldigd waren omdat de Vernon-kinderen nieuwe namen hadden moeten noemen om het hun ondervragers naar de zin te maken. Een ding werd direct duidelijk: als de maatschappelijk werkers de gezinnen die werden beschuldigd kenden en graag mochten (vergeet niet dat dit een klein stadje was en dat bijna iedereen elkaar kende), wezen ze de beschuldigingen van de kinderen af en vroegen ze om andere namen. Als ze het gezin echter niet aardig vonden, werd er een onderzoek ingesteld naar de ouders en werden de kinderen bij hen weggehaald.

Zo kwam Brian in een 'therapeutisch' pleeggezin met nog zestien andere kinderen. Brian was een intelligente jongen uit de tweede klas met kortgeknipt haar en een gewetensvol karakter. Hij keek graag naar het nieuws, dus voordat de sheriffs zijn ouders kwamen arresteren wegens het seksueel misbruiken van hem en zijn jongere broertje had hij op tv al over de zaak Vernon gehoord. De Vernons woonden tegenover hem en hij was bevriend met hun kinderen, dus hij had genoeg roddels gehoord. Uit de media en uit wat de buren zeiden, maakten Brians ouders op dat ze vast het volgende gezin zouden zijn dat werd aangewezen als satanische seksueel misbruikers. Op de dag dat de kinderbescherming hem weg kwam halen, was Brian buiten aan het spelen. Hij zag de auto van de sheriff aan komen rijden, dus rende hij naar binnen om zijn ouders te waarschuwen. Hij moest machteloos toekijken hoe de maatschappelijk werkers zijn eenjarige broertje uit zijn dutje haalden en zijn ouders geboeid afgevoerd werden. Zelf mocht Brian één dierbaar voorwerp met zich meenemen; dat hij een bijbel en geen speelgoed koos, had een aanwijzing kunnen zijn dat hij niet binnen een satanische sekte opgroeide. Helaas had Brian ook op het nieuws gehoord over een ander afschuwelijk plaatselijk misdrijf. De zeventienjarige Kelly Wilson, een onschuldige, blonde cheerleader, was op 5 januari 1993 plotsklaps verdwenen. Ze werd voor het laatst gezien toen ze van haar werk bij een videotheek in Gilmer wegging. Sindsdien is er niets meer van haar vernomen. De agent die dienst had toen haar ouders haar als vermist opgaven, sergeant James York Brown, werd op de zaak gezet.

Volgens alle verslagen zette sergeant Brown zich voor de volle honderd procent in voor de zaak: hij plakte door de hele stad posters van het vermiste meisje, hij werkte zelfs door met Thanksgiving toen er een melding (die later vals bleek) binnenkwam dat haar lichaam in een weiland in de buurt lag. Hij overtuigde een plaatselijke onderneming ervan een billboard te plaatsen met daarop het verzoek om informatie over de verblijfplaats van Wilson. Al snel vond Brown de meest voor de hand liggende verdachte: een jongeman met wie de cheerleader was uitgeweest en die al eens was veroordeeld voor een aanval met een mes. De auto van die man was enkele dagen na de verdwijning van het meisje op mysterieuze wijze verkocht. Nog verdachter was dat toen het voertuig eindelijk werd gevonden er een enorm stuk van de binnenbekleding bleek te ontbreken. De auto was echter grondig gewassen, vanbinnen en vanbuiten, en er werd geen sluitend bewijs gevonden.

Die verdachte was echter niet interessant voor de welzijnswerkers en de speciale aanklager in de zaak Vernon. De ex-vriend had geen connectie met de Vernons. Als hij Kelly had vermoord, was het gewoon een zaak over een misgelopen kalverliefde, niet een lichaam dat in verband kon worden gebracht met de verhalen over mensenoffers, die de kinderen Vernon vertelden. De Vernons en hun satanische volgelingen moesten volgens de onderzoekers wel aan meer schuldig zijn dan aan het slaan en verkrachten van een paar kinderen en het offeren van een paar dieren. Maar niemand vond een lichaam en niemand uit de buurt was als vermist opgegeven. Tot Kelly Wilson.

De maatschappelijk werkers en de onderzoekers naar 'sektemisdrijven' raakten ervan overtuigd dat er een verband moest zijn tussen de Vernons en de verdwijning van het meisje. Ze onderwierpen de zevenjarige Brian een dag lang aan een holdingsessie. Door Brians intelligentie waren de verhalen die hij ophoestte, veel samenhangender dan die van de andere kinderen. Toen negen volwassenen hem omringden, neerdrukten en tegen hem schreeuwden tot hij zo bang was dat hij in zijn broek plaste, verzon hij het verhaal dat zou leiden tot de aanklacht tegen sergeant Brown. Hij verklaarde dat hij had gezien dat Wilson werd geofferd bij de satanische rites van de Vernons. Hij zei dat er 'een man in een blauw uniform' bij was geweest, en hij maakte opmerkingen over politieagenten die 'slecht' waren.

Een van deze 'slechte' agenten werd James Brown, toen de onderzoekers en de aanklager een tien uur durende, op videoband opgenomen ondervraging van een vrouw uitvoerden van wie bekend was dat ze een IQ van zeventig had. Patty Clark* was de vrouw van een van de broers Vernon. Ze had een lange geschiedenis van gewelddadige relaties en was opgegroeid in pleeggezinnen. Ze stond op het punt te worden aangeklaagd wegens kindermisbruik in verband met de Vernonkinderen, en er was haar verteld dat de aanklacht gunstiger voor haar zou uitpakken als ze de 'waarheid' vertelde over de moord op Kelly Wilson en James Browns betrokkenheid daarbij. Later vertelde ze dat haar getuigenis woord voor woord op een whiteboard was geschreven, omdat haar ondervragers zo gefrustreerd waren geraakt door haar onvermogen om precies te herhalen wat ze haar vertelden te zeggen. Uit de transcripties van haar ondervraging blijkt duidelijk hoeveel dwang er werd gebruikt om haar de verklaringen te laten afleggen. De ondervragers vertellen haar herhaaldelijk dat ze wisten dat Brown op de plaats van het misdrijf was geweest en dreigen haar met de gevolgen als ze 'niet de waarheid vertelt'. Als je ze leest, is het moeilijk te zeggen wie er minder intelligent overkomt: de ondervragers die de geestelijk achterlijke vrouw dezelfde termen willen laten gebruiken voor anale seks die door de kinderen werden gebruikt tijdens hun holdingsessies, of die arme Patty Clark die op zijn minst zeven verschillende zinnetjes probeert voor de onderzoekers haar uiteindelijk de juiste term voorzeggen.

In Clarks 'getuigenis' stond uiteindelijk een beschrijving van een tien dagen durende marteling van de gekidnapte cheerleader, bekroond door een groepsverkrachting, de verwijdering van een van Wilsons borsten, het ophangen van haar lichaam om het bloed naar beneden te laten druipen zodat het kon worden opgedronken, en kannibalisme. Het was Clarks kind, Bobby Vernon, dat later door de Lappes in coma zou worden geslagen.

Afgedwongen bekentenissen zijn op vele manieren problematisch. Niet in de laatste plaats omdat ze ertoe kunnen leiden dat onschuldige mensen veroordeeld worden. Ook kan het gebeuren dat feiten die niet bekend zijn bij de ondervragers, later alsnog aan de oppervlakte komen en de geloofwaardigheid van hun getuigen, en daarmee die van henzelf, aantasten. Zulke feiten hebben de satan-onderzoekers en de speciale aanklager uiteindelijk tot een halt gebracht. Sergeant Brown bracht het meest belastende bewijs aan het licht, en velen geloven dat de speciale aanklager en zijn gunstelingen uiteindelijk besloten dat de politieagent genoemd moest worden als sektelid. Er waren verschillende problemen met de bewijslast, er was namelijk geen fysiek bewijs dat de Vernons en de vermiste cheerleader bij elkaar bracht. De beweringen van de kinderen dat ze werden meegenomen naar pakhuizen om kinderpornofilms te maken kon niet worden bevestigd, omdat zulke pakhuizen (elk pakhuis in de provincie werd gecontroleerd), films, foto's en video's niet werden gevonden. De botten die in de achtertuin van de Vernons waren gevonden, bleken van een dier te zijn geweest en niet van een mens. Een duivelsmasker dat bij hen thuis was gevonden, bleek een goedkoop Halloweenkostuum en als dat als bewijs moest dienen, dan waren miljoenen Amerikanen aanhangers van satan.

Maar het ergste bewijs tegen de zaak van de aanklager was nog wel dat in de nacht van Kelly Wilsons verdwijning de 'sekteleiders' Ward Vernon en zijn vrouw Helen, die volgens getuigen de hoofddaders waren van de ontvoering en dood van het meisje, in New York waren. Er waren meerdere documenten die dit bevestigden: Ward was vrachtwagenchauffeur en zijn werkgever hield zijn ritten bij, waaronder de facturen van de lading die vereist waren om te bewijzen dat de vracht geleverd was. Ward beschikte zelfs over creditkaartbonnen van een tankstation in New York om te bewijzen dat hij er was geweest. Toen sergeant Brown volhield dat dit betekende dat de satan-onderzoekers de verkeerde verdachten hadden aangehouden voor de moord op Wilson en dat de verklaringen van hun getuigen onbetrouwbaar waren, zei de speciale aanklager tegen hem: 'Als je je op welke manier dan ook met mijn onderzoek bemoeit, zal ik je persoonlijk, beroepsmatig, financieel en op elke andere manier ruïneren.'

De aanklager maakte zijn bedreiging waar. Tijdens de ondervraging van Patty Clark veranderde de 'man in het blauwe uniform' van de jonge Brian in James Brown. De arrestatie van Brown – compleet met een brute vernedering door een SWAT-team – volgde kort daarop.

Hoe kon ik bepalen welke aanklachten wegens seksueel misbruik waren afgedwongen door ondervragers en welke echt waren gebeurd? Hoe konden we erachter komen wat de veiligste plek was voor deze getraumatiseerde kinderen? Moesten ze terugkeren naar hun ouders, die hen misschien misbruikt hadden, of moesten ze bij nieuwe, veel strenger gescreende pleeg- of adoptiegezinnen worden geplaatst? Door zijn verhalen wist ik bijna zeker dat Brian en zijn broertje per abuis uit huis waren geplaatst, maar stel dat hun ouders hen echt seksueel hadden misbruikt en dat de kinderen Vernon dat hadden geweten? Aan de andere kant, stel dat de tweede groep, de kinderen van Bobby en Patty, alleen uit huis waren geplaatst omdat hun nichten en neven gedwongen waren om meer slachtoffers op te noemen? Onze chronologie deed vermoeden dat er fysiek bewijs was om de beweringen van misbruik tegen beide broers Vernon, hun vrouwen/partners en de grootouders Vernon te ondersteunen, maar het onderzoek was zo bezoedeld dat je niet meer wist wat je moest geloven.

Gelukkig ontdekte ik een instrument dat ons samen met andere bewijzen kon helpen om te zoeken tussen de brokstukken. Ik was er per toeval opgestuit. In Chicago had ik vlak nadat ik begin jaren negentig naar Houston was verhuisd een paar marathons gelopen. Tijdens het trainen droeg ik een hartslagmeter. Op een dag was ik meteen na het trainen naar een huisbezoek gegaan bij een jongen die in een pleeggezin was geplaatst, dus ik had de hartslagmeter nog steeds om toen ik aankwam. Het jongetje vroeg wat het was en ik liet hem het apparaatje uitproberen om uit te leggen hoe het werkte. Toen ik het bij hem omdeed, was zijn hartslag honderd, heel gewoon voor een jongen van zijn leeftijd in ontspanning. Even later realiseerde ik me dat ik wat papieren in mijn auto had liggen, dus vroeg ik hem of hij met me mee wilde lopen om ze te halen. Hij leek mijn vraag niet gehoord te hebben, maar ik zag dat zijn hartslag opeens 148 was. Omdat ik dacht dat de meter kapot was, liep ik op hem af om te kijken. Voor het geval ik gemompeld had, wat ik soms doe, herhaalde ik wat ik had gezegd. De jongen bewoog zich niet, maar zijn hartslag steeg nog verder. Ik was verbluft, maar zag geen reden om aan te dringen dat hij met me meeliep. Ik haalde de papieren, liep terug en rondde het bezoek af.

Vóór mijn bezoek had ik de geschiedenis van dit specifieke kind niet gekend; ik was er alleen om te zien hoe hij het maakte bij zijn huidige pleeggezin. Terug op kantoor bekeek ik zijn gegevens. Hij bleek seksueel misbruikt te zijn door de vriend van zijn moeder – in een garage. Toen die man tegen hem had gezegd: 'Kom, we gaan aan de auto sleutelen,' had hij eigenlijk bedoeld: ik ga je nu misbruiken. Zonder het te willen had ik hem een traumatisch signaal gegeven door voor te stellen dat hij met me meeliep naar de auto. Ik besloot te kijken of het bijhouden van de hartslag me kon helpen om erachter te komen welke signalen traumasymptomen bij andere kinderen losmaakten.

Ik zag vaak dezelfde reactie: als een kind werd blootgesteld aan een geur, beeld, geluid of zoals in dit geval een suggestie waardoor het zich het trauma herinnerde, zou zijn hartslag drastisch stijgen. Voor sommige kinderen gold echter dat ze eerder symptomen van dissociatie vertoonden dan van hyper arousal, waardoor hun hartslag omlaag ging in plaats van omhoog. Hyper arousal bereidt mensen voor op vechten en/of vluchten waarvoor een snellere hartslag nodig is; dissociatie bereidt ze voor op onvermijdelijke stress, waardoor hun hartslag, ademhaling en andere functies juist vertragen. Hoewel het niet bij elk geval werkt en er meer onderzoek naar moet worden gedaan, is het monitoren van de hartslag zeer nuttig geweest voor mijn werk. De wetenschap dat iets of iemand traumatische herinneringen bij een kind heeft veroorzaakt, hielp ons vaak om de mogelijkheden van wie of wat ze schade had berokkend te beperken, vooral bij peuters die te jong waren om ons te vertellen wat er gebeurd was.

Ik probeerde deze methode uit bij Brian, die inmiddels in een tehuis woonde. Hij was nu al bijna twee jaar bij zijn ouders weg en miste hen duidelijk vreselijk. Ik benadrukte herhaaldelijk dat hij het moest zeggen als er iets was wat hij niet wilde bespreken, en dat hem niets zou gebeuren als hij zou toegeven dat hij over iets in het verleden had gelogen. Ik vertelde hem dat dit zijn kans was om zijn kant van het verhaal te vertellen. Daarna zat ik een tijdje met hem te kleuren. Brian had bij

Barbara Mass gewoond. Veel van de holdingtherapie en het 'onderzoek' naar satanisch misbruik had bij haar thuis plaatsgevonden. Toen ik hem voor het eerst vroeg naar haar 'therapeutische' pleeghuis zei hij dat 'het wel leuk was'. Ik moedigde hem aan om me meer te vertellen, zonder te zeggen of ik goede of slechte dingen wilde weten.

'Wat ik daar niet leuk vond, was dat ze aan holding deden,' zei hij meteen.

'Vertel eens wat holding is,' zei ik.

'Dan moet je de trap op en af rennen tot je huilt omdat je zo moe bent en dan gaan we naar de kamer om op het bed te liggen. Ze komt dan bij je liggen en wrijft in je zij, dus over je ribben, en dat doet pijn. Dan schreeuw je en dan gooi je al je woede eruit en praat je met haar waar je boos over bent.'

'Wanneer ze zegt: "Gooi je woede eruit," wat bedoelt ze daarmee?'

'Dingen waar je gewoon boos over bent. En dan wil ze dat je dingen zegt die je eigenlijk niet wilt zeggen.'

'Wat voor dingen?'

'Zoals dingen die je ouders deden, die ze dus niet deden.'

'Dat moest je van haar zeggen?'

Brian, wiens hart tekeer ging, moest bijna huilen. Hij knikte bevestigend.

'Geef eens een voorbeeld.'

'Zoals dat ze je pijn doen, of zo. En meestal hadden we een holding vlak voordat we naar een therapeut moesten, of zo.'

'Hoe vaak per week had je er een?'

'Waarschijnlijk een keer per maand, maar het hing ervan af waar we naartoe gingen. Als we moesten getuigen of naar een therapeut gingen, of zo, hadden we er een op die dag of de dag tevoren.'

Ik vroeg hem hoe Barbara hem zover kreeg dat hij dingen zei die niet waar waren.

'Dan wreef ze over je zij tot het pijn deed, en na een tijdje, nou ja, dan geef je gewoon toe. Het doet pijn.'

'Wat voor soort dingen moest je dan zeggen?'

Brian begon hardop te huilen, de tranen stroomden over zijn gezicht en drupten van zijn neus. 'Dat mijn ouders dingen deden die ze niet deden,' antwoordde hij huilend. Ik drukte hem nogmaals op het hart dat hij me niets hoefde te vertellen, en dat ik hem niets zou laten zeggen dat hij niet wilde zeggen of waarvan hij dacht dat het niet waar was. Maar hij was dapper, en nadat ik hem een paar zakdoekjes had gegeven, stond hij erop me het hele verhaal te vertellen. Hij beschreef de dag waarop hij bij zijn ouders was weggehaald, dat hij had geweten dat hij 'wegging' toen zijn moeder begon te huilen en dat hij 'één ding mocht meenemen' waar hij echt op gesteld was en dat hij ervoor koos zijn bijbel mee te nemen. Hij vertelde dat hij zijn eenjarige broertje had proberen te troosten, omdat 'hij niet wist wat er aan de hand was' en 'chagrijnig was omdat ze hem uit zijn middagslaapje hadden gehaald'. (Het jongste kind zou zijn moeder niet eens herkennen tegen de tijd dat hij eindelijk naar huis mocht.)

Toen ik Brian ondervroeg over de 'satanische' rituele moord op Kelly Wilson en andere gruweldaden waarvan hij getuige had beweren te zijn of waaraan hij volgens eigen zeggen had meegedaan, huilde hij niet en bleef zijn hartslag regelmatig. Hij deed zeer nonchalant en zei dat hij die verhalen had verzonnen om te voorkomen dat hem pijn zou worden gedaan. Hij gaf geen uiting aan angst, verbaal of lichamelijk, wanneer hij dingen besprak als 'baby's vermoorden', wat in schril contrast stond met het moment waarop hij vertelde hoe hij uit huis werd gehaald of over de holdingprocedure. Door het feit dat hij met zijn broertje meeleefde en verdrietig werd van de leugens die hij over zijn ouders had moeten vertellen, werd me duidelijk dat dit een zeer gevoelige, deugdzame en zorgzame jongen was. Zo'n kind zou met pijn en afgrijzen gereageerd hebben als hij had moeten meekijken of meedoen aan moord en kannibalisme; alleen een sociopaat had emotieloos kunnen reageren bij zulke herinneringen als ze waar waren. Brian had gewoon niet zo verschillend kunnen reageren op deze twee soorten ervaringen, en dat moest ik uitentreuren onder ede verklaren om de rechter die de voogdijzaak voorzat, zover te krijgen dat hij Brian en zijn broertje toestond om weer naar huis te gaan.

Wat er echt met de Vernon-kinderen gebeurd was, was moeilijker te achterhalen. Niemand wilde kinderen met anale en genitale littekens laten terugkeren naar mensen die hen herhaaldelijk hadden verkracht. Maar door de valse beschuldigingen van moord en satanische rites was de hele geloofwaardigheid van die zaak zo in opspraak geraakt dat de ouders nu best konden beweren dat alles verdacht was wat de kinderen hadden gezegd over wie hen had misbruikt en wat er was gebeurd. Ik hoopte er door het controleren van de hartslag en andere lichamelijke en emotionele signalen achter te komen wie deze kinderen pijn had gedaan en zo de beste permanente plaats voor hen te vinden.

Ik sprak met een klein meisje dat als peuter bij haar ouders vandaan was gehaald. Annie had inmiddels al zoveel gesprekken met therapeuten gevoerd dat ze ons kon na-apen. Tijdens een interview zat ze een keer op een draaistoel heen en weer te draaien, en zei ze: 'Vertel eens iets over jezelf. Mijn naam is Annie en ik heb bruin haar en bruine ogen en ik heb al in tienduizend pleeggezinnen gezeten.' Ze dronk prikwater uit een blikje en na elk slokje liet ze tot haar eigen vermaak steeds een boer. Ik vroeg haar waar de verhalen over satan en het vermoorden van mensen vandaan waren gekomen.

'Van mijn biologische papa, hij vermoordde al die baby's en dwong me ze te vermoorden want anders zou ik doodgaan en de baby's ook,' zei ze. Ze glimlachte en liet nog een boertje. Op de hartslagmonitor viel geen enkele beweging waar te nemen.

'Hoe kan het dat je je dat nog herinnert?' vroeg ik.

'Ik herinner het me omdat mijn zus het me heeft verteld,' zei ze, zwaaiend met haar benen.

Toen ik haar vroeg of ze zich iets hiervan zelf kon herinneren, zei ze van niet en legde ze uit dat ze zich niet veel herinnerde van voor haar derde jaar.

Toen ik haar vroeg of ze zich holding herinnerde, werd ze meteen humeurig. Ernstig antwoordde ze: 'Ja, en daar wil ik het niet over hebben.' Maar daarna beschreef ze hoe haar pleegouders en maatschappelijk werkers 'maar bezig bleven om me over mijn verleden te laten praten en me te laten zeggen dat ik baby's had vermoord'.

Toen ik haar later vroeg of ze seksueel misbruikt was door haar vader, was ze nog minder bereid om te praten. 'Ik moest zijn geslachtsdelen aanraken en ik zei dat ik dat niet wilde en hij stopte mijn hand daar beneden,' zei ze. Daarna stond ze op om uit het raam te kijken. Ik vroeg haar of het vaker dan een keer was gebeurd en ze knikte, haar blik naar beneden gericht. 'Ik moest eroverheen wrijven en toen ik nee zei, zei hij: "Je zegt me niet wat ik moet doen, anders vermoord ik je."'

Nu waren er tekenen van angst, zoals de dissociatieve reactie toen ze lichamelijk aan de vraag trachtte te ontsnappen door weg te lopen, en haar hartslag. Even later liep ze terug naar haar stoel, zeggend: 'Ik kan de naam Ward Vernon niet uitstaan.' Ze drukte hard op het potlood waarmee ze eerder had zitten tekenen, heen en weer krabbelend, alsof ze zijn naam voor altijd wilde wegstrepen. Het kleine meisje reageerde op dezelfde manier op discussies over haar stiefmoeder, maar ze hamerde erop dat haar echte moeder haar nooit pijn had gedaan.

Toen ik een van haar oudere zussen sprak, Linda, vertelde die me dat het oorspronkelijke idee van satanisch misbruik 'uit Barbara's mond was gekomen'. 'Dan zei ze: "Goed, je zit dus in de kelder met Helen, toch?" En dan drukte ze zo hard op je dat de tranen begonnen te stromen en dat je ja zei. Ze legde je de woorden gewoon in je mond.' Ook Linda beschreef seksueel misbruikt te zijn door haar vader en stiefmoeder, en ook vertelde ze dat haar grootouders er vaak bij betrokken waren geweest. 'Ze doen het bijna elke dag,' zei ze, en toen ik haar nadrukkelijk vroeg of ze zich dit herinnerde of dat haar verteld was dit te zeggen, zei ze streng tegen me: 'Jij zou het je ook herinneren als het was gebeurd toen je zeven was.' Weer klopten haar lichamelijke reacties met het verhaal seksueel misbruikt te zijn door familieleden, maar niet met haar deelname aan satanische rituelen en moord. Geen van de Vernonkinderen ging uiteindelijk terug naar de biologische ouders, omdat ze in die grote familie duidelijk een te groot risico liepen op nog meer seksueel misbruik.

Een van de meest verontrustende aspecten aan deze zaak – en iets wat ouders zich moeten inprenten bij situaties die emotioneel beladen zijn – was hoe de angst die dit erbarmelijke onderzoek opwekte, om zich heen greep waardoor mensen die anders rationeel waren zich bizar gingen gedragen. Toen de beschuldigingen van Satanisch Ritueel Misbruik eenmaal openbaar waren gemaakt, gingen ze een eigen leven leiden. Zelfs hoogopgeleide beroepskrachten in de geestelijke gezondheidszorg en bij justitie, zelfs een paar van mijn eigen personeelsleden, waren niet immuun.

Toen de kinderen eenmaal uit huis waren geplaatst en de beschuldigingen van satanisch misbruik aan de oppervlakte kwamen, raakte bijna iedereen die bij hun verzorging betrokken was ervan overtuigd dat de kinderen ontvoerd zouden worden door satanisten, die iedereen die de kinderen nu probeerde te helpen zouden afslachten. Ondanks het feit dat de 'sekteleiders' en bijna iedereen die ervan verdacht werd betrokken te zijn bij het kindermisbruik en de moorden al in de gevangenis zaten, waren de 'satan'-onderzoekers, de maatschappelijk werkers en de pleegouders er zeker van dat er een groter complot was en dat ze allemaal in levensgevaar verkeerden. Ze begonnen zich extreem paranoïde te gedragen en verhuisden zelfs met de kinderen naar westelijk Texas (waar Bobby Vernon in coma werd geslagen) om te ontkomen aan wat naar hun overtuiging de nog steeds sterke tentakels van de sekte waren. De zelfmoord van de Lappes werd beschouwd als bewijs dat de sekte ze op de een of andere manier 'te pakken had gekregen'. Toen het geloof in de macht van de sekte en de wrede daden ervan eenmaal gevestigd was, konden mensen bewijzen van het tegendeel nauwelijks nog erkennen.

De verklaring voor de zelfmoord van de Lappes zou voor de meeste mensen voor de hand liggend zijn: het stel had een kind voor wie ze hoorden te zorgen, zo meedogenloos geslagen dat zijn schedel verbrijzeld was en hij als een kasplantje door het leven zou moeten. Schuldgevoel, schaamte, verdriet – een van deze redenen zou volstaan, een satanische sekte was helemaal niet nodig. Maar in plaats van hun eerste veronderstellingen opnieuw te bekijken, raakten de mensen die bij het onderzoek betrokken waren steeds verder van de werkelijkheid af.

Het stadje Gilmer was verdeeld. Sommigen geloofden inderdaad dat er een satanische sekte huisde die mensen vermoordde en nog steeds verwoestingen aanrichtte, maar anderen dachten dat onschuldige mensen hun kinderen hadden verloren en beschuldigd waren van onuitspreekbare en soms ook gewoon onmogelijke misdaden. Kelly Wilsons eigen ouders waren een illustratie van de verdeeldheid. Kelly's moeder geloofde dat sergeant Brown bij een satanische sekte betrokken was die haar dochter had ontvoerd en vermoord, terwijl Kelly's vader al even fervent redeneerde dat Brown en de anderen vals waren beschuldigd en dat de echte moordenaar van zijn dochter niet gevonden was.

De rechter die de voogdijzittingen voorzat, was ervan overtuigd dat er satanische rituelen hadden plaatsgevonden. De kamer van inbeschuldigingstelling die Brown had aangeklaagd, weigerde de aanklacht in te trekken toen het kantoor van de procureur-generaal van Texas probeerde uit te leggen waarom het eerder gepresenteerde bewijs onbetrouwbaar was. Uiteindelijk liet een andere rechter de aanklachten vallen, maar veel mensen in Gilmer bleven ervan overtuigd dat vereerders van Satan er waren samengekomen om kinderen te misbruiken en vermoorden. In de tijd dat ik aan deze zaak werkte, werd ik ook beschuldigd van betrokkenheid bij de sekte, meldden mijn stafmedewerkers dode katten op de weg te hebben gezien als bewijs van 'spookachtigheid' in Gilmer, en was er een algehele sfeer van angst. Zonder ander bewijs dan de afgedwongen verklaringen van zestien kinderen waren volwassenen uit de twintigste eeuw bereid om zes mensen te veroordelen, waaronder een politieagent die toevallig was benoemd om de misdaad te onderzoeken, en een man met verklaringen van zijn baas en tankstationbonnen waaruit bleek dat hij op de dag van de misdaad zo ongeveer aan de andere kant van het land had gezeten.

Mensen zijn sociale dieren, zeer ontvankelijk voor emotionele besmetting. Opleiding, logica en intelligentie zijn vaak niet opgewassen tegen de macht van het groepsdenken. Vroeger konden mensen die de emotionele signalen van anderen niet snel genoeg konden oppikken, niet overleven. Het volgen van dergelijke signalen is een sleutel voor sociaal succes, en een onvermogen om ze waar te nemen is een ernstige handicap, zoals we bij Connor zagen. De 'bijwerking' van deze nalatenschap is echter dat er heksenjachten worden gehouden zoals die in Gilmer in Texas.

8 | De Raaf

D E ZEVENTIENJARIGE AMBER was bewusteloos aangetroffen in de toiletruimte van haar middelbare school. Haar ademhaling was oppervlakkig, haar hartslag traag, haar bloeddruk veel te laag. Haar moeder Jill*, die naar de Eerste Hulp was gekomen nadat ze door de school was opgebeld, was uiteraard radeloos. Ik was ook net de Eerste Hulp binnengekomen. Die maand was ik daar de dienstdoende arts en ik was bezig met de beoordeling van de evaluatie van een suïcidale tiener door een van mijn collega-kinderpsychiaters.

Toen een groepje artsen Amber probeerde te onderzoeken, stond haar hart opeens stil. Het medisch team had haar hart snel weer op gang en gestabiliseerd, maar voor Jill was het heel beangstigend geweest om te zien. Ondanks alle inspanningen van de artsen bleef Amber buiten bewustzijn en was ze niet bij te brengen. Toen werd Jill hysterisch. Ik werd verzocht om de moeder te helpen kalmeren zodat de andere artsen zich op de problemen van haar dochter konden concentreren. Een toxicologisch onderzoek, waarmee drugs in Ambers systeem konden worden opgespoord, had een negatieve uitslag. En daarmee was de meest voor de hand liggende oorzaak van de bewusteloosheid van een tiener in een dergelijke situatie uitgesloten: een overdosis. Jill kon zich geen eerdere gezondheidsproblemen herinneren die Ambers staat zouden kunnen verklaren. Daarom dachten de artsen aan een zeldzame hartziekte of misschien een hersentumor of een beroerte.

Ik trof Jill naast Ambers bed aan. Ze hield haar hand vast en huilde. Een verpleegster stelde Ambers infuus af. Jill keek me smekend aan. Ik probeerde haar gerust te stellen door te zeggen dat het een uitstekend ziekenhuis was en dat haar dochter de beste zorg kreeg. Maar toen ze me vroeg wat voor soort dokter ik was en hoorde dat ik kinderpsychiater was, raakte ze meer van streek in plaats van minder.

'Bent u hier omdat ze doodgaat?' vroeg ze.

'Nee,' antwoordde ik vlug, waarna ik uitlegde dat de rest van het team druk aan het onderzoeken was wat er precies mis was met Amber. Ze wisten dat het Jill zou helpen als ze met iemand kon praten en ik had die rol toegewezen gekregen. Ze keek me aan en zag dat ik de waarheid vertelde. Ze ontspande zich zichtbaar en ik dacht, niet voor het eerst, dat de simpele waarheid in de geneeskunst veel te weinig op waarde geschat en gebruikt wordt.

'Waarom vertellen ze me niet wat er aan de hand is?' vroeg ze. Ik legde uit dat de andere artsen waarschijnlijk geen informatie achterhielden, maar dat ze vast zelf niet wisten wat er mis was met Amber. Ik zei tegen haar dat ik zelf op haar kaart zou kijken om te vinden wat ik kon.

Ik verliet de kamer, las de kaart en sprak met de afdelingsarts en een van de andere artsen. Ze vertelden dat de school van Amber een ambulance had gebeld nadat een scholier de tiener op het toilet had gevonden. Haar levenstekens waren stabiel geweest, maar haar hartslag was opvallend laag geweest: tussen de 48 en 52 slagen per minuut. Een normale hartslag voor een meisje van haar leeftijd in ontspanning is tussen de 70 en de 90. De ambulancebroeders hadden haar naar het ziekenhuis gebracht en de artsen waren haar net aan het onderzoeken toen haar hart ermee was opgehouden. Daarna moest ze gereanimeerd worden, in een scène die veel mensen inmiddels bekend zal voorkomen door honderden afleveringen van medische televisiedrama's als ER.

Amber lag inmiddels al ongeveer vier uur op de Eerste Hulp. In die tijd was ze bezocht door neurologen en waren er bij een CAT-scan geen afwijkingen aan de hersenen gevonden. Andere neurologische onderzoeken hadden ook niets uitgewezen. De cardiologiedienst had haar ook onderzocht en er was geen hartprobleem gevonden dat haar symptomen kon verklaren. De resultaten van het bloedonderzoek leken normaal en de toxicologische onderzoeken bleven negatief. Mijn vermoeden bleek juist: niemand had Jill verteld wat er aan de hand was omdat niemand het wist.

Ik ging terug naar de kamer en vertelde Jill wat ik te weten was gekomen. En toen begon ik haar vragen te stellen over Ambers leven, een simpele techniek die ik had aangeleerd om mensen zich te helpen ontspannen voor ik een hypnose deed. Ik hoopte dat de moeder erdoor tot rust zou komen en dat ik tegelijkertijd een aanwijzing kon vinden dat er iets was misgegaan in het verleden van de dochter.

'Vertel eens iets over je dochter,' zei ik. Jill leek in verwarring gebracht door deze ogenschijnlijk onbelangrijke vraag. 'Waar is ze geboren?' vroeg ik. Jill dacht na en begon toen de verhalen te vertellen die ze sinds de geboorte van haar dochter waarschijnlijk honderd keer met plezier had verteld. De stemming van de meeste mensen verandert aanzienlijk wanneer ze zulke herinneringen ophalen. Pratend over de geboorte van haar dochter glimlachte Jill voor het eerst in ons gesprek. Zodra ze begon te aarzelen, stelde ik haar een nieuwe vraag, steeds over onderwerpen die neutraal of positief waren, zoals de eerste dag dat Amber naar school ging of de boeken die ze als klein meisje graag had gelezen.

Het viel me echter op dat ze lange periodes leek over te slaan, en alleen al door naar haar te kijken zag ik dat ze geen gemakkelijk leven had gehad. Ze zag er tien jaar ouder uit dan haar echte leeftijd, halverwege de dertig. Haar gebleekte haar was dun en er lag een gekwelde uitdrukking op haar gezicht. Nu ziet niemand er goed uit in een ziekenhuiskamer bij een ernstig ziek kind, maar Jill kwam op mij over als iemand die veel had meegemaakt en die hard had gewerkt om te komen waar ze was. Ik merkte dat er veel was wat ze niet vertelde, maar uiteindelijk vulde ze een paar van de open plekken in en biechtte ze op dat ze een reeks mislukte relaties en vervelende baantjes achter de rug had waardoor zij en Amber jarenlang door het land hadden gezworven. Maar nu had ze eindelijk een goede baan als administratieve hulp en leek ze van Texas haar thuis te willen maken.

Terwijl Jill sprak, keek ik ook naar haar dochter. Amber had zwart geverfd haar, drie gaatjes met oorbellen in een oor en twee in het andere. Toen viel me iets op wat mogelijk belangrijk was: op haar onderarm zaten tientallen korte, ondiepe sneetjes. De sneetjes liepen precies parallel aan elkaar, af en toe doorsneden door een dwarse lijn. De plaats, de diepte en het patroon waren allemaal kenmerkend voor zelfverminking.

Omdat ik wilde weten of het snijden van belang was voor Ambers medische problemen, vroeg ik Jill of er onlangs iets was gebeurd waardoor haar dochter van streek kon zijn geraakt. De moeder dacht even na en bedekte vervolgens haar mond met beide handen, alsof ze een kreet wilde onderdrukken. De avond tevoren bleek een van Jills vroegere vriendjes, Duane*, hen opgebeld te hebben. Jill had het acht jaar geleden met hem uitgemaakt nadat ze had ontdekt dat hij haar dochter, die toen negen was geweest, herhaaldelijk had verkracht. Het misbruik had verscheidene jaren geduurd. Amber had de telefoon opgenomen de avond voor ze in het ziekenhuis was beland. Duane had voorgesteld eens langs te komen voordat Jill aan de lijn was gekomen en hem had gezegd dat noch zij, noch haar dochter ooit nog iets met hem te maken wilde hebben.

Veel 'snijders' – en ik zou er snel achterkomen dat Amber er een was – hebben een traumatisch verleden. Door zichzelf te verminken kunnen ze in een dissociatieve staat komen, vergelijkbaar met de adaptieve respons die ze hadden toen het oorspronkelijke trauma plaatsvond. Snijden kan troostend voor hen zijn, omdat het een ontsnapping biedt aan de angst die voortvloeit uit de herbeleving van traumatische herinneringen of gewoon door de uitdagingen van het alledaagse leven. In een dissociatieve staat kunnen mensen, zoals we al hebben gezien, zo losraken van de realiteit dat ze verschuiven naar een droomachtig bewustzijn waarin niets echt lijkt en waarin ze weinig emotionele of lichamelijke pijn voelen. Deze ervaringen hebben allemaal te maken met de afgifte van grote hoeveelheden opiaten, de natuurlijke heroïneachtige stoffen van het brein die pijn stillen en een rustgevend gevoel van afstand tot je problemen geven. Onderzoek bij knaagdieren heeft uitgewezen dat wanneer deze dieren helemaal vast zitten – een zeer stressvolle ervaring voor hen – hun hersenen overspoeld worden met natuurlijke opiaten, bekend als endorfinen en encefalinen. Mensen die levensbedreigende ervaringen meemaken, hebben het vaak over een gevoel van 'disconnectie' en 'onwezenlijkheid' en een verdoofdheid die vergelijkbaar is met wat mensen voelen wanneer ze verdovende middelen nemen. Endorfinen en encefalinen zijn een integraal deel van het stressreactiesysteem van de hersenen en bereiden het lichaam voor om zowel lichamelijke als emotionele pijn aan te kunnen. De gedachte kwam bij me op dat Ambers fysiologische staat, zoals ze daar op de Eerste Hulp lag, wel erg veel leek op die van iemand die een overdosis heroïne heeft genomen, hoewel ze zelfstandig ademhaalde, in tegenstelling tot de meeste overdosisslachtoffers. Met het oog op de zelfverminking en het onverwachte contact van de vorige avond met de man die haar misbruikt had, dacht ik: kan dit een extreme dissociatieve respons zijn, die er eigenlijk toe had geleid dat haar brein een overdosis kreeg van zijn eigen opiaten?

Toen ik deze mogelijkheid voor het eerst opperde, vonden de Eerste Hulpartsen hem absurd. Zelfs ik moest toegeven dat het vergezocht leek en dat ik nooit iets dergelijks had gehoord. Toch wist ik dat het tegengif voor overdoses opiaten, een medicijn dat naloxone heet, veilig is. De kans dat het medicijn schadelijk is, is zelfs zo klein dat sommige verslaafden het mee krijgen om overdoses waar ze mogelijk getuige van zijn, ongedaan te maken. In onze kliniek gebruiken we een vergelijkbaar, maar langer actief medicijn, naltrexone, om kinderen die vaak in een dissociatieve staat belanden, te helpen hun reactie te reguleren wanneer ze op signalen stuiten die met hun trauma te maken hebben. Nadat Amber nog een paar uur nergens op had gereageerd en er meer onderzoeken terugkwamen die geen enkele informatie verschaften over haar conditie, besloten haar artsen het met naloxone te proberen.

Net zoals bij gewone overdoses opiaten was het resultaat snel. Negentig seconden nadat Amber de injectie had gekregen, knipperde ze met haar ogen en kwam ze bij. Binnen een paar minuten ging ze rechtop zitten, en vroeg ze waar ze was. Door meer over haar leven te horen, zou ik er spoedig achterkomen dat mijn theorie dat een dissociatieve reactie op traumatische herinneringen haar symptomen had veroorzaakt, de meest aannemelijke verklaring was voor zowel het bewustzijnsverlies waardoor ze naar het ziekenhuis was gebracht, als haar reactie op de naloxone.

Ze moest een nacht ter observatie in het ziekenhuis blijven. Ik zocht haar de volgende ochtend op. Ze zat rechtop in haar bed en was wakker. Ze zat in een dagboek te tekenen en te schrijven. Ik stelde mezelf voor. 'Ik heb je gisteren ontmoet, maar dat herinner je je vast niet meer. Je was even stuurloos.'

'U ziet er niet uit als een dokter,' zei ze, me van top tot teen bekijkend. In plaats van een witte jas zag ze een T-shirt, spijkerbroek en sandalen. Ze leek wantrouwig. Maar ze leek ook zelfvertrouwen te hebben en zelfverzekerd. Daarna ging ze meteen door met tekenen.

'Bent u die zielenknijper?' vroeg ze zonder op te kijken. Ik probeerde stiekem naar haar werk te kijken. In het dagboek stonden bewerkelijke versieringen die aan antieke kalligrafie deden denken. Het waren slangachtige wezens die om de hoeken van iedere bladzijde krulden. Ze zag dat ik naar haar keek en deed langzaam haar dagboek dicht. Het was een interessante manier om tegelijkertijd te verbergen en te onthullen: terwijl ze het boek sloot, draaide ze het naar me toe zodat ik de bladzijde net kon lezen voor het boek dichtging. Dus ze wil praten, dacht ik.

'Ik heb de kans gehad om een beetje over je te praten met je moeder,' zei ik. 'Ze houdt heel veel van je, maar ze maakt zich zorgen. Ze denkt dat je er misschien iets aan hebt om met iemand te spreken over wat er vroeger is gebeurd.'

Ik zweeg even om haar de kans te geven mijn woorden tot zich te laten doordringen, en luisterde.

'Mijn moeder vindt je aardig,' antwoordde ze. Ze keek me recht in de ogen onder het spreken. Daarna wendde ze haar blik af alsof ze nadacht. Zou ik weer een man zijn die haar moeder in haar leven bracht en die haar pijn deed? Ik vroeg me af of ze alle mannen wantrouwde, net zoals mijn eerste patiënt Tina had gedaan. Was er een deel van haar brein dat een afkeer had van alle mannen die haar moeder aardig vond? Zou ik een van onze vrouwelijke psychiaters met haar laten werken? Toch zei mijn instinct dat ze zich bij mij goed zou voelen. Uiteindelijk moest ze in de loop der tijd enkele van haar slechte associaties met mannen vervangen door een eerlijke, voorspelbare, veilige en gezonde relatie.

'Nou, ik denk dat je moeder het fijn vond dat we je konden helpen,' zei ik, in een poging het gesprek de gewenste kant op te sturen. 'Ze vertelde me wat er met Duane is gebeurd; zo kwam ik erachter hoe we je konden helpen. En ik denk dat je er veel aan zou hebben om eens met iemand over die dingen te praten. Zoiets als gisteren zou ooit weer kunnen gebeuren.'

'Wat er met *hem* is gebeurd, is *voorbij*,' zei Amber nadrukkelijk.

Ik pakte haar hand, draaide de handpalm naar boven en keek naar haar onderarm. Ik zag de sneetjes, keek haar aan en vroeg: 'Weet je het zeker?'

Ze trok zich los, sloeg haar armen over elkaar en keek de andere kant op. Ik vervolgde: 'Luister, je kent me niet, je weet helemaal niets van me en je zou me pas moeten vertrouwen als je me leert kennen. Dus ik ga nu een paar dingen zeggen. Na mijn vertrek heb je de kans om na te denken over of je wel of niet met me zou willen praten. Wat je ook beslist, het is definitief. Je hoeft niet met me af te spreken, het is jouw keuze. Jij bent de baas.' In simpele bewoordingen vertelde ik over het werk dat we in onze kliniek met getraumatiseerde kinderen deden. Ik legde haar uit wat ze eraan kon hebben en dat wij weer van haar zouden kunnen leren zodat andere misbruikte kinderen er ook beter van konden worden.

Ik zweeg even om haar te bekijken. Ze keek naar me, nog steeds niet wetend wat ze van me moest vinden. Ik wilde dat ze wist dat ik iets begreep van wat ze had meegemaakt, dus begon ik weer te praten. 'Ik weet dat je, wanneer je bang bent, zin krijgt om jezelf te snijden. En dat het een opluchting voor je is wanneer je het scheermesje op je huid zet en die eerste snee voelt.' Ze keek naar me alsof ik een groot geheim onthulde. 'Ik weet dat je soms op school voelt dat de spanning zo groot wordt dat je niet kunt wachten om naar de wc te gaan en jezelf te snijden, al is het maar een beetje. En ik weet dat je altijd T-shirts met lange mouwen draagt, zelfs op warme dagen, om de littekens te verbergen.'

Ik hield op met praten. We keken elkaar aan. Ik stak haar mijn hand toe. Ze bekeek me nog even en stak langzaam haar eigen hand uit. We namen afscheid. Ik zei tegen haar dat ik terug zou komen om vragen te beantwoorden en te horen of ze een afspraak wilde maken.

Toen ik terugkwam, zaten Amber en haar moeder me op te wachten. 'Ik denk dat je klaar bent om naar huis te gaan,' zei ik tegen het meisje. En ik voegde eraan toe: 'En kom je volgende week naar me toe?'

'Tuurlijk,' antwoordde ze met een ongemakkelijke glimlach. 'Hoe wist u al die dingen?' Ze kon de verleiding niet weerstaan om die vraag te stellen.

'Daar kunnen we het volgende week over hebben. Zorg er maar eerst voor dat je uit die stomme nachtjapon komt, naar huis gaat en een fijne avond met je moeder hebt.' Ik probeerde het gesprek luchtig te houden. Trauma kun je beter stukje voor stukje verwerken. Zowel moeder als dochter had de afgelopen twee dagen genoeg te verduren gehad.

Toen Amber met de therapie begon, verbaasde het me hoe snel ze openhartig tegen me werd. Het is niet ongebruikelijk dat het verscheidene maanden duurt voor een patiënt haar intieme gedachten deelt tijdens een wekelijkse sessie psychotherapie. Het duurde maar drie of vier weken voor Amber begon te praten over het misbruik door Duane.

'Wil je niet dat ik het erover heb dat ik misbruikt ben?' vroeg ze op een dag.

'Ik dacht dat je er wel over zou beginnen als je er klaar voor was,' antwoordde ik.

'Ik denk er niet vaak aan. Ik herinner het me niet graag.'

Ik vroeg haar wanneer ze er wel aan dacht.

'Soms als ik ga slapen,' zei ze. 'Maar dan ga ik gewoon weg.'

'Weg?'

Ik wist dat ze het over dissociatie had, maar ik wilde dat ze beschreef wat er was gebeurd. Er was een verandering in haar houding: ze hield haar hoofd schuin en staarde in de leegte, haar ogen waren gefixeerd en naar links gericht. Ik wist dat ze een paar pijnlijke beelden voor haar geestesoog zag.

'Ik zo bang toen het voor het eerst gebeurde,' zei ze met rustige, bijna kinderlijke stem. 'En het deed pijn. Soms kon ik geen adem krijgen. Ik voelde me zo hulpeloos en zo klein en zo zwak. Ik wilde het niet aan mama vertellen. Ik schaamde me en was zo verward. Dus wanneer het gebeurde, sloot ik mijn ogen en probeerde ik aan andere dingen te denken. Al gauw kon ik naar een veilige plek in mijn hoofd vertrekken.'

Terwijl ze het beschreef, leek ze te veranderen. 'Beetje bij beetje werd die plek mijn speciale schuilplaats. Zodra ik eraan dacht daar naartoe te gaan en te zijn, voelde ik me veilig. Daar kon niemand me pijn doen.' Ze zweeg. Ze sprak met lage, monotone, bijna robotachtige stem. Ze staarde naar de verte en knipperde nauwelijks met haar ogen. We bleven even zwijgen, en daarna begon ze weer te praten.

'Ik had het gevoel dat ik kon vliegen als ik op die plek was. En ik begon me voor te stellen dat ik een vogel, een raaf, was. Ik probeerde een mooie vogel te zijn, een sialia of een roodborstje, maar ik kon daar niet mooi zijn. Ik probeerde een majestueuze vogel te zijn, zoals een adelaar of een havik, maar dat werkte ook niet. In mijn hoofd werd ik steeds iets donkers. Als een raaf. Maar ik was wel machtig. Ik kon andere dieren overheersen. Ik was wijs en vriendelijk, maar ik was meedogenloos in de jacht en in het gebruiken van mijn macht om het kwaad uit te roeien. Voor die schepselen, de slechten, was ik de Zwarte Dood.'

Ze zweeg weer. Nu keek ze me aan. Haar woorden waren ontroerend. Ik wist dat ze dit nooit aan iemand had verteld en dat ze het gevoel had dat iets van de kracht van haar troostende fantasie in die geheimhouding lag. Het is heel belangrijk iemand te beschermen op kwetsbare momenten als deze.

'Ben je nog steeds de Zwarte Dood?' vroeg ik. Ze keek even weg, richtte haar blik daarna weer op mij en begon te huilen. Dat was het echte begin van ons werk.

In de loop der weken leerde ik steeds meer over haar. Ambers verhaal zou me uiteindelijk veel leren over de dissociatieve reactie op trauma, en over hoe je mensen kunt helpen die eraan lijden.

Het seksuele misbruik dat Amber had meegemaakt was gewelddadig en beangstigend geweest, en het was begonnen toen ze ongeveer zeven jaar oud was. Haar ouders waren uit elkaar gegaan toen ze twee was, en haar moeder vond een paar jaar daarna een nieuwe partner, die haar en Amber moest onderhouden. Duane viel Amber alleen lastig als hij had gedronken, en dat was ongeveer eens per tien dagen. Daarna had hij dagen spijt en overlaadde hij haar met cadeautjes en complimentjes om het goed te maken. Omdat zijn alcoholconsumptie onvoorspelbaar was, leefde Amber continu in angst en maakte ze zich altijd zorgen over wanneer het weer zou gebeuren en over de pijn en de angst van de gebeurtenis. Haar cijfers zakten en van een vrolijk, extravert kind werd ze een teruggetrokken, angstig meisje.

Ze was te bang om haar moeder te vertellen wat Duane deed; hij dreigde haar met nog ergere dingen als ze het haar vertelde. Omdat ze het gevoel had dat ze toch niet aan de situatie kon ontsnappen, deed Amber wat ze kon om de situatie te beheersen. Ze begon Duane drankjes te serveren en zich verleidelijk te gedragen, dan had ze het misbruik tenminste achter de rug. Doordat ze wist wanneer het ging gebeuren, kon ze huiswerk maken en 's nachts slapen in plaats van zich zorgen te maken over wanneer hij naar haar slaapkamer zou komen. Het kwam erop neer dat ze haar doodsangst kon plannen en isoleren zodat die de rest van haar leven niet in de weg stond. Haar cijfers gingen weer omhoog en voor de mensen in haar omgeving leek ze weer zichzelf te zijn.

Hoewel door haar gedrag de frequentie van het misbruik waarschijnlijk verdubbeld werd, was ze door de controle die ze over de situatie kreeg, in staat om haar angst te hanteren zodat de gevolgen van het misbruik voor haar dagelijks leven minimaal waren. Helaas zou hierdoor later een heel nieuwe reeks aan problemen ontstaan, verband houdend met haar schuldgevoelens over haar medeplichtigheid aan zijn daden, maar voorlopig hielp het haar om het trauma aan te kunnen.

Wanneer ze verkracht werd, zowel vaginaal als anaal, raakte Amber afgescheiden, dan trok ze zich terug in de fantasiewereld van haar Zwarte Dood/Raaf. Daar werd ze achtervolgd door gemene schepselen en demonen, maar ze overwon hen altijd, net als in computerspelletjes. De fantasie was tot in de kleinste details uitgewerkt. Ze ging er zelfs zo in op dat ze niet meer voelde wat er met haar lichaam gebeurde. Ze kapselde het trauma in op een manier waardoor ze kon functioneren en overleven, hoewel ze natuurlijk nog steeds leed onder de gevolgen zodra ze werd blootgesteld aan signalen die haar herinnerden aan wat er was gebeurd, zoals de geur van Duane of van bepaalde drankjes waar hij van hield. Bij zulke signalen trad er een dissociatieve reactie op die ze niet onder controle had en waarbij ze zich terugtrok in haar 'veilige' wereldje en niet reageerde op prikkels van buitenaf. De extreemste reactie was die waarbij ze in het ziekenhuis belandde op de dag nadat hij had gebeld.

Het misbruik had jaren geduurd. Toen Amber ongeveer negen was, betrapte haar moeder Duane in bed met het meisje en schopte ze hem meteen de deur uit. Ze gaf Amber niet de schuld, zoals veel moeders helaas maar al te vaak wel doen in zulke situaties, maar behalve dat ze de politie belde, zocht ze ook geen hulp voor haar dochter. De officier van justitie liet de zaak vallen toen de dader de staat verliet. En Jill had zo haar eigen problemen: als alleenstaande moeder met weinig werkervaring of diploma's moest ze nu haar best doen om zichzelf en haar dochter te onderhouden. Ze verhuisden van staat naar staat, zoekend naar beter werk. Uiteindelijk slaagde Jill erin weer naar school te gaan en een beter betaalde baan te krijgen, maar het gebrek aan stabiliteit en het misbruik waren al schadelijk geweest voor Amber.

Amber hield zich staande in haar eentje; ze haalde redelijke, maar niet spectaculaire cijfers. Ze was intelligent en had bijna zeker beter kunnen presteren, maar – waarschijnlijk op zijn minst gedeeltelijk – door wat er was gebeurd was ze een middelmatige scholier en bleven haar resultaten achter. Hoewel ze niet het populairste meisje in haar klas was, was ze evenmin het minst populaire meisje. Ze ging om met een groepje tieners uit het midden van het sociale spectrum die zich 'Goths' noemden, en in het zwart gekleed gingen, maar die zich niet extreem gedroegen. Ze dronken niet en gebruikten geen drugs, maar door hun belangstelling voor mystiek en alternatieve culturen waren ze tolerant ten opzichte van degenen die die middelen wel gebruikten. Uit een recent onderzoek naar de Gothic jeugdcultuur bleek dat tieners als Amber, die zichzelf verminken, zich ertoe aangetrokken voelen. Interessant genoeg wordt de zelfverminking niet erger wanneer ze eenmaal Goth zijn: voordat deze tieners een groep hadden gevonden die hun 'duistere' interesses accepteerde, waren ze juist vaker geneigd zichzelf te snijden of op een andere manier zichzelf te beschadigen.

Op school kwam Amber erachter dat haar angst afnam wanneer ze in haar armen kneep of er diep in kraste. En later merkte ze thuis dat ze door in haar huid te snijden een dissociatieve staat kon oproepen, waardoor ze kon ontsnappen aan wat ze ervoer als een ondraaglijke opbouw van spanning. 'Het is dan alsof ik een magische huid heb,' zei ze tegen me. Ze beschreef hoe ze, door er met een mes of scheermesje in te snijden, een ongelofelijk gevoel van opluchting kreeg en toegang tot haar 'veilige' plek. Veel tieners zoeken natuurlijk een vergelijkbare uitweg in drugs.

Hoewel drugsgebruik onder tieners vaak gewoon wordt beschouwd als hedonistisch gedrag of als rebellie, zijn de tieners die het grootste risico lopen op blijvende drugsproblemen degenen wier stressreactiesystemen op vroege leeftijd een ernstige klap hebben gekregen, zoals Amber. Uit onderzoek onder drugs- en alcoholverslaafden komen dramatisch grotere aantallen van vroege traumatische gebeurtenissen naar voren dan bij mensen die niet verslaafd zijn. De verhalen van degenen die ernstig verslaafd zijn – en vooral die van vrouwen – gaan over seksueel misbruik als kind, verlies van ouders door scheiding of dood, getuige zijn van ernstig geweld, lichamelijke mishandeling en verwaarlozing en andere trauma's. Hersenscans van mensen die een trauma hebben meegemaakt, laten vaak afwijkingen zien in gebieden waar ook tijdens een verslaving veranderingen optreden. Wellicht zijn ze door deze veranderingen ontvankelijker voor verslavingen.

Ook zelfverminking wordt vaak beschouwd als een daad van verzet of een manier om aandacht te trekken, maar in de meeste gevallen gaat het waarschijnlijk om een poging tot zelfmedicatie. Door het snijden komen opiaten vrij, waardoor deze handeling vooral aantrekkelijk is voor mensen die tijdens een vroeger trauma verlichting vonden in dissociatie. Hoewel er bij iedereen die zich snijdt enige opiaten zullen vrijkomen, nemen mensen met een gesensitiseerde dissociatieve reactie als gevolg van een eerder trauma, die emotioneel pijn lijden, deze ervaring waarschijnlijk veel meer waar als plezierig en aangenaam. Hetzelfde geldt voor mensen die drugs als heroïne of oxycontin gebruiken. In tegenstelling tot wat algemeen geloofd wordt, vinden de meeste mensen die deze drugs proberen ze niet overweldigend en paradijselijk. De meeste mensen houden zelfs niet van de verdovende sensatie die ze opwekken. Maar mensen die lijden onder de nawerkingen van ernstige stress en trauma, zullen de stoffen als troostend en kalmerend ervaren, niet als verdovend.

Vreemd genoeg kopiëren stimulerende drugs als cocaïne en amfetamine de andere gebruikelijke reactie op trauma: de hyper-arousal-reactie. Beide drugs verhogen de vrijkomende neurotransmitters dopamine en noradrenaline (ook norepinefrine genoemd). Beide chemicaliën schieten omhoog tijdens hyper arousal. Net zoals de dissociatieve ervaring een fysiologische en psychologische gelijkenis vertoont met de 'high' van de opiaten, is de door opwekkende middelen opgewekte 'high' fysiologisch en psychologisch vergelijkbaar met de staat van hyper arousal. Zowel bij de door opwekkende middelen opgewekte 'highs' als bij hyper arousal ervaart iemand een verhoogde hartslag, een grotere zintuiglijke gevoeligheid en een gevoel van macht en mogelijkheden. Dat gevoel is nodig als brandstof voor vechten of vluchten, maar het verklaart ook waarom opwekkende middelen paranoia en agressie doen toenemen. Veranderingen in de hersenen die samenhangen met hyper arousal, kunnen ertoe leiden dat sommige traumaslachtoffers vatbaarder zijn voor de verslaving aan opwekkende middelen, terwijl anderen die aan dissociatie leiden, de voorkeur kunnen geven aan opiaten als heroïne.

Toen mijn collega's en ik ons begonnen te realiseren hoe trauma van invloed is op het brein en het lichaam, begonnen we te zoeken naar farmacologische methoden om een paar symptomen ervan te behandelen. We hoopten dat de kinderen die we op jonge leeftijd konden bereiken, zo later niet problemen als drugsverslaving en zelfverminking zouden krijgen. Zo wisten we dat opiaatantagonisten als naloxone en naltrexone redelijkerwijs konden worden uitgeprobeerd om gesensitiseerde dissociatie af te zwakken. We hadden clonidine al onderzocht als manier om hyper arousal te verminderen. Hoewel Mama P. niet geheel zonder reden bang was geweest dat we de kinderen voor wie ze zorgde zouden 'platspuiten' – of dat we zouden besluiten dat we alleen medicijnen nodig hadden, en liefde en genegenheid buiten beschouwing zouden laten – merkten we dat de juiste medicatie kan helpen als ze in de juiste context wordt gebruikt.

Een van de eerste patiënten bij wie we naltrexone hebben geprobeerd, was een zestienjarige jongen die Ted heette. Net zoals Amber was hij ons opgevallen vanwege zijn lichamelijke symptomen en niet zijn psychologische problemen. Ted had wat leek op onvoorspelbare flauwtes; soms ging hij op school zomaar van zijn stokje. Net als bij Amber kwam er uit medische onderzoeken geen waarneembare hartstoornis naar voren en viel er ook geen neurologisch probleem zoals epilepsie of een hersentumor te diagnosticeren dat zulke symptomen zou kunnen veroorzaken. De artsen die al deze andere problemen hadden uitgesloten, wierpen hun handen in de lucht en besloten dat Ted zijn bewusteloze toestanden opwekte als een bizarre manier om aandacht te zoeken. Ze riepen de hulp van de psychiatrie in.

Ted was lang, graatmager en knap om te zien, maar hij liep alsof hij depressief was: afhangende schouders en weinig zelfvertrouwen in zijn bewegingen; hij zag eruit alsof hij het liefst wilde verdwijnen. Hij voldeed echter niet aan de criteria voor een depressie. Hij zei zich niet ongelukkig te voelen, had geen gebrek aan energie, geen suïcidale gedachten, sociale problemen, slaapproblemen of een van de andere klassieke symptomen van de stoornis. Zijn enige zichtbare probleem was dat hij ongeveer twee keer per week opeens flauwviel.

Maar toen ik met hem begon te praten, ontdekte ik dat er meer was. 'Soms voel ik me net een robot,' vertelde hij, uitleggend dat hij een afstand voelde tot de emotionele aspecten van zijn leven, bijna alsof hij naar een film keek of deed alsof, zonder dat hij wat er om hem heen gebeurde echt ervoer. Hij voelde zich losgemaakt, losgekoppeld, verdoofd: klassieke beschrijvingen van dissociatie. Naarmate ik hem leerde kennen, ontdekte ik steeds meer hoe het kwam dat zijn brein hem tegen de wereld beschermde. Voordat hij naar de basisschool ging, was Ted thuis voortdurend getuige geweest van huiselijk geweld. Zijn stiefvader had zijn moeder geregeld geslagen, en het ging niet zomaar om een klap of een duw, maar het waren regelrechte aanvallen waar ze blauwe plekken, littekens en een enorme angst aan overhield zodat ze zich volledig aan hem onderwierp. Zijn moeder moest meer dan eens in het ziekenhuis worden opgenomen. Toen Ted ouder werd, begon hij te proberen zijn moeder te beschermen, merkend dat hij de woede van de man van haar kon afleiden naar hemzelf. Hij zei: 'Ik kreeg er liever zelf van langs dan dat ik moest toekijken hoe mijn moeder in elkaar werd geslagen.' Hoewel het geleidelijk ging, kwam het doordat ze zag dat haar kind werd geslagen dat Teds moeder eindelijk een eind maakte aan de relatie.

Maar Ted was toen al tien jaar. Hij had het grootste deel van zijn leven met de dagelijkse dreiging of het echt voorkomen van ernstig geweld geleefd. Hij was in zichzelf teruggetrokken en geïsoleerd geraakt. Zijn leerkrachten noemden hem een 'dagdromer' en merkten op dat hij vaak 'mijlen ver weg' was in plaats van dat hij op de klas om hem heen lette. Toch deed hij net genoeg mee om gemiddelde, en niet uitstekende, cijfers te halen. Nog meer dan Amber leek hij een manier te hebben ontdekt om op te gaan in de achtergrond, door in te zien dat cijfers die te laag of te hoog waren hem onder de aandacht zouden brengen. Het kon hem niet schelen dat de aandacht voor hoge cijfers positief zou zijn, want hij vond alle aandacht stressvol en zelfs bedreigend. Ted leek vastbesloten dat de beste manier om te voorkomen dat hij nog een keer mishandeld zou worden, was door te verdwijnen in het grote, ongedefinieerde, grijze midden. En dat deed hij ook, tot hij begon flauw te vallen toen hij in de onderbouw van de middelbare school zat.

Ik stelde voor een tijdje naltrexone te proberen om te zien of het flauwvallen daardoor zou ophouden. Zoals eerder opgemerkt, wanneer mensen blootstaan aan extreme traumatische stress kunnen hun hersenen 'gesensitiseerd' raken voor toekomstige stressveroorzakende factoren, en zijn er steeds kleinere hoeveelheden stress voor nodig om het systeem uit te schakelen en een ernstige stressreactie te ontketenen. Als onderdeel van deze stressreactie, vooral wanneer de stress ernstig is en onontkoombaar lijkt, geeft het brein opiaten af. Door een langdurig werkzame opiaatantagonist als naltrexone te gebruiken, hoopte ik te voorkomen dat deze opiaten een uitwerking hadden wanneer ze werden afgegeven door zijn gesensitiseerde systeem, en daarmee het flauwvallen te laten ophouden.

Ted stemde ermee in het te proberen en bij me in therapie te gaan.

Hij nam het medicijn vier weken, waarin hij niet meer flauwviel. Maar omdat het medicijn de opiaatreactie blokkeerde waardoor Ted in een staat van dissociatie terechtkwam, werd hij nu zeer onrustig wanneer hij geconfronteerd werd met nieuwe of stressvolle ervaringen. Dit is een veel voorkomend probleem bij veel psychiatrische medicijnen en in de geneeskunst in het algemeen. Een medicijn kan geweldig werken om een bepaald symptoom te doen verdwijnen, maar het behandelt niet de hele persoon en doet ook niets met de volledige complexiteit van zijn probleem. Daardoor kunnen andere symptomen erdoor verergeren. We merkten zelfs dat ouders en leerkrachten vaak dachten dat 'kinderen achteruitgingen' door de naltrexone, want in plaats van 'te verdwijnen' als reactie op waargenomen stress, begonnen veel kinderen symptomen van hyper arousal te vertonen. Deze 'vecht-of-vluchtreacties' leken volwassenen veel ontwrichtender omdat de kinderen actiever, opstandiger en soms zelfs agressief leken. We konden clonidine gaan geven om de hyper arousal tot een minimum te beperken, maar zonder het kind te helpen om andere technieken te leren om met stress om te gaan, hadden de medicijnen geen duurzaam effect. We besloten uiteindelijk dat er zeker zaken waren waarbij naltrexone kon helpen, maar dat het middel met de grootste zorg gebruikt moest worden.

Ted had problemen die veel dieper gingen dan het af en toe flauwvallen. Hij had een dissociatieve stoornis waardoor zijn vermogen om met emotionele en lichamelijke uitdagingen om te gaan ernstig aangetast was. Om deze jongeman te helpen, en niet alleen de medische kwestie 'op te lossen' die hem bij ons had gebracht, moesten we hem helpen leren hoe hij met zijn stress kon omgaan. Dankzij de naltrexone reageerde zijn brein niet langer automatisch op geringe stress door het hele systeem uit te schakelen, maar nu moesten we zijn geest gaan trainen om op een gezondere, comfortabelere en productievere manier met de stress van het leven om te gaan.

Net zoals bij Amber waren de problemen van Ted niet alleen ontstaan door zijn gesensitiseerde stresssysteem, maar waren het de associaties die hij had gevormd in verband met de mishandeling die hem in de weg stonden. Toen Ted en ik gingen praten, begon ik in te zien dat het flauwvallen meestal werd opgewekt door interacties met mannen en met het vertoon van mannelijkheid – signalen die hem aan de mishandelende stiefvader deden denken, die een enorme machomilitair was geweest. Het flauwvallen was versneld doordat hij aan het eind van de puberteit veel vaker in aanraking met volwassen mannen was gekomen dan daarvoor. Nu had hij niet alleen contact met mannelijke leerkrachten en decanen, maar begon hij net zoals zijn leeftijdgenoten ook zelf tekenen van volwassen mannelijkheid te vertonen. Als jonge jongen had hij veel van deze signalen kunnen vermijden, maar nu waren ze overal.

Om hem te leren niet te sterk op deze signalen te reageren en niet in een staat van dissociatie te belanden toen hij geen naltrexone meer slikte, moest ik hem laten oefenen in een veilige omgeving. Ik besloot hem aan het begin van een therapiesessie met mij een korter werkende opiaatantagonist te geven, naloxone, en hem bloot te stellen aan signalen die met mannelijkheid te maken hadden. Zo kon hij ernaar kijken opdat ze niet langer zo heel erg stressvol voor hem zouden worden. Aan het eind van de sessie zou de naloxone uitgewerkt zijn, dus als hij daarna weer signalen zou oppikken, kon hij dissociëren als hij zich erg bedreigd voelde.

Om het effect zo groot mogelijk te laten zijn moest ik veel typischer mannelijk en macho doen dan ik normaal doe, wat een stuk gemakkelijker ging toen ik jonger was en een goede conditie had! Op de dagen dat ik Teds therapie deed, stopte ik mijn overhemd in mijn broek om de mannelijkheid van mijn middel te benadrukken en rolde ik mijn mouwen op om de spieren van mijn onderarmen te laten zien. Het lijkt dwaas (en zo voelde het soms ook), maar hij kon er een gezonde relatie met een man door opbouwen en gewend raken aan zulke signalen. Toen hij gevoelens en herinneringen kreeg die verband hielden met de mishandeling, kon ik hem kalmeren en geruststellen dat hij veilig was en zag hij zelf dat hij de dingen aankon zonder dat hij iets hoefde af te sluiten of uit te schakelen.

Ted was zeer intelligent en ik legde hem de grondgedachte van onze behandeling uit. Al snel kwam hij met zijn eigen ideeën om het proces te bespoedigen. Hij werd aangewezen om de statistieken voor het schoolbasketbal bij te houden, waardoor hij in de buurt van jonge mannen zou zijn in situaties die veilig en comfortabel voor hem waren, zodat hij nieuwe associaties kon ontwikkelen om degene te vervangen die eerder zijn symptomen hadden veroorzaakt. Hij viel nooit meer flauw, en hoewel hij bleef proberen om 'op te gaan in de achtergrond', werd hij er beter in zijn eigen leven volledig te ervaren.

Ook met Amber boekte ik vooruitgang. De eerste tien maanden na haar bezoek aan de Eerste Hulp spraken we elkaar wekelijks. Omdat ze niet op regelmatige basis flauwviel en enige controle had over haar dissociatieve symptomen, besloot ik geen naloxone of naltrexone te gebruiken. Ik keek uit naar onze sessies. Omdat ze intelligent en creatief was en gevoel voor humor had, kon ze haar verhaal op een manier verwoorden die me veel inzicht verschafte in andere kinderen die niet zo helder konden praten over wat ze doormaakten. Maar vanbinnen was ze ook breekbaar, zeer gevoelig, somber en vermoeid. Er is veel energie voor nodig om waakzaam en 'op je hoede' te blijven zoals Amber; het is uitputtend om de hele wereld als een mogelijke dreiging te zien. Ze was ook niet gewoon bang voor lichamelijke dreigingen. Ze had de neiging om positieve opmerkingen van anderen te verdraaien zodat ze neutraal klonken, om van neutrale interacties een negatieve uitwisseling te maken en elk negatief signaal op te vatten als een rampzalige persoonlijke aanval.

'Ze haten me,' zei ze dan. Ze zag overal minachting terwijl niemand dat zo bedoelde. Daardoor waren de relaties die ze had moeizaam en werden veel andere in de kiem gesmoord. Veel van onze tijd ging eraan op haar deze uitwisselingen even helder te laten waarnemen als ze met zoveel andere dingen in haar leven kon. Dit deel van ons werk was eigenlijk cognitieve therapie, een van de doeltreffendste behandelingen tegen depressie. Door het misbruik was er een aantal depressieve symptomen ontstaan, waaronder zelfhaat. Mensen als Amber geloven vaak dat anderen kunnen 'voelen' dat ze niet de moeite waard en 'slecht' zijn, en dat ze het verdienen om gekwetst en afgewezen te worden. Ze projecteren hun zelfhaat op de wereld en worden hypergevoelig voor elk teken van afwijzing.

De sleutel tot herstel is de patiënt te laten inzien dat haar waarnemingen niet per se waar zijn, dat de wereld niet zo duister is als hij lijkt. Bij Amber ging dat stapje voor stapje. Ik wilde haar laten inzien dat niet iedereen erop uit was om haar te kwetsen. Er waren mensen – leerkrachten, leeftijdgenoten, buren – die vriendelijk, behulpzaam en positief konden zijn. Maar ze sloot mensen vaak buiten om zich te beschermen tegen de pijn en de afschuw die Duane haar in het verleden had opgedrongen.

Toen ze op een dag mijn praktijkruimte in liep, vroeg ze: 'Wist je dat de raaf de slimste vogel van allemaal is?' Ze keek me bijna uitdagend aan. Daarna liet ze zich op een stoel vallen en legde ze haar voeten op een salontafeltje.

'Nee, dat wist ik niet. Waarom vertel je dat?' Ik deed de deur dicht en ging aan mijn bureau zitten, draaiend tot ik haar aankeek.

'Corvus corax.' Ze gebruikte de Latijnse soortnaam voor de gewone raaf.

'Ken je Latijn?'

'Nee. Dat is de officiële naam voor de raaf.'

'Je houdt van raven.'

'Ik ben een raaf."

'Je ziet eruit als een meisje.'

'Grappig. Je weet best wat ik bedoel.'

'Ongeveer.' Ze zweeg. Ik nam het woord weer. 'Je wilt het over dieren hebben. Laten we het over de dierenwereld hebben.'

'Oké.'

'Veel dieren hebben manieren om signalen te versturen – naar elkaar en naar roofdieren.' Onder het spreken maakte ik het me gemakkelijk in mijn stoel. Ze werd rustig. Ik zag dat ik haar bijna stimuleerde om zich af te sluiten. 'Soms zeggen die signalen: laat me met rust, ik zal je pijn doen,' vervolgde ik. 'Een beer gaat op zijn achterpoten staan en snuift, honden grommen en ontbloten hun tanden, de ratelslang ratelt.' Ik zweeg en liet de stilte aanzwellen. Ik wilde dat ze begreep dat ze zelf zulke sterke 'laat me met rust'-signalen uitzond. Ik wist dat ze vaak de zichzelf bevestigende voorspelling van 'mensen mogen me niet' liet uitkomen. Ze zond negatieve signalen uit en lokte negatieve reacties uit. Die reacties versterkten natuurlijk weer haar perceptie dat de wereld vol mensen was die haar niet mochten. Ze knipperde met haar ogen en keek me aan. Ze was er nog.

'Wat doet de raaf?' vroeg ik. Ze glimlachte zwakjes.

'De raaf doet dit.' Ze schoof naar voren, boog voorover en schoof de lange mouw van haar T-shirt omhoog. Ik verwachtte nieuwe snijwonden. Maar het enige wat ik zag, was een nieuwe tatoeage, helemaal zwart. Het was een raaf die zijn vleugels spreidde. Ze stak haar arm naar me uit zodat ik hem kon bestuderen.

'Mooie inkt. Wie heeft die gemaakt?' Ze wist in elk geval dat haar donkere kleren, de piercings en de tatoeage signalen uitzonden.

'Bubba, die zit op de Montrose Avenue.' Ze schoof haar mouw weer naar beneden.

'Dus je hebt een tatoeage. Heeft dat hetzelfde effect als snijden?'

'Niet echt. Zoveel pijn deed het niet.'

'Snijd je jezelf nog?'

'Nee. Ik probeer die ontspanningsoefeningen te doen. Soms helpen ze.' Ik had haar een vorm van zelfhypnose geleerd die ze in situaties kon gebruiken wanneer ze de opwelling kreeg om zichzelf te snijden. Hypnose kan mensen helpen om op een beheerste manier toegang te krijgen tot hun eigen dissociatieve vermogen. Ik wilde dat Amber een gezondere controle kreeg over wanneer en in welke mate ze gebruik zou maken van die krachtige adaptieve reactie.

Ik had haar een techniek geleerd waarbij ze zich moest richten op haar ademhaling. Na een paar momenten eenvoudig elke ademhaling gewaar te worden, haalde ze een paar keer diep, beheerst adem en begon ze af te tellen, van tien naar een. Bij elke inademing stelde ze zich voor dat ze de trede van een trap af liep. Onder aan de trap was een deur, en wanneer ze die deur opende, kwam ze in haar 'veilige' plaats waar niemand haar pijn kon doen en waar zij het voor het zeggen had. Toen ze die techniek eenmaal onder de knie had, moest ze haar leren gebruiken wanneer ze zich verdrietig of overweldigd voelde, in plaats van zich te snijden.

Beetje bij beetje stelde ze zich open, en daarna sloot ze zich weer af. Ze sprak een beetje over de pijn en de schaamte die ze met zich meedroeg, en wanneer het te pijnlijk werd, trok ze zich weer terug. Ik drong niet aan. Ik wist dat haar verdedigingsmechanisme daar met een reden was en dat ze me meer zou vertellen wanneer ze er klaar voor was. Ze nam steeds meer tatoeages, meestal kleine, allemaal zwart. Er zat een zwarte roos tussen. Een zwarte Keltische knoop. Nog een kleine raaf. En ze kleedde zich nog steeds helemaal in het zwart.

Bij een later bezoek hadden we het weer over hoe mensen gemaakt zijn om elkaar te lezen en op elkaar te reageren. We hadden het over de signalen die we uitzenden.

'Wist je dat het menselijk brein over speciale neurale systemen beschikt die gemaakt zijn om de sociale signalen van andere mensen op te pikken en erop te reageren?' Ik hield een neurowetenschappelijk tijdschrift omhoog dat ik had zitten lezen. Ik probeerde haar weer te laten inzien dat ze negatieve signalen naar andere mensen verzond en dat ze de sociale signalen van anderen misschien verkeerd interpreteerde.

'Bedoel je dat mijn sociale-signalenneuronen naar de klote zijn?' Ze sloeg meteen drie stappen over waardoor ze helemaal miste wat ik wilde zeggen; haar reactie illustreerde precies het probleem dat ik haar wilde uitleggen. Ik moest een beetje terugkrabbelen.

'Jemig. Waar kwam dat vandaan?'

'Ik weet dat je dat denkt.'

'Dus nu kun je ook nog gedachten lezen? Kun je ieders gedachten lezen of alleen die van mij?' Ze zag er de humor niet van in. Ik besloot dat de veiligste manier om vooruitgang te boeken was door haar te benaderen op een cognitief, en niet zozeer op een emotioneel niveau.

'Wanneer deze speciale neuronen in het brein vuren, zijn ze bijna een weerspiegeling van vergelijkbare neuronen die vuren in het brein van iemand met wie je op dat moment bent. Ze heten dan ook spiegelneuronen. En ze maken deel uit van de systemen die ons brein heeft om ons te helpen communiceren en ons te verbinden met anderen. Best cool, nietwaar?'

Ze luisterde. Ik hoopte dat ze er iets mee deed, dat ze nadacht over wat het voor haar kon betekenen. Ik vervolgde: 'Wanneer een moeder haar pasgeboren baby vasthoudt en tegen hem kirt, worden alle primaire zintuiglijke signalen – de visuele input van de moeders glimlach, de auditieve input van het kirren, de reuksignalen van de geur van de moeder en de tastinformatie van de warmte en de druk van de aanraking van de moeder – allemaal in patronen van neurale activiteit veranderd, die in het brein van de baby gaan en de delen van het brein stimuleren die passen bij de delen van het brein die de moeder gebruikt om te glimlachen, kirren, wiegen, enzovoort. Het brein van de baby wordt gevormd door patroonmatige, herhaalde stimulansen van de uitwisselingen met zijn moeder!'

Ze luisterde nog steeds. Ik zag dat ze er helemaal bij was, ze knikte met haar hoofd. Ik zei: 'Best verbazingwekkend. Ik ben dol op het brein.' Ik liet het tijdschrift weer op mijn bureau vallen en keek haar aan om haar reactie te polsen.

'Je bent een vreemde kwast.' Ze glimlachte. Maar ik wist heel zeker dat ze inzag dat ze mijn opmerking verkeerd geïnterpreteerd had, dat ik nooit had gezegd dat haar brein 'naar de klote' was. Ze begon te begrijpen hoe haar waarneming kon verschillen van de realiteit en hoe haar reacties op mensen gebaseerd konden zijn op een verdraaid beeld van de wereld.

En in de loop der tijd werd Amber beter. Haar hartslag in rust was nu boven de zestig slagen per minuut en zakte niet langer regelmatig naar een gevaarlijk laag punt. Ze was niet meer bewusteloos geraakt. Uit de verslagen van huis en school bleek dat het goed met haar ging. Ze werd levendiger tijdens onze gesprekken. Ze praatte over een klein groepje vrienden, die allemaal een beetje aan de rand cirkelden, maar gezond waren.

Op een dag kwam ze binnen, plofte neer op de stoel en kondigde aan: 'Nou, we gaan weer verhuizen.' Ze probeerde nonchalant te doen.

'Wanneer heb je dat gehoord?'

'Gisteren. Mam heeft een betere baan gekregen in Austin. Dus gaan we verhuizen.' Ze staarde voor zich uit, haar ogen vulden zich met tranen.

'Weet je wanneer jullie gaan verhuizen?'

'Over een paar weken. Mama begint de eerste van de maand.'

'O. Laten we het daar dan over hebben.'

'Waarom?'

'Omdat ik me kan voorstellen dat je dat helemaal niet leuk vindt.'

'O, en wie zit hier nu gedachten te lezen? Je weet helemaal niet hoe ik me voel.'

'Mmm. Ik geloof dat ik zei dat ik me kon voorstellen dat je dat niet leuk vond. Is mijn voorstelling verkeerd?' Ze trok haar benen onder zich op en boog haar hoofd zodat ik haar tranen niet kon zien. Een traan druppelde op haar zwarte broek. Ik overhandigde haar een tissue. Ze pakte hem uit mijn hand.

'Ik heb hier zo'n hekel aan,' zei ze rustig. Ik zweeg. Ik schoof mijn stoel naar de hare, legde een hand op haar schouder en liet hem daar even liggen. Zo zaten we daar even.

'En waar heb je precies zo'n hekel aan?'

'Aan alles. Een nieuwe school, nieuwe kinderen, de nieuwe dorpsgek. Ik haat het om steeds opnieuw te moeten beginnen.'

'Dat moet moeilijk zijn.' Ik wilde haar gevoelens niet ontzenuwen door er een positieve draai aan te geven. Ik wist dat we nog tijd zouden hebben om het over een paar mogelijk positieve kanten van een nieuwe start te hebben. Dus liet ik haar haar frustratie en verdriet uiten en luisterde ik.

De volgende week kwam ze binnen en verkondigde ze: 'Ik kan niet wachten om weg te gaan uit deze stad.' Ze was al overgeschakeld naar de 'wat maakt het uit'-stand. Het is gemakkelijker om mensen en plaatsen achter te laten als je er niets om 'geeft'.

'Dus die tranen van vorige week waren...' Ze keek me boos aan. Ik hield haar blik vast en liet haar mijn gezichtsuitdrukking bestuderen die zei dat ik bedroefd en bezorgd om haar was, en haar woede smolt. We begonnen er hard aan te werken om haar te helpen met de overgang.

In de laatste paar weken worstelde ze met hoe ze zich op haar nieuwe school moest voorstellen. Was ze er klaar voor om 'opnieuw te beginnen'? Moest ze altijd woede en duisternis projecteren? Moest ze altijd zwarte kleren aan? Ze begon te denken dat ze misschien in staat zou zijn om zachter te zijn en meer open te staan voor nieuwe vriendschappen. Onze gesprekken over de dierenwereld en de werking van het brein waren doorgesijpeld in haar begrip van zichzelf.

'Ik weet nog niet wat ik wil. Ik weet niet of ik moet proberen opnieuw te beginnen en mezelf moet zijn of dat ik mezelf moet beschermen. Ik weet niet wat ik moet doen. Ik weet niet hoe ik moet zijn.'

'Wanneer de tijd komt, zul je de juiste beslissing nemen.'

'Wat bedoel je?'

'Als jij de beslissing neemt, zal het de juiste zijn. Zorg er alleen voor dat niemand anders voor je kiest; niet je moeder, je vrienden, niet ik, niet…' Ik zweeg en keek haar aan, 'de geest van Duane.'

'Wat heeft Duane ermee te maken?'

'Ik denk dat de duisternis niet van jou is. Ik denk dat die dingen werkten toen je misbruikt werd – het je losmaken, het fantaseren, de donkerte die je op de wereld projecteerde – ze werden je opgedrongen door Duane.'

'Nee, ik schiep die wereld.'

'Weet je nog dat je me vertelde dat je een zangvogel wilde zijn toen je voor het eerst tot die wereld toetrad? Een sialia of een roodborstje. En dat dat niet werkte?'

'Ja.'

'Die mooie, kleurrijke zangvogels waren je eerste keuze, Amber. Misschien werkten ze toen niet omdat ze te kwetsbaar waren. Je had iets sterkers nodigs, iets donkers en bedreigends om je te beschermen.'

'Ja.'

'Misschien heb je dat nu niet meer nodig, Amber. Misschien kun je de vogels nu laten zingen.'

'Ik weet het niet.'

'Ik ook niet. Maar wanneer de tijd rijp is, zul je het weten. En wanneer de tijd rijp is, maak je ook de juiste keuzes.'

Voor de verhuizing probeerde ik haar en haar moeder aan te moedigen om op zoek te gaan naar een therapeut in Austin. Ik gaf Jill een lijst met namen en drukte haar op het hart dat ik vaak op afstand met collega's samenwerkte. Ik vertelde haar dat ik telefonisch beschikbaar bleef en dat ze ook af en toe bij me langs konden komen zodat ik kon zien of Amber vooruitging. Maar het liefst zag ik dat ze een therapeut in Austin zou vinden om het werk voort te zetten waarmee we waren begonnen.

Dat idee beviel Amber niet.

'Ik hoef niet naar een zielenknijper. Ik ben niet gek.'

'Heb ik je behandeld alsof je gek bent?'

'Nee.' Ze zweeg. Ze wist dat haar woorden nergens op sloegen.

'Luister, je moet het zelf weten. Ik denk dat je er baat bij zult hebben als je de tijd neemt om de juiste persoon te vinden. Maak een afspraak met deze mensen, dan kun je zelf bepalen bij wie je je op je gemak voelt.'

'Oké.' Ze keek naar me alsof ze wist dat ik wist dat ze het niet echt zou proberen.

'Goed. Zorg er in elk geval voor dat de keuze die je maakt echt van jou is.'

Ik stak mijn hand uit om de afspraak te bezegelen. Ze schudde mijn hand.

'Dat zal ik doen, Doc.'

In het eerste halfjaar na hun verhuizing hoorden we een paar keer iets van Amber en haar moeder. Ze had haar dochter naar de eerste therapeut gebracht die op de lijst stond die we hun hadden gegeven, maar Amber had de vrouw niet gemogen. Ze hadden het niet nog eens geprobeerd. Wanneer de dingen eenmaal in orde lijken, zijn ouders vaak niet meer gemotiveerd om door te gaan met de kosten en het ongemak die een therapie met zich meebrengt. Omdat Amber het 'geweldig deed' drong haar moeder er niet op aan toen Amber zich verzette tegen het idee een nieuwe therapeut te zoeken.

Meer dan een jaar na Ambers verhuizing naar Austin opende ik mijn e-mailprogramma en zag dat ik een berichtje van BlauweRaaf232 had. Eerst dacht ik dat het spam was en delete ik het bijna. Toen zag ik het onderwerp: 'Nieuwe tattoo.' Ik las het:

Beste Doc:
Wilde dat jij het als eerste zou weten. Ik heb een nieuwe tattoo; een
bos bloemen – oranje, rood, paars en blauw. Heel erg meisje-meisje.
Geen zwarte inkt.
  Blauwe Raaf

Ik schreef terug:
Dank voor je berichtje, dat klinkt als een goede keuze. Goed gedaan.
Een vraag: hemelsblauwe Raaf?
  Dr. P.

Later die dag schreef ze terug:
Nee. Donkerblauwe Raaf.
Maar het is toch een begin?

Glimlachend typte ik terug:
Het is een goed begin, Amber.

Af en toe krijg ik weer een e-mail van Blauwe Raaf. Ze is nu een jonge
vrouw. Ze deed een opleiding en studeerde in vier jaar af. Zoals iedereen heeft ze haar ups en downs. Maar voor zover ik het kan beoordelen is ze een gezonde, productieve en zorgzame jonge vrouw. Ze werkt
met jonge kinderen en weet nog niet of ze verder wil studeren om maatschappelijk werkster, politieagente of lerares te worden. Ik vermoed
dat ze de juiste keuze zal maken voor zichzelf. Door wat ze heeft meegemaakt en heeft geleerd over hoe de visie van een kind op de wereld
door een trauma kan worden gevormd, zullen de kinderen met wie ze
werkt, in welke baan dan ook, boffen dat ze haar kennen.

9 | 'Mama liegt. Mama doet me pijn. Bel alsjeblieft de politie.'

EEN VAN DE RISICO's van het runnen van een kliniek voor mishandelde en getraumatiseerde kinderen is succes: als je de reputatie krijgt deze jonge mensen te kunnen helpen, zul je nooit aan de vraag kunnen voldoen. Het is moeilijk om het aantal personeelsleden en diensten te verhogen en toch dezelfde, op het individu toegespitste kwaliteit en tijdrovende zorg te leveren die de kinderen nodig hebben. Daarom besloot onze werkgroep uiteindelijk om de capaciteit om zoveel mogelijk kinderen de beste zorg te verlenen te vergroten door ons op onderzoek en opleiding te richten. Onze inspanningen op het gebied van educatie zijn gericht op alle volwassenen die leven en werken met mishandelde kinderen – van psychiaters en beleidsmakers tot politieagenten en ouders. We zetten ons klinische werk in het hele land voort met meerdere partners, maar in 1998 werd het grootste deel van ons klinische werk gedaan vanuit onze grote kliniek in Houston. Daar werd James, een zesjarige jongen, een van onze patiënten. In zijn geval bestond ons werk niet uit therapie; ik was gevraagd een deskundig oordeel te vellen over zijn complexe situatie. Van James leerde ik veel over moed en vastberadenheid, en door hem werd ik er weer aan herinnerd hoe belangrijk het is om te luisteren en goed op de kinderen zelf te letten.

James werd naar ons verwezen door een rechter die zoveel verschillende meningen had gehoord over de situatie van de jongen dat hij hoopte dat wij erachter konden komen wat er gaande was. Een organisatie voor de rechten van het kind maakte zich zorgen dat de jongen mishandeld werd door zijn adoptiegezin. Talrijke therapeuten en kinderbeschermingsinstanties geloofden echter dat hij zo'n lastpak was dat hij even weg moest bij zijn adoptiefamilie. Leerkrachten meldden onverklaarbare blauwe plekken en schrammen. De jongen was voor zijn eerste verjaardag geadopteerd door een stel dat ook drie andere adoptiekinderen en een biologisch kind in huis had. James was op een na de oudste. Toen we hem leerden kennen, was de oudste acht jaar en de jongste, een meisje, een baby.

Volgens zijn moeder, Merle*, was James onverbeterlijk en onbeheersbaar. Hij liep vaak weg van huis, probeerde uit rijdende auto's te springen, deed zelfmoordpogingen en plaste in bed. Tegen de tijd dat hij zes jaar was, was hij al ettelijke keren in het ziekenhuis opgenomen, een keer nadat hij van een balkon van de tweede verdieping was gesprongen. Hij loog voortdurend, vooral over zijn ouders, en leek ervan te genieten hen uit te dagen. Hij kreeg antidepressiva en andere medicijnen, tegen impulsiviteit en aandachtsproblemen. Hij had talloze therapeuten, psychiaters, counselors en maatschappelijk werkers gezien. Zijn moeder zei dat hij zo onhoudbaar was dat ze zelf de kinderbescherming had gebeld, zich voordoend als een buurvrouw die zich zorgen maakte dat zijn moeder hem niet aankon en dat hij een gevaar was voor zichzelf en zijn broers en zussen. De druppel was dat hij een overdosis medicijnen had genomen waardoor hij op de intensive care was beland. Hij was zo dicht bij de dood dat hij per helikopter naar het ziekenhuis moest worden gevlogen opdat hij snel behandeld kon worden. Nu verbleef hij in een psychiatrisch tehuis om zijn moeder enige 'rust' te gunnen. De rechter had de taak om te bepalen wat er daarna zou moeten gebeuren.

Maatschappelijk werkers van de kinderbescherming en talrijke therapeuten waren ervan overtuigd dat hij aan een Reactieve Hechtingsstoornis (RHS) leed. RHS is een diagnose die vaak wordt gesteld bij kinderen die heel vroeg ernstig zijn verwaarloosd of een ernstig trauma hebben meegemaakt. Leon, die uiteindelijk twee meisjes vermoordde, kan deze stoornis hebben gehad: de stoornis wordt gekenmerkt door een gebrek aan inlevingsvermogen en een onvermogen om contact te maken met anderen, vaak gepaard gaand met manipulatief en antisociaal gedrag. RHS kan optreden wanneer baby's niet voldoende gewiegd en geknuffeld worden en andere koesterende, lichamelijke en emotionele aandacht krijgen. De gebieden van hun hersenen die ze helpen om relaties te vormen en sociale signalen te begrijpen, blijven achter in ontwikkeling, en ze groeien op met een gebrekkige relationele neurobiologie, waaronder een onvermogen om plezier te ontlenen aan gezonde, menselijke interacties.

RHS-symptomen kunnen zijn een 'failure to thrive' en een achterblijvende groei zoals we bij Laura zagen. De stoornis komt vaak voor bij mensen als Laura's moeder Virginia, die om het halfjaar in een ander pleeggezin werd geplaatst zodat ze niet de kans kreeg om een duurzame, vroege hechting met een of twee belangrijke verzorgers te ontwikkelen. Kinderen die opgroeien in instellingen als weeshuizen, vormen ook een risicogroep, net zoals kinderen als Justin en Connor. Behalve dat ze koel reageren op mensen die ze kennen, zijn veel kinderen met RHS juist ongepast aanhankelijk jegens vreemden: ze lijken mensen te zien als onderling uitwisselbaar omdat ze niet de kans kregen om vanaf de geboorte een belangrijkste, duurzame band met een ouder of plaatsvervangend ouder op te bouwen. Het zonder onderscheid tonen van genegenheid is geen poging om contact te maken met anderen, maar kan beter worden opgevat als 'onderdanig' gedrag, waarmee je de dominante en machtige volwassenen een signaal stuurt dat je gehoorzaam en onderworpen zult zijn en geen dreiging vormt. RHS-kinderen hebben geleerd dat aanhankelijk gedrag mogelijk dreigende volwassenen kan neutraliseren, maar ze lijken er niet mee bezig een duurzame emotionele band met hen te krijgen.

RHS komt zelden voor, maar helaas zijn veel ouders, maatschappelijk werkers en therapeuten erop gesprongen als verklaring voor een breed scala aan wangedrag, vooral bij adoptie- en pleegkinderen. Behandelingen als holding, die zo schadelijk waren voor de kinderen in Gilmer, worden aangeprezen als 'remedie' tegen RHS, en ook andere dwingende en mogelijk mishandelende behandelingen waarbij gebruik wordt gemaakt van emotionele agressie en hardhandige straffen. Zo had James' therapeut zijn moeder aanbevolen hem op te sluiten in een kast wanneer hij zich te wild gedroeg.

De beschrijving die de therapeut en de moeder van James van zijn gedrag gaven, leek te stroken met de diagnose. Maar er was iets onmiskenbaar vreemds aan de dossiers van James. Wanneer hij in het ziekenhuis lag of in een therapeutisch behandelcentrum verbleef, gedroeg hij zich goed. Hij probeerde niet weg te lopen en dreigde niet met zelfmoord. Zijn gedrag op school was onopvallend, afgezien van het feit dat hij soms een beetje agressief was tegen andere jongens. Hij leek in niets op de uitzinnige duivel waarover zijn moeder onophoudelijk klaagde. En bovendien gedroegen zijn adoptieouders zich vreemd. Ze kwamen opdagen wanneer hij een afspraak met ons had (hij woonde toen in een psychiatrisch tehuis), terwijl ze het expliciete verzoek hadden gekregen om dat niet te doen. Een keer kwam zijn vader langs met een cadeau voor hem. Hij wachtte uren. Toen een van onze personeelsleden James' moeder ondervroeg, leek ze alleen maar op zichzelf en haar eigen problemen gericht en herhaalde ze steeds hoe erg ze het vond dat ze van hem gescheiden was. Ze leek zich echter totaal geen zorgen te maken over wat hij moest doormaken.

Toen ik James ontmoette, mocht ik hem meteen. Hij was een beetje klein voor zijn leeftijd en had blonde krullen. Hij was onderhoudend, gedroeg zich goed, maakte oogcontact en glimlachte terug. Hij lachte en maakte zelfs grappen met me en leek te genieten van mijn gezelschap. Stephanie, de arts die hem was toegewezen binnen ons interdisciplinaire team, voelde hetzelfde voor hem. Na vier sessies wilden we ophouden, omdat we het gevoel hadden dat we genoeg informatie hadden voor ons evaluatieverslag.

In onze kliniek coördineren en bespreken we de zorg voor een patiënt tijdens stafvergaderingen, waar iedereen die bij de zaak van een bepaald kind betrokken is, bij elkaar komt. We hebben het uitgebreid over ieders interactie met de patiënt en de indruk die we van hem of haar hebben gekregen. Tijdens de stafvergadering voor James werd Stephanie emotioneel; ze mocht de jongen en was verdrietig dat ze niet meer met hem zou samenwerken. Toen ik haar bijna in tranen zag, veranderde mijn blik op de zaak.

Als een kind RHS heeft, werkt het gebrek aan contact en hechting beide kanten op. Relaties tussen mensen worden gekenmerkt door een wederzijdse neurobiologie – onze 'spiegelneuronen' brengen dit tot stand. Hierdoor is het moeilijk om met deze kinderen samen te werken; ze interesseren zich niet voor andere mensen en hebben geen inlevingsvermogen, het is dus moeilijk om ze echt aardig te vinden. De omgang met hen voelt leeg en niet plezierig. Bij een kind met RHS was Stephanie niet zo van streek geweest vanwege het verlies aan contact, omdat er geen relationeel contact was. Therapeuten zijn even menselijk als iedereen, en door het gebrek aan belonende interacties met RHS-kinderen voelt het eerder als een last om met hen te werken dan als een plezier. De woede en de wanhoop die hun kilte en onaangename gedrag kunnen uitlokken, kan er de reden van zijn dat zoveel ouders zich aangetrokken voelen tot therapieën die ruw en bestraffend zijn en dat therapeuten ook vaak een beroep doen op deze schadelijke technieken. De meeste therapeuten zijn opgelucht als de therapie ophoudt. Maar James had Stephanie en mij voor zich ingenomen, en toen we het over hem hadden, realiseerde ik me dat hij niet echt RHS kon hebben.

We begonnen zijn dossier en de verschillende versies van de gebeurtenissen die erin stonden, nader te bestuderen. Bijvoorbeeld de overdosis. Na nog wat onderzoek ontdekten we dat James eerder die dag van huis was weggelopen en door de hulpsheriffs naar zijn moeder was teruggebracht. Binnen een uur nam hij volgens Merle een 'overdosis' van een antidepressivum. Ze belde de telefonische hulpdienst voor vergiftigingen en de telefonisten vertelden haar het kind met een naar het ziekenhuis te brengen. Om een onverklaarbare reden reed Merle niet naar het ziekenhuis. In plaats daarvan ging ze naar een supermarkt in de buurt, en wat een ritje van tien minuten had moeten zijn van haar huis naar de winkel duurde op de een of andere manier een halfuur. Nadat ze de auto geparkeerd had, rende ze schreeuwend de winkel in, ogenschijnlijk hysterisch over haar bewusteloze kind. Er werd een ambulance gebeld. De ambulancebroeders, die de ernst van de situatie zagen, belden direct een traumahelikopter om hem naar het ziekenhuis te brengen.

Nu hoorden we dat het medisch personeel bijna elke keer dat ze contact met haar hadden gehad, wantrouwig tegenover Merle had gestaan. Terwijl de ambulancemedewerkers deden wat ze konden om de jongen stabiel te krijgen in de winkel, zat zij rustig een drankje te drinken. Aan haar hysterie en zorgen over het kind was op mysterieuze wijze een eind gekomen, ook al was het nog lang niet zeker of hij het wel zou overleven. Toen haar in het ziekenhuis werd verteld dat hij het zou halen, choqueerde Merle de arts door te vragen om de jongen van de beademing af te halen. Een Eerste-Hulpzuster verdacht haar ervan aan de medische apparaten te hebben zitten knoeien. Zodra hij bij bewustzijn was en zijn moeder weg was, zei James tegen het ziekenhuispersoneel: 'Mama liegt. Mama doet me pijn. Bel alsjeblieft de politie.'

Opeens konden we James' gedrag verklaren. Allerlei aspecten aan

223

zijn verhaal klopten niet en pasten niet in de context van wat ik wist over het gedrag van kinderen. In de loop der tijd wordt je gevoel over hoe bepaalde typen kinderen zich waarschijnlijk gedragen onder bepaalde omstandigheden intuïtief, en wanneer iets niet lijkt te kloppen, is dat meestal een signaal waar je nader naar moet kijken. Zo wist ik bijvoorbeeld dat Stephanie en ik niet reageerden op de manier waarop we zouden reageren als James echt RHS had gehad. Een getrainde 'intuïtie' vormt een groot deel van wat experts op de meeste gebieden onderscheidt van amateurs. We weten niet altijd bewust wat het is dat niet klopt, maar ergens herkent ons brein dat een deel van de puzzel ontbreekt, en het verstuurt een signaal dat er iets niet in de haak is. (Deze 'intuïtie' is eigenlijk een lage activering van het stressreactiesysteem, dat precies is afgestemd op combinaties van binnenkomende signalen die buiten een context vallen of nieuw zijn.)

Het was duidelijk voor me dat James was weggelopen omdat zijn moeder hem pijn deed, en niet omdat hij zich ernstig misdroeg. Weglopen komt niet vaak voor bij kinderen van die leeftijd, ook niet bij kinderen die misbruikt worden: zelfs kinderen die ernstig mishandeld en verwaarloosd worden, neigen ertoe banger te zijn voor verandering en vreemde situaties dan voor het verlies van de enige ouders die ze ooit gekend hebben. Ze geven de voorkeur aan de zekerheid van pijn boven de pijn van onzekerheid. Hoe jonger het kind, hoe belangrijker bekende mensen en situaties meestal zijn. Veel van zulke kinderen hebben me gesmeekt om hen terug te sturen naar gewelddadige en gevaarlijke ouders. Maar James was anders. Zijn gedrag leek op dat van iemand die hulp zocht, niet van iemand die er moeite mee had om hechtingen en relaties te vormen.

Vanuit dit nieuwe perspectief zag ik dat de jongen niet van het balkon op de tweede verdieping was gesprongen of uit rijdende auto's probeerde te springen. Hij was geduwd. James had niet vrijwillig een hele pot antidepressiva verzwolgen: de 'overdosis' was hem opgedrongen. Hij was niet manipulatief en stelde zich ook niet aan, hij probeerde gewoon hulp te zoeken voor zichzelf en zijn broers en zussen op de enige manier die hij kende. En hij weigerde het op te geven, ook al werd hij geminacht, genegeerd, niet geloofd en zelfs gestraft voor het vertellen van de waarheid.

Merle was er minstens twee keer bijna in geslaagd om James te vermoorden: de helikoptervlucht die volgde op de 'overdosis', was niet de eerste keer dat hij met een traumahelikopter vervoerd werd. Hij was na de 'val' van het balkon op de tweede verdieping ook per helikopter vervoerd. James zou na het verblijf in het psychiatrisch tehuis naar huis teruggaan en zijn adoptiezussen en -broers woonden nog steeds in dat gevaarlijke huis terwijl wij de zaak om de tafel zaten te bespreken. Meestal ben ik zeer voorzichtig, maar ik wist toen we eenmaal hadden uitgeplozen wat er was gebeurd dat die kinderen in levensgevaar verkeerden. Ik nam contact op met de autoriteiten en vroeg de rechter om de kinderbescherming de andere kinderen meteen uit huis te laten plaatsen en de ouders uit het ouderlijk gezag te laten ontzetten.

Door James' zaak werd ik met mijn neus op het wezen van een van de belangrijkste conflicten in de kinderpsychiatrie gedrukt: de patiënt is het kind, maar hij is niet degene die de meeste beslissingen mag nemen omtrent zijn verzorging en behandeling, en hij is vaak ook niet de persoon die de eerste en belangrijkste informatie over de zaak verschaft. Merle had ons verteld dat James ziek was, maar James was alleen ziek omdat Merle hem ziek had gemaakt. James' zaak was er zogenaamd een van een 'moeilijk' kind met 'gedragsproblemen'. Maar eigenlijk was hij een moedig, volhardend en deugdzaam kind dat in een onmogelijke situatie verkeerde – een situatie waarin elke poging die hij deed om zichzelf en zijn broers en zussen te helpen, werd gezien als bewijs voor zijn 'slechte gedrag'.

Mensen die met probleemkinderen werken, moeten voortdurend op hun hoede zijn voor hun vooroordelen over een situatie; wat de een ziet als een 'lastige tiener' kan bij een ander het 'slachtoffer van seksueel misbruik' zijn, en het etiket dat een kind krijgt, bepaalt vaak hoe hij behandeld wordt. Een kind dat als 'slecht' wordt beschouwd, zal anders behandeld worden dan een kind dat 'gek' wordt gevonden, en hun gedrag zal in een totaal ander licht worden gezien afhankelijk van of de psychiater een 'slachtoffer' of een 'dader' ziet. Bovendien kan precies hetzelfde gedrag door de een worden beschouwd als 'wegrennen' en door de ander als 'hulp zoeken', en dat perspectief zal van zeer grote invloed zijn op beslissingen over wat er voor en met het kind gedaan moet worden.

Hoewel de meeste ouders het beste voor hun kind willen, hebben emotioneel gestoorde kinderen vaak emotioneel gestoorde ouders die de directe oorzaak kunnen zijn van de problemen van de kinderen. Het is een lastige taak om de ouders erbij te betrekken en het kind in therapie te houden, en er tegelijkertijd voor te zorgen dat ze geen dingen doen die de kinderen schade toebrengen. Veel kinderen worden niet behandeld omdat de ouders dat niet willen of omdat ze niet in staat zijn schadelijke gedragspatronen te veranderen. Zulke ouders staan snel wantrouwig jegens elke behandeling die de schuld van eventuele moeilijkheden niet bij het kind legt.

Bij James ging Merle van de ene naar de andere dokter, en bezocht ze therapeuten die hem als een geval van 'Reactieve Hechtingsstoornis' bestempelden en liet ze therapeuten vallen die vraagtekens plaatsten bij haar handelingen of mening. Ze zag kans om de meningen van de therapeuten en de maatschappelijk werkers die haar steunden aan kinderbeschermingsinstanties te presenteren, zonder vermelding van de meningen van degenen die het niet eens waren met de diagnose.

Eerlijkheidshalve moet ik ook opmerken dat veel ouders goede redenen hebben om stigmatiserende theorieën aangaande psychische aandoeningen te vermijden die de ouders als schuldige aanwijzen: nog niet zo lang geleden werd gedacht dat schizofrenie veroorzaakt werd door 'schizofrenogene moeders' en werd autisme geweten aan 'ijskastmoeders' (moeders die kil en ongevoelig zijn). Inmiddels weten we dat erfelijkheid en biologie de hoofdrol spelen in de etiologie van die aandoeningen. Maar misbruik en trauma kunnen wel vergelijkbare symptomen veroorzaken. Zoals we gezien hebben, krijgen kinderen als Connor en Justin, wier problemen uitsluitend het gevolg waren van mishandeling en verwaarlozing, vaak het etiket autistisch, schizofreen en/of hersenletsel opgeplakt. Hun problemen waren echter het resultaat van een schadelijke omgeving. Het is een eeuwige uitdaging voor de kinderpsychiatrie om het verschil te zien tussen aandoeningen als schizofrenie en autisme en stoornissen die veroorzaakt zijn door vroege mishandeling en verwaarlozing, en het is nog moeilijker om te begrijpen en rekening te houden met de manier waarop een vroeg jeugdtrauma uiting kan geven aan onderliggende genetische kwetsbaarheden. Mensen die echt schizofreen zijn, hebben bijvoorbeeld veel

vaker dan anderen mishandeling of een trauma in hun jeugd meegemaakt; alle ingewikkelde menselijke condities, zelfs die waarbij een
sterke genetische component een rol speelt, kunnen ook beïnvloed
worden door de omgeving. In gevallen als die van James wordt het nog
moeilijker om zo'n kind te behandelen omdat zijn ouders de boel be-
lazerden.

Merle bleek een aandoening te hebben die 'Münchhausen by proxy'
heet. Dit syndroom is genoemd naar een achttiende-eeuwse Duitse
Baron, Karl Friedrich von Münchhausen, die bekend stond om de
enorm overdreven en sterke verhalen die hij vertelde. Mensen met het
Münchhausen-syndroom, meestal vrouwen, maken zichzelf met opzet
ziek om medische aandacht en medelijden van anderen te krijgen. Ze
gaan van arts naar arts en ondergaan onnodige, pijnlijke en intieme onderzoeken en procedures. Om overtuigende symptomen te ontwikkelen, halen ze zeer extreme dingen uit – ze besmetten bijvoorbeeld
infusen met ontlasting om een infectie te krijgen. Patiënten die lijden
aan het Münchhausen by proxy-syndroom (MBPS) proberen een ander,
meestal een kind, ziek te maken, ook om aandacht en steun te krijgen.
De oorzaak van het syndroom is onbekend, maar het heeft duidelijk te
maken met problemen met afhankelijkheid. Mensen als Merle hebben een ziekelijke behoefte om nodig te zijn en hun identiteit draait
erom gezien te worden als verzorger en helper. Het hebben van een
ziek of gewond kind stelt hen in staat dit aspect van henzelf te tonen;
ze leven voor de bezorgde blikken, de steunende omhelzingen en de
medische aandacht die ze krijgen wanneer het kind in het ziekenhuis
ligt. Vaak trekken ze partners aan die extreem passief zijn en wier eigen
behoeften aan verzorging en leiding vervuld worden door een relatie
met iemand die zo'n sterk verlangen heeft naar controle en nut. Merle's
echtgenoot voldeed helemaal aan die beschrijving.

Mensen met MBPS kunnen er niet mee omgaan als een kind zich ontwikkelt en minder nodig heeft en zelfstandiger wordt. Vaak 'lossen ze
dit probleem op' door (nog meer) jongere of ziekere kinderen te adopteren, maar Merle leek er vooral behoefte aan te hebben dat James ziek
was. Omdat hij zich verzette en van huis wegliep, kreeg ze niet de aandacht en de hulp van artsen die ze gedacht had te krijgen. Daarom werd
hij een steeds grotere bedreiging voor haar. Een moeder die een jong

kind verliest, is het ultieme voorwerp van medelijden, en aangezien James' gedrag haar kon verraden en ervoor kon zorgen dat ze de voogdij over de kinderen verloor, was zijn leven in steeds groter gevaar.

Moeders met Münchhausen by proxy zijn zeer gevaarlijk. Ze slagen er soms in verschillende kinderen te vermoorden vóór ze betrapt worden, omdat het idee van een moeder die haar kind vermoord zo monsterlijk is. Het medelijden met ouders die kinderen hebben verloren, is ook zo natuurlijk en vanzelfsprekend dat het overlijden van het kind vaak niet goed genoeg wordt onderzocht. In veel gevallen worden de kinderen in hun babytijd vermoord en wordt hun overlijden wiegendood genoemd. Het onderzoek dat oorspronkelijk gebruikt werd om te beweren dat wiegendood een genetische oorzaak heeft, was vooral gebaseerd op het geval van een moeder die vijf kinderen op een rij aan wiegendood verloren zou hebben. Later bleek dat de moeder MBPS had en de kinderen verstikt had. Uiteindelijk werd ze veroordeeld voor de moorden.

Tijdens een van de eerste onderzoeken naar Münchhausen by proxy werden moeders die ervan verdacht werden de aandoening te hebben, stiekem gefilmd. Negenendertig moeders met MBPS werden betrapt; sommige prutsten aan beademingsapparaten, andere verstikten hun baby met een kussen en eentje stak zelfs haar vingers in de keel van haar baby. Twaalf broertjes en zusjes van deze kinderen bleken plotseling overleden te zijn, en toen ze met de video-opnamen geconfronteerd werden, biechtten vier van de moeders op acht van de baby's te hebben vermoord.

Helaas zijn er door de gegroeide belangstelling voor de stoornis vrouwen ten onrechte vervolgd terwijl hun kinderen echt aan wiegendood waren overleden. Omdat de combinatie meervoudige wiegendoodgevallen binnen een gezin en Münchhausen by proxy gelukkig uitzonderlijk zeldzaam is, zijn er weinig gegevens waardoor het onderscheid tussen de twee doodsoorzaken lastig is. De Britse kinderarts die het syndroom van zijn naam voorzag, Roy Meadow, legde de basis van wat bekend is geworden als 'Meadow's law' aangaande wiegendood: 'Eén geval van wiegendood is een tragedie, twee gevallen is verdacht en drie is moord tot het tegendeel is bewezen.' Niet lang geleden verloor hij echter zijn medische vergunning nadat zijn optreden als getuigedeskundige over de fundamenten van zijn 'wet' niet gesteund bleek te worden door de gegevens. De veroordelingen van talrijke vrouwen op basis van deze 'wet' worden inmiddels herzien, al heeft Meadow zijn vergunning inmiddels terug. Op zijn minst drie veroordelingen zijn teruggedraaid.

Het Meadow-debacle heeft geleid tot ernstige twijfels, zelfs aan het bestaan van Münchhausen als een specifieke vorm van kindermishandeling, maar er zijn duidelijke gevallen, zoals Merle en de ouders op de videobanden, die hun kinderen opzettelijk kwaad doen om hulp en medische aandacht te krijgen. Ongeveer negen procent van de kinderen die een moeder met deze stoornis hebben, overlijdt door hun toedoen. Nog veel meer kinderen lopen ernstige verwondingen op en worden onderworpen aan honderden onnodige en pijnlijke medische procedures. Helaas zijn er, omdat er zo weinig bekend is over de oorzaak van het syndroom, maar heel weinig aanwijzingen voor de diagnose ervan. Weinig mannen hebben MBPS en MBPS zou wel eens oververtegenwoordigd kunnen zijn bij vrouwen die in de gezondheidszorg werken. Veel van hen lijken zelf in hun jeugd een trauma meegemaakt te hebben of te zijn mishandeld – vaak ernstige verwaarlozing – maar de overweldigende meerderheid vrouwen die in de gezondheidszorg werken of die in hun jeugd het slachtoffer zijn geweest van een trauma, ontwikkelen deze aandoening nooit. Waarschijnlijk bevindt deze aandoening zich aan het pathologische einde van een spectrum van gezond gedrag, ontspruitend aan een verlangen om anderen te koesteren en daarvoor gewaardeerd te worden – een duidelijk geval van iets te veel van het goede. Dezelfde afhankelijkheid kan andere mensen bewegen tot extreem zorgzaam en altruïstisch gedrag. Hoe sommigen de stap zetten van een wanhopig verlangen om anderen te helpen naar de aandrang om hen kwaad te doen zodat hun hulp altijd nodig is, kan ik niet verklaren.

Gelukkig nam de rechter ons advies ter harte en liet hij James en zijn broers en zussen met spoed uit huis plaatsen. Merle en haar echtgenoot werden uit het ouderlijk gezag ontzet. Een burgerlijke jury stemde er later mee in dat James mishandeld was door zijn adoptiemoeder en dat de vader niet had opgetreden om dat te voorkomen. Er werd bewijs aangevoerd dat James' moeder zijn woorden en daden had verdraaid om hem af te schilderen als een probleemkind en haar eigen slechtheid te verbergen. De ouderlijke rechten van het stel met betrekking tot alle vijf de kinderen – ook hun biologische kind – werden beëindigd en ze werden aangeklaagd wegens kindermishandeling.

Ik hoor af en toe iets van de aanklager van die zaak, die in contact is gebleven met James en zijn nieuwe adoptieouders. Hij heeft een nieuwe naam gekregen en het laatste wat ik van hem hoorde, is dat hij helemaal opbloeit in zijn nieuwe leven. Zijn 'verstorende' gedrag en het van huis weglopen waren uitsluitend het gevolg van zijn pogingen om hulp te zoeken. Ik geloof dat hij niet alleen zijn eigen leven heeft gered, maar ook dat van zijn broers en zussen. Door zijn verhaal ben ik er weer aan herinnerd dat ik mijn intuïtie moet volgen en dat ik altijd moet blijven luisteren naar het kind, wat de andere therapeuten, officiële verslagen en zelfs ouders ook zeggen.

10 | De goedheid van kinderen

IK BEKEEK ZE EEN PAAR ogenblikken voor ik de wachtkamer in liep. Het gedrag van de jongen was onschuldig en lief: ik zag hem glimlachen, op zijn moeders schoot kruipen, wriemelend tot hij met zijn gezicht naar haar toe zat. Daarna bracht hij teder zijn hand naar haar mond en raakte haar speels en onderzoekend aan. De rustige interactie tussen de twee was het klassieke hechtingsgedrag tussen een moeder en een baby of een peuter. Maar Peter was zeven jaar. Terwijl ik hen bekeek, zag ik dat de moeder en het kind dit tedere, troostende spel vaker deden. Bij het naar binnen lopen merkte ik ook op dat Amy*, de moeder, zich geneerde. Haar echtgenoot, Jason*, Peters vader, leek zich nog meer te schamen toen ik hen 'betrapt' bleek te hebben.

'Ga zitten, Peter,' zei Jason terwijl hij opstond om me de hand te schudden.

Ik liep naar de jongen, boog over hem heen, keek naar hem en glimlachte. 'Hallo, Peter.' Ik stak mijn hand uit. Peter strekte zijn arm uit om mijn hand aan te raken.

'Peter, sta op en geef dr. Perry een hand,' zei Jason. Amy probeerde Peter van haar schoot te duwen. Peter werd slap en lachte. Het leek een onderdeel van hun spel.

'Peter, sta op,' herhaalde Jason, op geduldige, maar strenge toon. Ik kon zijn frustratie en uitputting voelen. Ik wist dat ze hun handen vol hadden.

'Het geeft niet. Blijf lekker zitten. Ik wilde alleen weten hoe jullie het vandaag vonden gaan.' Ik ging tegenover hen zitten. 'Dit eerste bezoek is vooral bedoeld om Peter de kans te geven een paar van onze mensen te ontmoeten en zich een beetje bij ons thuis te gaan voelen. Ik hoop dat jullie het leuk vonden.'

Peter knikte.

'Zeg eens iets, liefje,' zei Amy.

Peter ging rechtop zitten en zei: 'Ja.'

Het gezin had net een intakegesprek van drie uur in onze kliniek gehad. Ze waren naar ons toe gekomen omdat Peter een lange geschiedenis had van spraak- en taalproblemen, en bovendien had hij problemen met aandacht en impulsiviteit. Het wekte geen verbazing dat hij op school ook sociale en leerproblemen had. Af en toe had hij vreemde en hevige uitbarstingen waarbij hij zijn zelfbeheersing totaal leek te verliezen. Ze waren angstaanjagend en konden in tegenstelling tot gewone woede-uitbarstingen wel uren duren.

Peters ouders hadden hem geadopteerd uit een Russisch weeshuis toen hij drie jaar oud was. Ze waren meteen verliefd geworden op het blonde jongetje met zijn blauwe ogen en roze wangen dat eruitzag als een engeltje. De beheerders van het weeshuis hadden trots opgeschept over hoe goed doorvoed hij was en hoe schoon hun weeshuis was, maar in werkelijkheid waren Peter en de andere kinderen die er woonden, ernstig verwaarloosd. Amy en Jason hadden van andere adoptieouders gehoord over ons werk met mishandelde kinderen. Het was aan het eind van de eerste dag van een twee dagen durend consultatiebezoek aan onze kliniek. Het gezin had meer dan 750 kilometer afgelegd voor de evaluatie.

'En Peter, kom je ons morgen weer opzoeken?' vroeg ik.

'Ja,' antwoordde hij met een brede glimlach.

Vóór die tijd moesten onze klinisch psychologen nog veel werk verrichten. Bij een evaluatie was het gebruikelijk dat onze interdisciplinaire groep van psychologen, maatschappelijk werkers, kinderpsychiaters-in-opleiding en kinderpsychiaters meerdere bezoeken over enkele weken verdeelden om een kind en zijn gezin te leren kennen. In Peters geval werd het proces versneld omdat hij zo ver weg woonde.

Dossiers van school, de kinderarts, eerder geraadpleegde therapeuten en andere beroepskrachten hielpen ons om een indruk te krijgen van het kind en zijn ouders. We deden ook een hersenscan, een MRI, als onderdeel van een onderzoek waaraan we werkten om te zien hoe vroege verwaarlozing de hersenen beïnvloedde. De gegevens van ons onderzoek wezen uit dat significante verwaarlozing in het vroege leven, zoals bij kinderen die in weeshuizen leefden zoals Peter, leidt tot een kleinere hersenomvang, tot het krimpen van bepaalde gebieden in de hersenen en tot een scala aan een breingerelateerde, functionele problemen. Door te achterhalen welke gebieden bij Peter het ernstigst aangedaan waren, hoopten we met onze behandelingen een maximaal resultaat te kunnen bereiken.

Tijdens de evaluatieperiode kwamen er soms wel twaalf stafleden bij elkaar om te bespreken wat we bij dit kind zagen en ervoeren. Dit proces was bedoeld om de sterke en kwetsbare kanten van een kind in kaart te brengen en om zorgvuldig te bepalen wat zijn huidige niveau van ontwikkeling was op een aantal gebieden – van waarneming tot motoriek, van emotionele en cognitieve vaardigheden tot gedrag en morele opvattingen. Hierdoor konden we tot een voorlopige diagnose komen en onze eerste aanbevelingen doen voor een interventie. Hoewel het te tijdrovend en te duur zou zijn om deze werkwijze te herhalen in andere gevallen, hoopten we zorgmodellen te ontwikkelen die op dit proces gebaseerd waren en die minder arbeidsintensief waren.

Toen we met Peter en zijn ouders begonnen te werken, hadden we veel vooruitgang geboekt met onze neurosequentiële benadering van mishandelde kinderen. We hadden ingezien dat slachtoffers van een vroeg trauma en verwaarlozing behoefte hebben aan ervaringen – zoals gewiegd en vastgehouden worden – die horen bij de leeftijd waarop de schade is ontstaan en niet bij hun chronologische leeftijd. Deze op de ontwikkeling toegespitste verrijking en therapeutische ervaringen moesten op vaste momenten herhaald worden, op een respectvolle en zorgzame manier. Dwang, straf en hardhandigheid zouden de dingen alleen maar erger maken. We waren ook muziek, dans en massage gaan gebruiken om de lagere hersengebieden te stimuleren en organiseren, waar de belangrijkste regulerende neurotransmitternetwerken zitten die betrokken zijn bij de stressreactie. Zoals we gezien hebben, raken deze gebieden eerder beschadigd door een vroeg trauma omdat ze vroeg in het leven een belangrijke, snelle ontwikkeling doormaken. Uiteindelijk waren we medicijnen gaan voorschrijven aan kinderen met problematische symptomen als dissociatie of hyper arousal.

Maar hoewel we inzagen dat duurzame relaties van essentieel belang zijn voor de genezing, hadden we nog niet helemaal begrepen hoe belangrijk relaties met leeftijdgenoten waren, vooral naarmate kinderen ouder worden.

Door de details uit Peters verleden werd de wezenlijke rol van relaties glashelder voor me. Peter was de eerste drie jaar van zijn leven opgevoed zonder aandacht van volwassenen. Eigenlijk leefde hij in een soort babypakhuis: een grote lichte ruimte met zestig baby's in ogenschijnlijk eindeloze, rechte rijen van compleet gesteriliseerde wiegjes. De twee dienstdoende verzorgers werkten per dienst methodisch van het ene naar het volgende bedje om ieder kind te voeden en te verschonen en daarna weer door te gaan. Dat was de enige aandacht die de baby's van de volwassenen kregen: ongeveer een kwartier per dienst van acht uur. Buiten deze korte onderbrekingen werd er nauwelijks tegen de baby's gepraat en werden ze zelden vastgehouden; ze werden niet gewiegd en er werd niet tegen ze gekird, omdat het personeel gewoon niet meer tijd had dan voor het voeden en verschonen, voeden en verschonen. Zelfs de peuters brachten hun dagen en nachten door in hun getraliede bedjes.

Omdat ze alleen elkaar hadden, staken de kinderen hun handjes door de tralies in het volgende bedje, hielden ze elkaars handjes vast, babbelden ze tegen elkaar en speelden ze handjeklap. In de afwezigheid van volwassenen werden ze elkaars ouders. Hoe beperkt hun interactie ook was, het hielp waarschijnlijk om iets van de schade te verzachten die zulke ernstige deprivatie kan veroorzaken. Toen Peters adoptieouders hem net bij zich in huis hadden, ontdekten ze dat hij met hen probeerde te communiceren. Verrukt haalden ze er een Russische tolk bij. Maar de Russische tolk zei dat het jongetje geen Russisch sprak, misschien waren de mensen uit het weeshuis immigranten uit een ander Oost-Europees land geweest, die de kinderen hun eigen taal hadden geleerd? Een Tsjech zei echter dat het ook geen Tsjechisch was, en spoedig kwamen Amy en Jason erachter dat Peter evenmin Hongaars of Pools sprak.

Tot hun verbazing hoorden de woorden die Peter sprak, bij geen enkele taal. Het bleek dat de weeskinderen hun eigen primitieve taaltje hadden ontwikkeld, zoals het taaltje dat tweelingen met elkaar spreken of de geïmproviseerde gebarentaal die dove kinderen in een gezin met elkaar spreken. Zoals koning Psammetichus van Egypte, die volgens Herodotus twee kinderen isoleerde om erachter te komen welke taal ze 'van nature' zouden spreken zonder de gelegenheid om die van de mensen om hen heen te leren, hadden de beheerders van het weeshuis per toeval een wreed linguïstisch experiment uitgevoerd. De kinderen hadden tientallen woordjes verzonnen en met elkaar afgesproken. Een woord dat de tolken konden verstaan was dat 'Mam' 'volwassene' of 'verzorger' betekende, net zoals vergelijkbare klanken in bijna elke taal moeder betekenen, omdat het 'mmm'-geluid het eerste is dat baby's leren maken tijdens het drinken.

Tijdens een teamvergadering bespraken we alles wat we wisten over de vroege geschiedenis van de jongen, waaronder zijn beperkte blootstelling aan volwassenen en het feit dat hij van taal verstoken was geweest. We hadden het ook over zijn adoptieouders. Mijn eerste indruk van Amy en Jason werd bevestigd door de rest van het team: iedereen was het erover eens dat ze bewonderenswaardig waren. Nog voordat ze Peter hadden geadopteerd, hadden ze boeken gelezen over ouderschap, video's bekeken over ouderschap en hadden ze uitvoerige gesprekken gehad met een kinderarts over wat ze konden verwachten door een kind als Peter te adopteren. Nadat ze Peter mee naar huis hadden genomen, hadden ze de hulp van spraak- en taaltherapeuten, een ergotherapeut, een fysiotherapeut en therapeuten uit de geestelijke gezondheidszorg ingeschakeld om Peter zijn achterstand te laten inhalen.

Ze volgden de adviezen die ze kregen ijverig op. Ze besteedden er geld, tijd en energie aan om Peter te geven wat hij nodig had om gezond, gelukkig, productief en compassievol op te groeien. Maar ondanks al hun inspanningen, en die van tientallen specialisten, bleef Peter worstelen. In veel opzichten was hij enorm vooruitgegaan, maar de vooruitgang was ongelijkmatig en traag. Hij leerde pas nieuwe vaardigheden na honderd herhalingen, niet na tientallen zoals andere kinderen. Hij leerde Engels maar zijn formuleringen klonken vreemd en zijn grammatica was gebrekkig. Zijn bewegingen waren ook ongecoördineerd, en zelfs wanneer hij stil probeerde te zitten wiebelde hij nog. Ook maakte of hield hij nooit normaal oogcontact. Op zijn zevende had hij nog steeds verschillende, primitieve manieren om zichzelf te sussen, vooral wiegen en duimzuigen. Hij snoof uitgebreid aan zijn eten voor hij het in zijn mond stopte en probeerde ook duidelijk lichaamsgeuren te ruiken wanneer hij iemand ontmoette. Hij was snel afgeleid en lachte vaak of glimlachte in zichzelf, waardoor hij de indruk wekte in 'zijn eigen wereldje' te leven. En in het afgelopen jaar leek hij stil te hebben gestaan in zijn ontwikkeling, en misschien was hij zelfs wat achteruitgegaan.

We bespraken eerst Peters sterke punten, beginnend bij zijn vriendelijke, bijna sullige manier van doen. In sommige taalaspecten scoorde hij ruim boven het gemiddelde en hij leek te beschikken over enige wiskundige aanleg. Hij was extreem zorgzaam, maar op een opvallend onvolwassen manier want hij reageerde als een peuter op leeftijdgenoten en volwassenen.

Door onze gesprekken werd duidelijk dat Peter op een bepaalde manier cognitief zeven jaar was, maar op andere gebieden veel jonger. Onze observaties ten aanzien van de gebruiksafhankelijke aard van de ontwikkeling van het brein werden bevestigd, want de gebieden waarop hij het beter deed, hielden verband met hersengebieden die gestimuleerd waren, en de gebieden waarop hij achterliep, vertegenwoordigden hersengebieden die ernstiger verstoken waren gebleven of niet voldoende stimulering hadden gekregen om de eerdere verwaarlozing goed te maken. De scans van zijn hersenen staafden onze observaties over zijn gefragmenteerde neurologische ontwikkeling: zijn cortex was verschrompeld, hij had grote hersenholtes (wat betekende dat de ruimte die anders door hersenweefsel in beslag wordt genomen, gevuld was met hersenvloeistof) en de structuur van zijn dieper gelegen hersengebieden was klein voor zijn leeftijd en deze waren waarschijnlijk onderontwikkeld.

Een dergelijke versplinterde ontwikkeling komt vaak voor bij kinderen die opgroeien te midden van chaos of verwaarlozing. Voor ouders, leerkrachten en leeftijdgenoten is dit enorm verwarrend. Vanbuiten zag Peter eruit als een zevenjarige jongen, maar op een bepaalde manier was hij maar drie jaar oud. Wat betreft andere vaardigheden en vermogens was hij anderhalf jaar oud, en in weer andere opzichten was hij al acht of negen jaar.

Deze tegenstrijdigheid was een van de grootste oorzaken van de problemen die het gezin had. Er waren ook grote verschillen tussen de manier waarop iedere ouder afzonderlijk met Peter omging. Wanneer hij alleen thuis was met Amy, was ze extreem op zijn behoeften gericht. Als hij zich als een baby wilde gedragen, sprak ze hem op dat leeftijdsniveau aan, en als hij zich als een ouder kind gedroeg, deed ze zo tegen hem terug. Ik geloof dat haar intuïtieve vermogen om tegemoet te komen aan de behoeften die hij op een bepaald ontwikkelingsgebied had, er de belangrijkste reden van was dat hij zoveel vooruitgang had geboekt.

Maar toen Peter ouder werd, begon Jason vraagtekens te plaatsen bij het feit dat Amy de jongen af en toe nog als baby behandelde. Dit veroorzaakte spanningen in het huwelijk, want Jason vond dat ze verantwoordelijk was voor Peters gebrek aan vooruitgang doordat ze hem 'verstikte', terwijl Amy erop stond dat hij extra genegenheid nodig had vanwege zijn verleden. Zulke verschillen zijn een universeel kenmerk van het ouderschap. Wanneer meningsverschillen echter zo groot zijn als ze in het geval van Amy en Jason werden, kunnen ze tot ernstige huwelijksproblemen leiden.

Ik had het conflict al tijdens mijn korte ontmoeting met het gezin in de wachtkamer opgemerkt. Een deel van mijn taak rustte erin het koppel te laten begrijpen waaraan Peter behoefte had en dat het nodig was dat ze hem tegemoet traden daar waar hij met zijn ontwikkeling was. Op die manier zouden ze leren vermijden Peter te overweldigen en zelf gefrustreerd te raken door van hem te eisen dat hij zich op een bepaald gebied naar zijn leeftijd gedroeg terwijl hij dat vermogen nog niet had.

Toen het gezin voor de tweede dag van de evaluatie kwam, lieten we Peter een paar formele psychologische onderzoeken doen. Later observeerden we meer ouder-kindinteracties en lieten we de jongen lekker spelen. Uiteindelijk was de tijd aangebroken om de ouders te vertellen wat we dachten over Peters zaak en wat we voorstelden om hem te helpen. Ik zag dat Amy en Jason onrustig werden toen ik de kamer binnenkwam.

'Wat denkt u?' vroeg Jason op de man af, hij wilde het slechte nieuws duidelijk uit de weg hebben.

'Ik denk dat Peter enorm geboft heeft,' begon ik. 'Jullie zijn geweldige ouders. En hij is de laatste vier jaar opvallend vooruitgegaan.' Ik pauzeerde even om het te laten bezinken. Daarna voegde ik eraan toe: 'Jullie inspanningen zijn heroïsch. Jullie zullen wel aan het eind van jullie Latijn zijn.' Amy begon te huilen. Haar echtgenoot legde teder zijn arm om haar schouders. Ik haalde wat zakdoekjes en overhandigde er een aan haar. Ze veegde haar tranen weg.

Ik begon hen te vertellen wat ik dacht en vroeg hen me te onderbreken als ik iets zei dat ze niet vonden kloppen of dat ze nergens op vonden slaan. Ik vertelde Peters verhaal zoals ik het had begrepen, met de passage over het weeshuis en de lijst met ontwikkelingsachterstanden die hij had opgelopen.

Daarna vroeg ik of ik gelijk had te veronderstellen dat wanneer Peter van streek raakte, de vooruitgang die hij in zijn ontwikkeling had geboekt, leek te verdwijnen en hij zich op een primitieve, bijna beangstigende manier gedroeg. Misschien ging hij in foetushouding op de grond liggen, kreunend en wiegend, misschien stootte hij onaardse kreten uit. Ik voegde eraan toe dat ik dacht dat hij, wanneer hij eenmaal geprikkeld of overweldigd raakte, waarschijnlijk niet meer terugkon en dat hij een soort regressie doormaakte voordat hij weer langzaam tot zichzelf kwam. Ze knikten. Daarna legde ik uit hoe veranderingen in onze emotionele toestand van invloed kunnen zijn op hoe we leren. Vaardigheden die we onder de knie hebben zoals het begrip van bepaalde concepten of zelfs het gebruik van taal, kunnen vervliegen wanneer we 'van streek raken'. Ik sprak over nieuwe of beangstigende situaties die stressvol waren voor een kind als Peter en deze soort regressie waarschijnlijk ook bij hem zouden opwekken.

Ter afronding zei ik: 'Nou, ik denk dat we een aardig idee hebben van Peters problemen en hoe hij eraan is gekomen. We kennen ook een paar van zijn sterke punten – niet allemaal, maar een paar. Waar het nu om gaat, is of we gebruik kunnen maken van wat we weten om hem te helpen.' Ik zweeg even, zoekend naar een evenwicht tussen hoop en behoedzaamheid.

'Laat me jullie eerst uitleggen hoe het brein zich ontwikkelt,' begon ik, 'ik denk dat jullie, als jullie dit enigszins begrijpen, je beter zullen voelen over de vooruitgang die Peter heeft geboekt en dat jullie dan beter begrijpen waarom de vooruitgang nu zo traag verloopt.' Onder het praten leken mijn gedachten over de theorie en de praktijk waaraan ik al zoveel jaren had gewerkt voor het eerst als samenhangend geheel uit te kristalliseren. Ik tekende verschillende grafieken op een blanco papier. Op de eerste (zie Appendix, afbeelding 1) werd een simpele vergelijking getoond van de groei van de hersenen in relatie tot de groei van de rest van het lichaam. Hieruit werd duidelijk dat terwijl het lichaam zijn volwassen lengte en gewicht pas in de puberteit bereikt, de groei van de hersenen een heel ander pad volgt. Tegen het derde jaar heeft het 85 procent van zijn volledige, volwassen omvang bereikt.

'Het menselijk brein groeit vroeg in het leven het allersnelst,' legde ik uit. 'De meeste hersengroei vindt zelfs in de eerste drie jaar van het leven plaats.' Ik wilde ze laten inzien wat het echt betekende dat Peter tijdens die kritieke periode in een steriele, verwaarlozende omgeving had gewoond, wanneer het brein zich snel organiseert.

Daarna tekende ik een piramide en draaide het papier om (zie Appendix, afbeelding 2). 'Het brein is van beneden naar boven georganiseerd,' zei ik. 'Het bovenste deel hier,' zei ik, wijzend op de brede onderkant van de omgekeerde piramide, 'is de cortex, het ingewikkeldste deel van het brein, dat verantwoordelijk is voor ons vermogen om na te denken en veel van onze functies te integreren.' Ik beschreef ook hoe sommige van de lagere gebieden werken, hoe de centraal gelegen emotionele gebieden ons in staat stellen om sociale contacten te leggen en onze stress te beheersen, en hoe de middelste hersenstamgebieden de stressrespons zelf sturen. Ik zei dat deze gebieden achtereenvolgens 'wakker worden' tijdens de ontwikkeling, beginnend bij de meest naar binnen gelegen hersenstam, naar buiten toe bewegend in de richting van de cortex wanneer het kind groeit. Ik besprak hoe de ontwikkeling van hogere, complexere hersengebieden afhankelijk is van de juiste organisatie van de lagere, simpelere gebieden. Ik vertelde ook dat deprivatie deze gebieden kon aantasten en de grote variaties in het gedrag van hun zoon kon veroorzaken.

'Het allerbelangrijkste is dat we Peter de ouderlijke aandacht geven op het niveau waar hij met zijn ontwikkeling zit, niet met zijn echte leeftijd,' zei ik.

Jason knikte, hij begon te begrijpen wat ik zei.

'En dat is toch heel moeilijk?'

Nu knikten beide ouders.

'De uitdaging is dat je het ene moment verwachtingen moet hebben en ervaringen moet geven die passen bij een vijfjarig kind, bijvoorbeeld wanneer je hem een specifiek cognitief concept leert. Maar tien minuten later zullen de verwachting en de uitdagingen moeten passen bij die van een jonger kind, wanneer je hem bijvoorbeeld wilt leren hoe hij met andere mensen omgaat. Op het gebied van zijn ontwikkeling is hij een bewegend voorwerp. Daarom is het zo'n frustrerende ervaring om zo'n kind te hebben. Het ene moment doe je het juiste ding en het volgende doe je het helemaal verkeerd.'

Amy en Jason hadden deze gespletenheid al meerdere malen meegemaakt, maar hadden er tot op dat moment nog geen woorden aan kunnen geven. Ze waren enorm gebaat bij mijn uitleg, omdat hun conflict over het 'babygedrag' van Peter erdoor werd weggenomen en het Jason hielp om zich geen zorgen te maken wanneer zijn vrouw Peter als baby behandelde. Hij kon er zelfs ook aan meedoen. Amy leerde echter inzien dat Jasons iets strengere manier van opvoeden op bepaalde momenten ook nuttig was.

Maar alleen verklaringen zouden niet volstaan. De belangrijkste uitdagingen voor de ouders van Peter bleven hetzelfde – en het zou bijna onmogelijk voor hen zijn om altijd of zelfs meestal op hem gericht te zijn zonder meer hulp te krijgen. Beide ouders waren emotioneel en lichamelijk uitgeput. We moesten hen helpen tijdelijke verlichting te vinden. We stelden voor hun sociale netwerk op te krikken, zodat ze tijd voor zichzelf kregen als stel en dingen konden doen die ze leuk vonden. Daarmee zou 'hun batterij weer worden opgeladen' voor hun tijd met Peter.

Amy en Jason stonden open voor al onze suggesties. Omdat ze niet in de buurt van de kliniek woonden, moesten we samenwerken met de therapeuten in hun buurt. Gelukkig lagen de meeste stukken van een goed klinisch team op hun plaats. Peter had een uitstekende spraaktherapeut, een ergotherapeut, een gesprekstherapeut en een begripvolle kinderarts. We spraken met iedereen. We wilden er therapeutische massage en een muziek- en bewegingscursus aan toevoegen, want andere kinderen die heel vroeg verwaarloosd waren, zoals Connor, hadden daar ook veel aan gehad.

Maar iets waarvan ik eerst dacht dat het gewoon een stukje van de puzzel was, bleek het belangrijkste element: Peters school, en vooral zijn klasgenootjes. Toen ik in zijn dossier keek, viel me opeens op dat Peter vooral vooruitgang had geboekt in de eerste drie jaar nadat hij naar de Verenigde Staten was gekomen: toen hij tijd met zijn ouders

of met volwassenen had doorgebracht, of met een of twee leeftijdgenootjes die zij hadden uitgekozen.

Toen hij echter naar de kleuterschool ging, was zijn vooruitgang
gestopt en waren zijn gedragsproblemen verergerd. Zijn moeder had
intuïtief begrepen dat hij ondanks zijn zes jaar voor wat betreft zijn
gedrag nog maar twee jaar oud was, maar zijn klasgenootjes konden
niet begrijpen waarom hij zich zo vreemd gedroeg. Zelfs zijn leerkracht
wist niet hoe hij met hem moest omgaan, hoewel hij op de hoogte was
van zijn achtergrond. Peter pakte speelgoed van andere kinderen af
zonder het te vragen, hij miste de sociale signalen die de andere kleuters begrepen wanneer je iets mocht pakken en wanneer niet. Hij begreep niet wanneer hij zijn dingen moest delen en wanneer hij ze voor
zichzelf moest houden, wanneer hij moest spreken en wanneer hij
rustig moest zijn. In de kring stond hij opeens op om op de schoot van
de leerkracht te gaan zitten of ging hij rondlopen zonder zich te realiseren dat hij dat niet mocht. En soms gilde hij en had hij angstaanjagende woede-uitbarstingen.

Als gevolg daarvan werden de andere kinderen bang voor hem en
sloten ze hem buiten. Zijn vreemde accent hielp ook niet. Zijn klasgenootjes beschouwden hem als een vreemde en enge jongen. Hij had het
goed gedaan in de beschermde wereld van zijn adoptiegezin, waar hij
een-op-eenrelaties had met volwassenen die hem kenden en van hem
hielden. Maar de complexe sociale wereld van de kleuterschool, met
steeds andere klasgenootjes en een leerkracht om mee om te gaan, ging
hem boven zijn pet.

In plaats van de geduldige, zorgzame, liefdevolle reacties die hij thuis
kreeg, werd zijn gedrag met wantrouwen en vaak regelrechte afwijzing
ontvangen. Het klaslokaal, dat gevuld was met luidruchtige kinderen
en lawaaierig speelgoed en drukke bewegingen, was overweldigend
voor hem. Thuis begreep hij wat er van hem werd verwacht en werd
hij vriendelijk behandeld als hij iets niet kon, maar nu kwam hij er maar
niet achter wat er aan de hand was. Hoeveel uren gezonde, positieve
ervaringen Peter ook wekelijks had, de uren dat hij werd buitengesloten en gepest overschaduwden deze met gemak. Peter had geen echte
vrienden en speelde het liefst met veel jongere kinderen; hij voelde
zich meer op zijn gemak bij drie- of vierjarigen. Zijn eigen klasgenoot-

jes wisten niet wat ze van de jongen moesten vinden, die gek praatte en vaak deed alsof hij een baby was. In veel situaties kunnen kinderen vriendelijk en zorgzaam zijn voor iemand die jonger en kwetsbaarder lijkt. Maar Peter beangstigde hen.

Het gedrag van zijn klasgenootjes was voorspelbaar. Wat er gebeurde, was een kleine versie van wat er elke dag op verschillende manieren in de hele wereld gebeurt. Mensen zijn bang voor dat wat ze niet begrijpen. Het onbekende boezemt ons angst in. Wanneer we mensen ontmoeten die er anders of vreemd uitzien of die raar doen, is onze eerste reactie ze op afstand te houden. Soms voelen we ons superieur, slimmer of competenter door degenen die anders zijn, te verlagen en te vernederen. De wortels van het lelijkste gedrag van onze soort – racisme, leeftijdsdiscriminatie, vrouwenhaat, antisemitisme, om er maar een paar te noemen – zijn in wezen een door het brein tot stand gebrachte reactie op een waargenomen dreiging. We neigen ertoe bang te zijn voor datgene wat we niet begrijpen, en angst kan zo gemakkelijk omslaan in haat of zelfs geweld omdat angst de rationele delen van ons brein kan onderdrukken.

Geconfronteerd met Peters sociaal geïsoleerde positie in de klas wilden Amy en Jason weten wat ze moesten doen: moesten ze hem op de kleuterschool laten en hopen dat hij de tweede keer meer zou leren op sociaal gebied? Toch lagen zijn cognitieve vermogens duidelijk op het niveau van de eerste klas van de basisschool, misschien zelfs hoger.

In intellectueel opzicht liep Peter voor, maar sociaal tastte hij in het duister. Ik realiseerde me dat hij, als hij zijn achterstand wilde wegwerken, de hulp van zijn leeftijdgenoten nodig zou hebben. Ik vond dat we het hem wel konden laten proberen in de eerste klas van de basisschool. Toen ik met tieners had gewerkt, had ik van een paar van hen met hun klasgenoten mogen praten over hun traumatische ervaringen en over het effect daarvan op hun brein. Een beetje inzicht had grote gevolgen gehad en hun sociale leven was erop vooruitgegaan. Maar zou dit ook werken bij kinderen uit de eerste klas? En zou Peter het aanvaardbaar vinden?

Ik wist dat ik een paar weken na zijn evaluatie in zijn woonplaats zou zijn en dat ik dan met zijn klasgenoten zou kunnen praten. Ik besprak deze mogelijkheid met Peter. Tijdens het kleuren vroeg ik: 'Peter, herinner je je nog dat je in Rusland woonde?'

Hij hield op en keek me even aan. Ik bleef langzaam kleuren, zonder op te kijken. Hij vertraagde de bewegingen waarmee hij kleurde. Ik wilde het hem net weer vragen toen hij een nieuw vel papier pakte en er een grote, bladvullende blauwe cirkel op tekende.

'Dit is Rusland.' Hij hield het papier omhoog. Hij legde het papier op de grond, pakte een potlood en maakte een kleine, delicate, bijna onzichtbare stip. 'En dat is Peter.' Ik keek naar hem, hij was duidelijk verdrietig. Hij uitte zeer treffend hoe hij zich in het weeshuis had gevoeld, waar hij voor niemand speciaal was geweest, slechts een van de tientallen anonieme baby's.

Ik glimlachte vriendelijk naar hem, trok vervolgens mijn wenkbrauwen op en vroeg: 'Maar dat is Peter toch niet meer?' Hij schudde zijn hoofd en glimlachte terug.

'Peter, ik wilde eigenlijk een keer op bezoek komen bij je op school.' Ik wist zeker dat hij het niet zou begrijpen, maar ik wilde dat hij wist wat ik wilde en waarom.

'Goed.'

'Je weet toch dat we het erover hadden dat je hersenen groeien en veranderen? Ik vroeg me af of je het erg zou vinden als ik het met je klasgenoten over de hersenen had. En dan zou ik misschien ook iets vertellen over hoe je leefde voor je bij je ouders kwam.'

'Goed,' zei hij. Hij dacht na en vroeg: 'Breng je dan de foto's mee?'

'Welke foto's?'

'De foto's van mijn hersenen.'

'Tuurlijk. Je vindt het niet erg als ik foto's van je hersenen aan je klas laat zien?'

'Nee. Mijn hersenen zijn cool.'

'Weet je, Peter, je hebt helemaal gelijk. Je hersenen zijn cool.' En zo besloot ik, met zijn toestemming, die van zijn ouders en zijn school, te proberen om van de eersteklassers een nieuwe gemeenschap van 'therapeuten' voor Peter te maken.

Ik sprak zijn klas aan het begin van het schooljaar. 'Ik ben Peters vriend,' zei ik. 'Ik bestudeer de hersenen en Peter vroeg me om eens vanuit Houston naar jullie toe te komen om jullie iets te vertellen over een paar van de dingen die ik hem over de hersenen heb geleerd.' Ik liet Peter naar voren komen om mijn assistent te zijn.

Ik vertelde de eersteklassers over het brein en over hoe het zich op een bepaalde manier als een spier gedraagt. Ik vertelde dat ze op school hun 'ABC'-spieren oefenden en dat herhaling zo belangrijk was. Ik beschreef dat ze veel andere vergelijkbare soorten 'spieren' hadden in hun hersenen, die ook een bepaalde soort aandacht nodig hadden om groot en sterk te worden. Ik sprak over de ontwikkeling van het brein en hoe het komt dat je brein werkt, waarbij ik de nadruk legde op het feit dat het brein verandert.

'Weet je nog, Peter, toen we het hadden over hoeveel je moet oefenen om iets nieuws te leren? Dat komt doordat het brein verandert wanneer je het gebruikt, en gebruikt, en gebruikt.'

Ik keek van de kinderen naar Peter. 'Ja toch, Peter?' Hij glimlachte en knikte. 'En daarom wil jullie meester dat jullie steeds weer oefenen met schrijven en dat jullie steeds weer oefenen met de letters.'

Ik liet een paar dia's zien, ik bracht een model van het brein mee en Peter liet die rondgaan. Ik gaf antwoord op vragen. Welk deel van de hersenen zorgt ervoor dat je kunt praten? Welke kleur hebben hersenen? Worden er in je hersenen video's van je leven opgeslagen?

Ik vertelde de kinderen hoe belangrijk het was voor de zich ontwikkelende hersenen van een baby om gestimuleerd te worden door praten en aanrakingen en omgang met mensen. Ik vertelde hen dezelfde dingen die ik ouders, rechters, kinderartsen en mijn eigen personeel vertelde, alleen met minder grote woorden.

Daarna vertelde ik een beetje over kinderen die in andere omstandigheden opgroeien. Hoe Japanse kinderen Japans leren; hoe moeders in sommige culturen hun kinderen het eerste jaar voortdurend met zich meedragen. Hoe sommige kinderen in hun vroege leven niet zoveel woorden of liefde krijgen en dat dat het brein kan veranderen. Ze vermaakten zich. We lachten.

Peter glimlachte. En toen was het tijd. Ik wist niet hoeveel ik ging vertellen of zelfs wat ik ging vertellen. Ik zou me laten leiden door de reactie van de kinderen – en die van Peter. Ik greep mijn kans. 'Nou, fijn dat ik naar jullie klas mocht komen. Peter heeft me over jullie verteld toen hij me in Houston kwam opzoeken. Ik weet dat hij met veel van jullie op de kleuterschool heeft gezeten.' Een paar kinderen staken hun handen op. 'We hebben Peter gevraagd onze kliniek in Houston te bezoeken omdat we van hem wilden leren over zijn bijzondere hersenen.'

De kinderen keken naar Peter. 'Als jongetje bracht hij de eerste drie jaar van zijn leven elke minuut van elke dag door in een bedje.' De kinderen keken belangstellend, maar ook verward. 'Peter werd geboren in een ander land waar ze niet veel over het brein wisten. Zijn ouders konden niet voor hem zorgen en dus moest hij naar een weeshuis toen hij nog maar een baby was. In dat weeshuis werd iedere baby in een bedje gelegd en dat was hun huis. Ze konden niet rondlopen of kruipen, ze konden niet eens oefenen met staan om te leren lopen. Tot zijn ouders hem kwamen halen toen hij drie was, had Peter nog nooit de kans gehad om rond te lopen, met vriendjes te spelen, een knuffel te krijgen van een lieve volwassene. Zijn hersenen kregen weinig prikkels.' Het was helemaal stil in het lokaal: 26 zes jaar oude kinderen bewogen niet, spraken niet, wiebelden niet eens.

'En toen hij drie was, haalden zijn nieuwe ouders hem naar Tulsa.' Ik zweeg om iets van de spanning te laten verdwijnen. 'En toen begon het bijzondere brein van Peter al die dingen te leren. Ook al had hij nooit Engels gehoord, hij leerde Engels in maar een paar jaar. Hij had nog nooit de kans gehad om te lopen of rennen of springen en hij leerde al die dingen doen.' Peter leek zich ongemakkelijk te voelen. Ik wilde er niet te lang over uitweiden. 'En nu is Peters bijzondere brein nog steeds aan het leren. Hij heeft het geweldig gedaan. En daarom wilden we Peter ontmoeten en meer te weten komen over hoe iemand met zo'n moeilijke start het zo goed kon doen.'

Daarna eindigde ik met: 'Een deel van wat we hebben geleerd is dat Peter elke dag op school dingen van jullie leert. Hij ziet jullie dingen doen, hij leert ervan met jullie te spelen en hij leert er al van jullie vriend te zijn. Dus bedankt dat jullie Peter helpen. En bedankt dat ik mocht komen om over de hersenen te praten.'

Het was een kort en eenvoudig praatje. Ik probeerde een onbekende – Peter – minder beangstigend te maken voor de kinderen. In de loop der tijd kwam hun natuurlijke goedheid ook aan de oppervlakte.

Peter was niet langer een vreemde en beangstigende jongen, maar werd populair. Zelfs zo populair dat zijn leeftijdgenoten er ruzie over maakten wie naast hem mocht zitten, wie met hem mocht samenwerken, wie in zijn groepje mocht. De slimste en sterkste kinderen in zijn klas waren bijzonder in hem geïnteresseerd, en door hun leiderschap veranderde alles. Ze namen hem op in hun groepje, beschermden hem en leverden hem uiteindelijk de therapeutische ervaringen die hem hielpen zijn achterstand weg te werken.

Ze accepteerden zijn ontwikkelingsproblemen, corrigeerden zijn sociale vergissingen geduldig en waren zorgzaam in de omgang met hem. Deze kinderen gaven hem veel meer positieve therapeutische ervaringen dan wij Peter ooit hadden kunnen bieden.

Net als volwassenen reageren kinderen slecht op het onbekende, op het vreemde en niet vertrouwde, vooral wanneer ze zichzelf net aan een nieuwe situatie proberen aan te passen, zoals de start van een nieuw schooljaar. Hoewel hun sociale hiërarchie niet altijd zo gemakkelijk te beïnvloeden is, beginnen pesten en sociale afwijzing meestal met angst voor het onbekende. Volwassenen hebben veel meer invloed op het proces dan ze zelf denken. Wanneer kinderen eenmaal begrijpen waarom iemand zich vreemd gedraagt, geven ze hem of haar meestal meer ruimte. En hoe jonger kinderen zijn, hoe gemakkelijker ze te beïnvloeden zijn door zowel opvallende als subtiele signalen van afwijzing en acceptatie door volwassenen. Deze signalen bepalen vaak de toon van de statussystemen van de kinderen, en leerkrachten en ouders kunnen het pesten tot een minimum beperken door het sterk te ontmoedigen, maar ze kunnen het helaas ook maximaal toelaten door het kinderen toe te staan om kinderen die 'anders' zijn tot een zondebok te maken.

De wetenschap dat Peters kinderlijke gedrag veroorzaakt werd door zijn verleden waarin hij ernstig verwaarloosd was, hielp zijn klasgenoten om er een andere draai aan te geven. Wanneer hij iets afpakte of voor zijn beurt sprak, zagen ze dat niet langer als een persoonlijke aanval of een onaangename vreemdheid, maar simpelweg als restant uit zijn verleden, dat ze geleerd hadden te respecteren. De resultaten waren snel: hij had bijna direct geen aanvallen en uitbarstingen meer; waarschijnlijk waren ze voortgekomen uit frustratie, een gevoel van afwijzing en het gevoel niet begrepen te worden. Omdat de andere kinderen vergevingsgezinder en duidelijker waren over de sociale signalen die ze hem toezonden, kon hij ze beter lezen en paste hij dus beter bij de groep. Wat een neerwaartse spiraal van afwijzing, verwarring en frustratie was geweest, werd een stroom positieve, zichzelf in stand houdende versterkingen. De grote gaten in zijn ontwikkelingsleeftijd op emotioneel, sociaal en cognitief gebied werden langzaam gedicht. Tegen de tijd dat Peter naar de middelbare school ging, viel hij niet meer op en sindsdien is hij het goed blijven doen, zowel wat studie betreft als in sociaal opzicht.

Zijn leeftijdgenoten en zijn familie genazen hem door een rijke, sociale wereld te bieden, een zorgzame gemeenschap. Hoewel de neurosequentiële benadering ons hielp om de specifieke prikkels te bieden die zijn brein had moeten missen, massage de lichamelijke genegenheid bood die hij niet had gekregen, en muziek en beweging hielpen om zijn brein- en lichaamsritmen te herstellen, zou dit alles niet genoeg geweest zijn zonder de liefde en gevoeligheid van Amy en Jason en zonder het geduld en de steun van zijn klasgenoten. Hoe gezonder de relaties van een kind, hoe groter de kans dat hij van een trauma kan genezen en kan gedijen. Relaties zijn de instrumenten van verandering en de beste therapie is menselijke liefde.

11 | Genezende gemeenschappen

HET IS EEN BUITENGEWOON voorrecht geweest om met de kinderen te werken wier verhalen ik hier heb opgeschreven, en ik heb ongelofelijk veel van hen geleerd. Ik blijf me verbazen over hun moed, kracht en vermogen om situaties te doorstaan die de meeste volwassenen ondraaglijk zouden vinden. Maar hoewel nieuwe therapeutische modellen als de neurosequentiële benadering veelbelovend zijn, doen onderzoek en mijn ervaring vermoeden dat de belangrijkste genezende ervaringen in de levens van getraumatiseerde kinderen niet tijdens de therapie zelf plaatsvinden.

Trauma en onze reacties erop kunnen niet buiten de context van menselijke relaties worden begrepen. Of mensen een aardbeving hebben overleefd of herhaaldelijk seksueel misbruikt zijn, het is het belangrijkst hoe die ervaringen de relaties beïnvloeden die ze met hun dierbaren, met zichzelf en met de wereld hebben. Het meest traumatische aspect van alle rampen is de versplintering van menselijke betrekkingen. En dat geldt vooral voor kinderen. Wanneer de mensen die van je horen te houden je kwaad doen, je verlaten, je beroven van de een-op-eenrelaties die je helpen je veilig en gewaardeerd te voelen en om mens te worden, dan zijn dat zeer destructieve ervaringen. Omdat mensen onvermijdelijk sociale wezens zijn, is de ergste ramp die ons kan overkomen altijd het verlies van relaties.

Daardoor heeft het herstel van trauma en verwaarlozing ook altijd te maken met relaties – het opnieuw opbouwen van vertrouwen, het terugkrijgen van je onbevangenheid, het terugkeren naar een gevoel van veiligheid en je weer openstellen voor de liefde. Natuurlijk kunnen medicijnen helpen om de symptomen te verlichten en kan het zeer nuttig zijn om met een therapeut te spreken. Maar genezing en herstel zijn onmogelijk – zelfs met de beste medicijnen en therapieën ter wereld – zonder duurzame, zorgzame banden met anderen. In wezen is het natuurlijk de relatie met de therapeut, en niet alleen zijn of haar methoden of wijze woorden waardoor een therapie werkt. De kinderen met wie het na onze behandeling uiteindelijk goed ging, hadden stuk voor stuk een sterk sociaal netwerk van mensen die hen bijstonden en steunden. Wat kinderen als Peter, Justin, Amber en Laura genas, waren de mensen in hun omgeving, hun families, vrienden, de mensen die hen respecteerden, die hun zwakheden en kwetsbaarheden accepteerden en die hen geduldig hielpen om langzaam nieuwe vaardigheden te leren. Of het nu de coach was die ervoor zorgde dat Ted de basketbalstatistieken kon bijhouden, Mama P. die Virginia leerde hoe ze Laura moest koesteren en verzorgen, de jonge kinderen die Peter onder hun hoede namen en hem beschermden, of de ongelofelijke adoptieouders van veel van mijn patiënten; zij leverden allemaal de belangrijkste therapie die deze kinderen ooit volgden. Want wat ze het hardst nodig hadden, was een rijke sociale omgeving, een omgeving waarin ze zich thuis voelden en waar er van hen werd gehouden.

Wat mishandelde en getraumatiseerde kinderen het hardst nodig hebben, is een gezonde gemeenschap om de pijn, het verdriet en het verlies dat het eerdere trauma heeft veroorzaakt te verzachten. Alles wat het aantal en de kwaliteit van de relaties van een kind vergroot, draagt bij aan zijn genezing. Wat helpt, is consistente, geduldige, herhaalde liefdevolle verzorging. En wat niet helpt, moet ik toevoegen, zijn de goed bedoelende, maar slecht opgeleide 'beroepskrachten' in de geestelijke gezondheidszorg die na een traumatische gebeurtenis komen aanstormen of kinderen dwingen zich 'open te stellen' of 'hun woede eruit te gooien'.

Omdat de kinderen die het meest kwetsbaar zijn voor trauma's juist meestal niet bij een gezonde, behulpzame familie en gemeenschap wonen, wordt het echter steeds moeilijker om binnen de stelsels zoals die nu zijn doeltreffende hulp te bieden. Het ligt in de aard van gezonde gemeenschappen dat intermenselijke traumatische gebeurtenissen worden voorkomen (zoals huiselijk geweld en andere geweldsmisdrijven), en dat betekent dat iedereen nu kwetsbaarder wordt door de afbraak van sociale verbondenheid, die zo kenmerkend is voor onze zeer mobiele samenleving.

Als we onze kinderen succesvol willen opvoeden, tot kinderen die veerkrachtig kunnen zijn met het oog op welke traumatische ervaring dan ook die ze op hun pad krijgen – en ongeveer 40 procent van de kinderen zal op zijn minst één mogelijk traumatische gebeurtenis meemaken voor ze volwassen zijn – dienen we een gezondere samenleving tot stand te brengen. Het mooie aan onze soort is dat we kunnen leren; door onze herinneringen en onze technologieën profiteren we van de ervaring van de mensen vóór ons. Maar tegelijkertijd zorgen die technologieën, ook degene die erop gericht lijken ons bij elkaar te brengen, ervoor dat we steeds verder van elkaar af komen te staan. De moderne wereld heeft de fundamentele biologische eenheid van het menselijke sociale leven verstoord en in vele gevallen verlaten: de 'extended family'. Er wordt steeds zoveel nadruk gelegd op de afbraak van de nucleaire familie, het gezin, maar ik geloof dat de 'extended family' in veel gevallen minstens zo belangrijk is. Over het uiteenvallen daarvan wordt veel minder gesproken. Zoals je je zult herinneren uit Leons verhaal, kan de 'extended family' het verschil betekenen tussen een jong stel dat in staat is een gezond kind groot te brengen en een stel waarvan een of beide ouders overweldigd raken en het kind verwaarlozen.

Mensen hebben gedurende talloze generaties in kleine groepjes geleefd, bestaande uit veertig tot honderdvijftig mensen, die bijna allemaal aan elkaar verwant waren en bij elkaar woonden. De gemiddelde familiegroep in Europa bestond zelfs nog in 1500 uit ruwweg twintig mensen wier levens op dagelijkse basis nauw met elkaar verbonden waren. Maar tegen 1850 was dat aantal geslonken naar tien familieleden die dicht bij elkaar in de buurt woonden, en in 1960 was dat aantal nog maar vijf. In het jaar 2000 was de gemiddelde grootte van een huishouden minder dan vier, en een choquerende 26 procent van de Amerikanen woont alleen.

Terwijl de technologie vooruit is gegaan, zijn wij steeds verder verwijderd geraakt van de omgeving waarvoor de evolutie ons heeft gevormd. In de wereld waarin we nu leven is er geen eerbied voor biologie; er wordt geen rekening gehouden met veel van onze meest basale menselijke behoeften en we worden vaak van gezonde activiteiten afgehouden en naar de mensen om ons heen getrokken die ons kwaad doen. Mijn beroepsveld heeft daar helaas aan bijgedragen.

Beroepskrachten in de geestelijke gezondheidszorg hebben mensen jarenlang geleerd dat ze zonder sociale ondersteuning psychologisch gezond konden zijn: 'Alleen als je van jezelf houdt, zullen andere mensen ook van je houden.' Vrouwen kregen te horen dat ze geen mannen nodig hadden en omgekeerd. Mensen zonder relaties werden even gezond geacht als mensen die veel relaties hadden. Deze ideeën zijn tegenstrijdig met de fundamentele biologie van de menselijke soort: we zijn sociale zoogdieren en hadden nooit kunnen overleven zonder nauw verbonden en onderling afhankelijke menselijke contacten. De waarheid is dat je niet van jezelf kunt houden als er niet van je gehouden werd en wordt. Het vermogen om lief te hebben kan niet in eenzaamheid worden opgebouwd.

Ik geloof dat we ons op een overgangspunt in de geschiedenis bevinden waar mensen gaan inzien dat de moderne samenleving veel van de essentiële elementen is kwijtgeraakt die nodig zijn voor een optimale geestelijke gezondheid. We zien het probleem terug in de onverbiddelijke stijging van de gevallen van depressie over de hele wereld, die niet alleen verklaard kan worden door een betere behandeling en diagnose. Iemand die in 1905 werd geboren, had maar een kans van 1 procent om vóór de leeftijd van 75 aan een depressie te lijden, maar van de mensen geboren in 1955 maakte 6 procent op zijn vierentwintigste een periode van ernstige depressies door. Andere onderzoeken tonen aan dat het aantal tienerdepressies in de afgelopen decennia is gestegen met een ongelofelijke factor tien. We zien deze trend ook bij de veranderende patronen van huwelijk en scheiding, in de moeilijkheden die mensen melden te ondervinden bij het vinden van bevredigende romantische relaties, in de voortdurende strijd die gezinnen over de hele breedte van het economisch spectrum leveren om een evenwicht te vinden tussen werk en privé-leven. De loskoppeling tussen wat we nodig hebben om geestelijk gezond te zijn en wat de moderne wereld biedt, komt ook terug in het voortdurende ongemak dat ouders voelen – over internet, de media, drugs, gewelddadige criminelen, pedofielen, economische ongelijkheid en vooral over de waarden van onze cultuur, die onze reacties op deze onderwerpen vormen. Van rechts naar links, niemand lijkt onze huidige manier van leven gezond te vinden, ook al zijn we het niet eens over wat er dan precies verkeerd is en wat we eraan zouden moeten doen.

Het is tijd dat onze leiders naar voren stappen en vragen: 'Hoe vormen we een gemeenschap in een moderne wereld? Hoe verken je relaties in een wereld met televisie, e-mails, kunstmatig verlengde dagen door elektrisch licht, auto's, vliegtuigen, psychoactieve drugs, plastische chirurgie en alle andere dingen die bij voortschrijdende technologieën horen? Hoe gaan we om met de aanwezigheid van al die dingen en hoe creëren we een wereld waarin onze biologische behoeften worden gerespecteerd, een wereld waarin onze verbondenheid met anderen wordt vergroot in plaats van genegeerd of verstoord?'

Ik heb zeker niet alle antwoorden, maar ik weet wel dat veel van de huidige kinderopvangpraktijken onze kinderen schade berokkenen. In Californië is bijvoorbeeld een groot kinderdagverblijf voor kinderen van drie tot vijf jaar gevestigd, waar het personeel de kinderen niet mag aanraken. Als ze geknuffeld of vastgehouden willen worden, moeten de volwassenen hen wegduwen! Dit is typisch een voorbeeld van de manier waarop een idee dat goed bedoeld is – de wens om kinderen te beschermen tegen seksuele intimiteiten – ernstige en negatieve gevolgen kan hebben. Kinderen hebben gezonde aanrakingen nodig. Zoals we gezien hebben, kunnen baby's zelfs doodgaan als ze niet worden aangeraakt. Het is een onderdeel van onze biologie.

Helaas zijn we zo angstig geworden voor ongezonde aanrakingen dat we de kans erop vergroten door de behoeften van kinderen aan gezonde, lichamelijke genegenheid niet te vervullen. Hierdoor kunnen ze juist kwetsbaarder worden voor pedofielen, en niet weerbaarder, want kinderen zullen altijd de mensen opzoeken die aanhankelijk doen tegen hen. Als we het wantrouwen jegens anderen vergroten door kinderen binnen te houden en hen niet spontaan buiten te laten spelen met hun vriendjes, door hun leven streng te structureren, vernietigen we ook de gemeenschapsverbondenheid die ons gezond houdt.

Ik heb gezien welke afschuwelijke gevolgen het seksueel misbruiken van kinderen kan hebben. Ze blijken duidelijk uit de zaak in Gilmer, Tina's verhaal en dat van vele anderen. Ik weet beter dan de meeste mensen dat zorgen over seksueel misbruik gebaseerd zijn op een reële en beangstigende realiteit. Maar ik weet ook dat plegers van seksueel misbruik van kinderen de meest kwetsbare kinderen uitkiezen, dat ze binnenkomen waar het weefsel van de gemeenschap het zwakst is.

Mogelijke daders zoeken de zwakste prooi; ook dat is een feit van de biologie. Om onze kinderen te beschermen moeten we dus gezonde relaties vormen en ons met anderen verbinden; we moeten onze kinderen knuffelen. Het beschermen van kinderen moet gebeuren op manieren waarbij hun behoeften worden gerespecteerd door de gemeenschap te versterken en niet te versplinteren. Om ervoor te zorgen dat kinderen veilig zijn in het dagverblijf, moet je een volwassene niet in zijn eentje ongezien een kind laten aanraken maar moet je tegelijkertijd lichamelijke genegenheid en troost ook niet geheel weren. Voor een veilige buurt moet je je buren leren kennen. Houd je kinderen niet achter slot en grendel en geef ze niet alleen op voor gestructureerde activiteiten. We weten genoeg over de menselijke natuur om beleid te vormen op een manier die onze biologie weerspiegelt en respecteert, in plaats van haar negeert zonder daarvan vervolgens de consequenties te onderkennen.

Wat kunnen we nog meer doen om kinderen te beschermen tegen trauma's, verwaarlozing en misbruik? Hoe kunnen we kinderen die beschadigd worden, het best helpen? Ten eerste moeten we inzien dat ons huidige beleid en de huidige praktijken relaties niet op de eerste plaats zetten en dat de huidige stelsels die de belangen van kinderen behartigen, niet werken. We moeten erkennen dat veel van de 'oplossingen' die we tegenwoordig hebben voor sociale problemen, deze niet daadwerkelijk aanpakken en op de lange termijn zelfs verergeren. We moeten begrijpen wat we door onze ontwikkeling nodig hebben en vervolgens manieren zoeken om die dingen in de moderne wereld te verschaffen.

Een goede plaats om te beginnen is bij het begin, bij de manier waarop we baby's en jonge ouders behandelen. Zoals we gezien hebben, is het voor de ontwikkeling van normale baby's nodig dat ze de toegewijde aandacht van een of twee belangrijkste, vaste verzorgers krijgen, en dat die verzorgers de dagelijkse ondersteuning van een liefdevolle gemeenschap krijgen die de uitputtende eisen van het nieuwe ouderschap ziet en waar nodig verlicht. Toen mensen zich ontwikkelden, leefden ze niet in een wereld waarin een vrouw de hele dag alleen bij haar kroost zat, terwijl haar partner zijn dag doorbracht op kantoor.

Zowel mannen als vrouwen werkten hard om te overleven, maar vrouwen werkten samen met de jonge kinderen in hun buurt, terwijl de oudere jongens meegingen met de mannen en door hen opgeleid werden. Een vermoeide moeder kon haar baby aan een tante of een zus of een grootmoeder overdragen: er waren gemiddeld vier tieners en volwassenen voor ieder jong kind. Tegenwoordig denken we dat een kinderdagverblijf een uitstekende verhouding tussen volwassene en kinderen heeft wanneer er een verzorger is op vijf kinderen!

Zoals primatoloog en evolutionair theoretica Sarah Blaffer Hrdy stelde in een interview met het tijdschrift *New Scientist*: 'Beleidsmakers stellen zich voor dat nucleaire gezinnen het "gouden tijdperk" belichamen, maar in termen van de verre geschiedenis van de menselijke familie is het ongebruikelijk dat kinderen alleen door hun vader en moeder worden opgevoed. Kinderen die eraan gewend zijn te worden verzorgd door anderen, zien hun sociale wereld als een vriendelijke plaats en handelen daar ook naar.' Hrdy's boek, *Mother Nature: Maternal Instincts and How They Shape the Human Species*, benadrukt het belang van de 'extended family', die ze 'alloparents' noemt. Ze merkt op: 'Voor kinderen die kans lopen op verwaarlozing, maakt het verbazingwekkend veel uit als er "alloparents", bijvoorbeeld een grootouder, aanwezig zijn.' Dat hebben we in dit boek ook gezien.

Toen de mens evolueerde, hadden baby's niet hun eigen kamer, ze hadden niet eens hun eigen bed. Ze waren meestal nooit verder dan een paar meter verwijderd van een volwassene of een broer of zus, en meestal werden ze vastgehouden. Veel slaap- en huilproblemen die tegenwoordig in de babytijd voorkomen, worden waarschijnlijk veroorzaakt door het feit dat een mensenbaby die alleen en uit het zicht wordt gelaten, gedurende bijna de hele evolutionaire geschiedenis van de mensheid een bijna zekere dood tegemoet ging. Het wekt nauwelijks verbazing dat baby's het akelig vinden om alleen gelaten te worden om te gaan slapen. Het is eigenlijk choquerend (en een weerspiegeling van het aanpassingsvermogen van het menselijk brein) dat ze er zo snel aan wennen. Baby's zouden zich uiteindelijk zo kunnen ontwikkelen dat hun stresssystemen niet zo snel aanslaan wanneer ze alleen gelaten worden, maar evolutie neemt een eeuwigheid in beslag en niet het tijdsverloop dat de meeste ouders graag zouden zien.

We moeten mensen onderwijzen over de behoeften van baby's en betere manieren ontwikkelen om hen te bejegen. We moeten een baby- en kindvriendelijke maatschappij creëren, waar iedereen die kinderen heeft of ermee werkt, weet wat hij kan verwachten. Als een baby bijvoorbeeld helemaal niet huilt, zoals Connor, is dat evenzeer een reden tot zorg als wanneer hij te veel huilt. Een groter bewustzijn van bij een bepaalde leeftijd passend gedrag zal ervoor zorgen dat kinderen zo snel mogelijk hulp kunnen krijgen.

Ook moeten we een onmiddellijk staakt-het-vuren afkondigen in de strijd tussen werkende en thuisblijfmoeders en inzien dat iedereen er profijt van heeft wanneer jonge ouders de keuze krijgen om meer tijd bij hun kinderen door te brengen en wanneer ze de steun van de gemeenschap en toegang tot kinderopvang van goede kwaliteit krijgen. Zoals Hrdy zegt: 'We evolueerden in een context waar moeders veel meer sociale steun kregen. Baby's hebben deze sociale betrokkenheid nodig om hun volledige menselijke potentieel te bereiken.'

Veel Europese landen – vooral in Scandinavië – zijn erin geslaagd zowel een zeer productieve economie te hebben als kinderopvang van hoge kwaliteit en een lang, betaald ouderschapsverlof te bieden. Er is geen reden waarom wij niet eenzelfde beleid zouden kunnen ontwikkelen.

Om een biologisch respectvolle thuisomgeving tot stand te brengen, kunnen ouders ook simpele dingen doen als grenzen stellen aan computer en televisie, door bijvoorbeeld regelmatig met het gezin te eten wanneer alle telefoons, televisies en computers uitstaan. Bovendien kunnen ze met hun eigen gedrag, in de omgang met mensen, het belang van relaties, inlevingsvermogen en vriendelijkheid benadrukken, of dat nu familieleden, buren, winkeliers of andere mensen zijn die ze tegenkomen in hun dagelijks leven.

Ook scholen moeten veranderen. Ons onderwijsstelsel heeft zich bijna obsessief gericht op cognitieve ontwikkeling en de emotionele en lichamelijke behoeften van kinderen bijna compleet genegeerd. Nog maar twintig jaar geleden duurden de lunchpauzes en de vakanties op basisscholen veel langer, en was er een paar keer per week verplicht gymles. Voor huiswerk hoefden kinderen zelden langer dan een uur per avond te werken en ze werden geacht in staat te zijn zich deadlines te herinneren en zelfstandig te halen. Grote projecten waarvoor de hulp van ouders nodig was, waren er maar een paar keer per jaar.

Al die dingen hielden rekening met de biologie van jonge kinderen, vooral die van jongens, die zich langzamer ontwikkelen dan meisjes. Scholen zagen in dat een korte aandachtsspanne een kenmerk van de kindertijd is, dat kinderen vrije tijd nodig hebben om te rennen en te spelen en te leren zich sociaal te gedragen bij elkaar. Het negen jaar oude neefje van mijn coauteur, Maia, vertelde zijn moeder ooit dat hij niet wist wie zijn vrienden waren. Zijn dagen op school waren zo gestructureerd dat hij niet genoeg vrije tijd had om echte relaties aan te knopen. Er waren geen onderbrekingen. Dat is belachelijk. In onze haast om ons ervan te verzekeren dat onze kinderen een even 'rijke' omgeving hebben als de kinderen van de buren, verarmen we ze eigenlijk in emotioneel opzicht. De hersenen van een kind hebben meer nodig dan woorden en lessen en georganiseerde activiteiten: ze hebben liefde en vriendschap nodig, en de vrijheid om te spelen en te dagdromen. Deze wetenschap zou ouders in staat kunnen stellen weerstand te bieden aan sociale druk en scholen terug te duwen in een verstandigere richting.

Bovendien is ons onderwijsstelsel en het algehele gebrek aan respect van onze samenleving voor het belang van relaties ondermijnend voor de ontwikkeling van het inlevingsvermogen. Net zoals taal is inlevingsvermogen een wezenlijk talent van de menselijke soort, eentje dat helpt te omschrijven wat een mens is. Maar net zoals taal moet ook inlevingsvermogen worden geleerd. Meestal pikken we beide op in de vroege jeugd, maar zoals de verhalen van Connor en Leon illustreren, is er wezenlijke input nodig uit de omgeving voor de ontwikkeling van inlevingsvermogen en de relationele vaardigheden die ervan afhankelijk zijn. Hoewel er gelukkig maar weinig baby's voor lange periodes alleen worden gelaten zoals die twee jongens, speelt het leven van jonge kinderen zich wel steeds meer af in een omgeving die zo gestructureerd en gereglementeerd is dat er weinig tijd overblijft om vriendschappen op te bouwen en de oefening en de herhaling te krijgen die nodig zijn voor empathie en hartelijkheid. Erger nog, de tijd die ze met hun ouders doorbrengen is vaak ook beperkt, en wat overblijft wordt snel gevuld met uren huiswerk en anders uren televisie, computers en video-spelletjes.

De ontwikkeling van het brein is gebruiksafhankelijk: je gebruikt het of je verliest het. Als we onze kinderen niet de tijd geven om te leren hoe ze bij anderen moeten zijn, contact moeten maken, om moeten gaan met conflicten en zich te redden in een ingewikkelde sociale hiërarchie, zullen die gebieden van hun brein onderontwikkeld blijven. Zoals Hrdy opmerkt: 'Een van de dingen die we van het inlevingsvermogen weten, is dat het potentieel alleen tot uiting komt door een bepaalde opvoeding.' Als je deze opvoeding niet biedt door een zorgzaam, levendig sociaal netwerk zal het niet volledig tot bloei komen.

We moeten ook inzien dat niet alle stress verkeerd is, dat kinderen uitdagingen en risico's net zo hard nodig hebben als veiligheid. Het is heel natuurlijk om onze kinderen te willen beschermen, maar we moeten ons afvragen of het verlangen naar een risicoloze jeugd niet te ver gaat. De veiligste speeltuin zou immers vrij zijn van schommels, steile glijbanen, ruwe oppervlakken, andere kinderen... en plezier. De hersenen van kinderen worden gevormd door wat ze langzaam en herhaaldelijk doen in de loop der tijd. Als ze niet de kans hebben om te oefenen met kleine risico's en met de consequenties van die keuzes, zijn ze straks niet goed voorbereid op het maken van grotere en veel verstrekkender keuzes. In de veiligheidscultuur van tegenwoordig lijken we onze kinderen vanaf de babytijd tot en met de middelbare school eerst nauwlettend in de gaten te houden en te sturen, om ze daarna over te laten aan de absolute vrijheid van de studietijd (hoewel sommige ouders zich ook daar proberen op te dringen). We moeten niet vergeten dat pubers het grootste deel van de geschiedenis van de mens eerder een volwassen rol op zich namen en die uitdaging bewonderenswaardig doorstonden. Veel van de problemen die we met tieners hebben, zijn er het gevolg van dat we er niet in slagen om hun groeiende brein genoeg te prikkelen. Hoewel we inmiddels weten dat de hersengebieden met betrekking tot het maken van beslissingen pas volgroeid zijn wanneer ze op zijn minst begin twintig zijn, zijn het ervaringvormende beslissingen die het brein helpen te volgroeien en dit gebeurt niet wanneer ze nooit risico's nemen. We moeten kinderen toestaan om iets te proberen en het te laten mislukken. En wanneer ze stomme, kortzichtige beslissingen nemen die voortvloeien uit een gebrek aan ervaring, moeten we ze laten lijden onder de gevolgen. Tegelijkertijd moeten we ook zorgen voor evenwicht door een vergissing, zoals drugsgebruik of vechten, niet uit te vergroten tot een rampzalige ontsporing. Helaas is dit precies wat de huidige 'zero tolerance'-politiek doet: kinderen van school sturen vanwege één overtreding.

We weten dat we door onze biologie zijn voorbestemd om de handelingen te spiegelen van de mensen om ons heen. We weten dat we hetgeen we herhalen, versterken en uiteindelijk verwerken. Hoe vaker we iets doen, hoe sterker het systeem dat er in ons brein aan gewijd is, wordt. Deze feiten zijn prachtig wanneer we overwegen liefde en zorg te herhalen, maar ze zijn ronduit beangstigend wanneer we denken aan geweld en het toenemende aantal simulaties van geweld die ons en onze kinderen omringen.

Factoren als een voortdurend gewelddadige omgeving, een economische achterstand, getuige of het slachtoffer zijn van geweld zijn veel doorslaggevender bij het bepalen welke kinderen later wellicht gewelddadig zullen worden dan simpele videospelletjes of blootstelling aan televisie. Het verminderen van economische ongelijkheid en het helpen van slachtoffers van huiselijk geweld en kindermishandeling zijn van wezenlijk belang als we een eind willen maken aan geweld en misdaad. Hoewel de meeste mishandelde kinderen hun eigen kinderen later niet zullen mishandelen of misbruiken, is de kans dat ouders hun kinderen zullen mishandelen of verwaarlozen dramatisch groter als ze zulke ervaringen in hun vroege jeugd zelf hebben opgedaan. Dit kan echter nog erger zijn als deze kinderen in een versplinterde gemeenschap wonen, als ze omgeven zijn door simulaties van geweld en weinig positieve sociale interacties daartegenover hebben.

De American Psychiatric Association schat dat het gemiddelde kind ongeveer 16.000 nagespeelde moorden en 200.0000 gewelddsdaden op televisie heeft gezien tegen de tijd dat hij of zij achttien is, hoewel er nog geen onderzoek is gedaan naar de mate waarin kinderen worden blootgesteld aan gewelddadige videospelletjes of naar de invloed daarvan op het gedrag van kinderen. Willen we een samenleving waarin de nadruk ligt op de goede kanten van onze natuur, dan is het belangrijk dat er paal en perk wordt gesteld aan de blootstelling van kinderen aan dergelijk geweld. In de loop van dit boek hebben we gezien dat geringe invloeden en kleine beslissingen bij elkaar opgeteld in de loop der tijd tot grote problemen kunnen leiden. Dat betekent ook dat het wijzigen van veel kleine negatieve invloeden uiteindelijk een groot effect kan hebben.

Verder evolueerden mensen in een situatie waarin samenwerking essentieel was om te overleven. Hoewel we nooit helemaal vredelievend zijn geweest, zijn er in sommige samenlevingen kinderen opgevoed en geschillen beslecht op een manier waarbij onze gewelddadige aanvechtingen werden getemperd, terwijl ze in andere samenlevingen juist de vrije loop werden gelaten. Een van de moeilijkste vragen waarvoor evolutionaire theoretici zich gesteld zien, is inzicht in hoe samenwerking ontstond, want de 'winnaars' in de evolutie zijn die dieren die zich het meest succesvol reproduceren, en zelfzuchtig gedrag vergroot de kans op overleving en reproductie vaak aanzienlijk. Aanhangers van de evolutieleer benadrukten al lang de wreedheid van de natuur ('nature, red in tooth and claw'), maar een visie die zich richtte op de competitie tussen de sterksten om te overleven ontbeerde een van de fascinerendste en belangrijkste kenmerken van de mens en nog heel wat andere soorten: de neiging tot altruïsme.

In de loop der tijd hebben onderzoekers ontdekt dat samenwerking in bepaalde situaties met een gevoelig evenwicht als vanzelf ontstaat omdat dieren die onder dergelijke omstandigheden samenwerken, eerder zullen overleven dan dieren die altijd in hun eentje opereren. Om de samenwerking echter stand te doen houden, moeten deze gunstige omstandigheden ook blijven bestaan. Bij mensen vallen onder de vereisten voor het behoud van samenwerking het gevoel dat anderen je waarschijnlijk eerlijk zullen behandelen, en herkenning en bestraffing (hetzij door een rechtssysteem, hetzij door sociale uitsluiting) van degenen die ons vertrouwen beschamen en ons bedriegen om zelf beter te worden ten koste van anderen.

Helaas staat dat basisgevoel van veiligheid en goede wil jegens anderen onder druk in een samenleving waarin de rijken steeds rijker worden en waarin de rest wordt overgeleverd aan de grillen van een wereldwijde concurrentiestrijd. De media en onze schoolsystemen leggen steeds meer de nadruk op materieel succes en het belang om van anderen te winnen, zowel in atletisch opzicht als op school. In een sfeer van groeiende competitie lijken ouders uit de midden- en hogere klassen tot steeds grotere uitersten gedreven om hun kroost steeds precies datgene te bieden wat ze als 'voorsprong' waarnemen. Deze voortdurende nadruk op competitie overschreeuwt de lessen van samenwerking, inlevingsvermogen en altruïsme, die van wezenlijk belang zijn voor de geestelijke gezondheid van de mens en voor de sociale cohesie.

Ik ben vaak gevraagd om te helpen bij het opzetten van een psychologische hulpdienst na traumatische gebeurtenissen. Gebeurtenissen waarvan ik geloof dat ze het directe resultaat zijn van onze gefragmenteerde gemeenschappen en onze niet-aflatende focus op competitie. Een paar van de meest verdrietige zijn schietpartijen op scholen. Waar ik keer op keer in deze zaken op ben gestuit, is een competitieve schoolcultuur waar pesten de norm is en waar 'de verliezers' niet worden beschouwd als mensen die begrip en steun nodig hebben, maar als mensen die hun vervreemding en uitsluiting verdiend hebben. In deze situaties zijn het niet alleen de tieners die een strenge sociale hiërarchie hebben opgebouwd, waarbij er geen genade is voor degenen die aan de onderkant bungelen, maar ook de leerkrachten, ouders en schoolbestuurders. Mensen zijn natuurlijk altijd een hiërarchische soort geweest – dat is een ander deel van onze biologie – maar wanneer je de nadruk legt op genadeloze competitie ten koste van alles in een cultuur waar geweld verheerlijkt wordt, kan het toch nauwelijks verbazing wekken dat degenen die zich buitengesloten voelen af en toe gewelddadig in opstand komen. Ik geloof niet dat we deze incidenten zullen kunnen voorkomen, tenzij we er veel harder aan gaan werken om ervoor te zorgen dat alle scholieren zich bij de schoolgemeenschap voelen horen.

Het brein ontwikkelt zich in de loop der tijd, met een voortdurende aangroei van herhalingen en blootstellingen; elk moment is er een verandering die positieve dan wel negatieve patronen versterkt. Wanneer een patroon eenmaal ontstaat, vormt zich een soort groef of geul die vergelijkbaar gedrag vergemakkelijkt zodat het vaker herhaald zal worden. Door de spiegelende systemen van ons sociale brein is gedrag besmettelijk. En weer geldt dat dit prachtig is wanneer je sport beoefent, piano speelt of vriendelijk bent, maar veel minder wanneer het herhaalde impulsieve, agressieve reacties op dreiging zijn. Hierbij gaan mijn gedachten weer terug naar Leon en naar de manier waarop, nadat de verwaarlozing begon, herhaalde, op zichzelf onbelangrijke, kleine beslissingen bij elkaar kwamen en ervoor zorgden dat het steeds eenvoudiger voor hem werd om te kiezen voor slecht gedrag en om goede keuzes steeds verder van zich af te plaatsen.

Als gevolg van deze eigenschappen van het brein is vroeg ingrijpen bijna altijd beter dan laat. Maar het moet wel de juiste actie zijn. In Leons geval maakte veel van wat bedoeld was om hem te 'helpen' de dingen alleen maar erger. Wanneer kinderen zich gaan misdragen, hebben we weinig baat bij onze aanvankelijke opwelling om hen te straffen en kort te houden; we zien kinderen die zeuren en veeleisend en agressief zijn, vaak als 'verwend' en 'verpest', in plaats van te herkennen dat deze eigenschappen meestal voortkomen uit onbeantwoorde behoeften en onontgonnen mogelijkheden, en niet uit het gevoel te veel te hebben of het zich te goed voelen. Om een kind vriendelijk, gul en invoelend te laten worden, moet hij zo worden behandeld. Straf kan deze eigenschappen niet kweken of vormen. Hoewel we grenzen moeten stellen, moeten we kinderen goed behandelen als we willen dat ze zich goed gedragen. Een kind dat met liefde wordt opgevoed, wil de mensen om hem heen gelukkig maken, omdat hij ziet dat zijn geluk hen ook gelukkig maakt; hij gehoorzaamt niet omdat hij anders gestraft zou worden. Deze positieve feedback is even krachtig als negatieve, maar is afhankelijk van de soms tegen de intuïtie indruisende reactie om eerst te achterhalen waar het wangedrag vandaan komt en er iets mee te doen, in plaats van eerst op te treden. Ik ben ervan overtuigd dat als Leon vroeg in zijn jeugd de hand was toegestoken, zelfs als hij al enige verwaarlozing door zijn moeder had ervaren, hij niet de koelbloedige moordenaar was geworden die ik heb ontmoet.

Maar om met kinderen te werken die het soort vroege trauma hebben meegemaakt dat Connor, Peter, Justin, Leon en Laura hebben beschadigd, zijn twee dingen nodig waar in onze moderne wereld vaak een tekort aan is: tijd en geduld. Getraumatiseerde kinderen hebben vaak overactieve stressreacties waardoor ze, zoals we hebben gezien, agressief, impulsief en veeleisend kunnen worden. Het zijn moeilijke kinderen; ze zijn gauw van streek en moeilijk te kalmeren, ze kunnen overdreven reageren op de geringste nieuwigheid of verandering en ze weten vaak niet hoe ze moeten nadenken voor ze iets doen. Voor ze ook maar iets blijvend kunnen veranderen aan hun gedrag, hebben ze het nodig om zich veilig en bemind te voelen.

Helaas werken veel van de behandelingsprotocollen en andere interventies die op hen gericht zijn andersom: ze gaan uit van een bestraffende benadering en hopen kinderen tot goed gedrag te verleiden door pas liefde en veiligheid te bieden als de kinderen zich 'beter' gaan gedragen. Hoewel kinderen door een dergelijke aanpak tijdelijk kunnen doen wat volwassenen willen, kunnen deze methoden niet de blijvende, interne motivatie verschaffen die kinderen uiteindelijk zal helpen om zich beter te beheersen en zich liefdevoller op te stellen jegens anderen.

Probleemkinderen hebben pijn, en door pijn worden mensen prikkelbaar, onrustig en agressief. Alleen geduldige, liefdevolle, consistente verzorging werkt; wonderbaarlijke, plotselinge genezingen bestaan niet. Dit geldt zowel voor een kind van drie of vier als voor een tiener. Dat een kind ouder is, betekent niet dat een bestraffende benadering geschikter of effectiever is. Helaas, alweer, wordt dit meestal niet erkend binnen het systeem. Er wordt gezocht naar 'snelle oplossingen' en wanneer die niet helpen, zijn er lange straffen. We hebben programma's en hulpmiddelen nodig die erkennen dat straf, deprivatie en machtsstrijd deze kinderen alleen maar opnieuw traumatiseren en hun problemen verergeren.

Een van de belangrijkste lessen die ik heb geleerd in mijn werk, is hoe belangrijk het is simpelweg de tijd te nemen om aandachtig te kijken en te luisteren, nog vóór je iets anders doet. Vanwege de spiegelende neurobiologie van onze hersenen is het eerst zelf rustig en geconcentreerd worden een van de beste manieren om iemand anders te helpen rustig en geconcentreerd te worden. Daarna moet je gewoon opletten.

Wanneer je een kind vanuit dit perspectief benadert, krijg je een totaal andere reactie dan wanneer je er eenvoudig vanuit gaat dat je weet wat er aan de hand is en hoe je het kunt oplossen. Toen ik bijvoorbeeld Justin in zijn bed/kooi voor het eerst benaderde, kreeg ik een heel andere reactie dan eerdere bezoekers omdat ik rustig bleef en inzag dat zijn eigen angst en honger achter zijn beangstigende gedrag lagen. Het is natuurlijk lastig om zo afstandelijk te redeneren wanneer het je eigen kind is dat zich misdraagt – vooral wanneer hij iets doet waar je boos van wordt of waardoor je van streek raakt – maar hoe meer je probeert de wereld vanuit het perspectief van het kind te zien en hoe veiliger je hem zich laat voelen, hoe beter zijn gedrag zal zijn en hoe groter de kans dat je manieren zult vinden om het verder te verbeteren.

Nog een belangrijk gevolg van onze gespiegelde biologie is dat het geen goed idee is om kinderen met agressieve of impulsieve neigingen bij elkaar te zetten, omdat ze elkaars negatieve gedrag eerder versterken en aanwakkeren dan kalmeren. Hoewel uit onderzoek blijkt dat het een negatief effect heeft om zulke groepen te vormen, hebben we helaas de gewoonte opgevat om therapiegroepen en woongroepen zo samen te stellen dat juist die kinderen bij elkaar komen. Zoals in Leons geval kunnen de problemen erdoor verslechteren.

Ik kan ook niet vaak genoeg benadrukken hoe belangrijk routine en herhaling zijn voor het herstel. Het brein verandert in reactie op patroonmatige, herhaalde ervaringen: hoe vaker je iets herhaalt, hoe dieper geworteld het raakt. Omdat er tijd voor nodig is om herhalingen te verzamelen, betekent dit dat herstel tijd kost en dat geduld heel belangrijk is terwijl de herhalingen doorgaan. Hoe langer de traumatische periode of hoe extremer het trauma, hoe groter het aantal vereiste herhalingen om het evenwicht te hervinden.

Omdat trauma in wezen een ervaring van opperste machteloosheid en controleverlies is, is het voor het herstel ook broodnodig dat de patiënt zelf verantwoordelijk is voor de belangrijkste aspecten van de therapeutische interactie. Keer op keer blijkt uit onderzoek dat als je kracht gebruikt of mensen dwingt zich open te stellen terwijl ze er nog niet klaar voor zijn, als je staat op hun deelname aan de therapie en als je individuele verschillen niet respecteert, dat je behandeling zelfs ernstige schade kan toebrengen. Veiligheid is namelijk van het grootste belang voor het herstel, terwijl dwang tot angst leidt; dwingende therapieën zijn gevaarlijk en missen hun doel voor slachtoffers van trauma's. Trauma veroorzaakt andere geestelijke problemen zoals allerlei gedragsproblemen bij tieners, en een enorm percentage verslavingen. Helaas wordt er op dat terrein vaak gebruikgemaakt van dwingende behandelingsvormen, en dat is weer een geval waarbij onze inspanningen het probleem juist kunnen verergeren. We moeten zowel ouders als beroepskrachten informeren over deze waarheden en ervoor zorgen dat het rechtsstelsel, het pleegzorgstelsel, de kinderbescherming en de geestelijke gezondheidszorg gebruikmaken van op bewijzen gebaseerde benaderingen die op zijn minst voortkomen uit kennis over trauma en die de schade verkleinen in plaats van vergroten.

Natuurlijk zal het niet gemakkelijk zijn om onze wereld veiliger te maken voor kinderen. Pogingen daartoe moeten enkele van de grootste politieke controverses van onze tijd aanpakken: mondialisering, de strijd tussen werkende en thuisblijfmoeders, economische ongelijkheid, om er maar een paar te noemen. En de Verenigde Staten heeft in het verleden weinig meer gedaan dan lippendienst bewijzen aan onderwerpen die kinderen betreffen; de Republikeinen en de Democraten hebben de 'familiewaarden' hoog in het vaandel, maar doen weinig om de dagelijkse problemen die de meeste ouders en kinderen ondervinden echt aan te pakken. Ik heb niet alle antwoorden. Maar ik denk wel dat inzicht in onszelf als sociale wezens met een brein dat zich ontwikkelde met bepaalde unieke vermogens en zwakheden, een brein dat wordt wat het beoefent, ons in staat zal stellen om op zijn minst de juiste vragen te stellen. En dat is de beste start wanneer je erop uit bent een liefdevolle, zorgzame gemeenschap op te bouwen.

Appendix

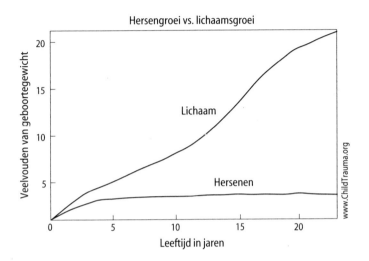

AFBEELDING 1 *Groei van het lichaam en het brein*
De fysieke groei van het menselijk lichaam stijgt ruwweg op lineaire wijze van de geboorte tot de adolescentie. De fysieke groei van het brein daarentegen volgt een ander patroon. De snelste groei vindt plaats in de baarmoeder, en vanaf de geboorte tot het vierde jaar groeit het brein explosief. Het brein van de vierjarige beslaat 90 procent van een volwassen brein! Een meerderheid van de fysieke groei van de belangrijkste neurale netwerken van het brein vindt plaats in deze fase. Het is een tijd van grote plasticiteit en kwetsbaarheid, waarin het zich organiserende brein daadwerkelijk gevormd wordt door ervaringen. In deze tijd heeft het zich ontwikkelende kind grote kansen: veilige, voorspelbare, koesterende en herhaalde ervaringen kunnen het helpen een heel scala aan genetische talenten tot uiting te brengen. Helaas is het brein nu ook het kwetsbaarst voor de destructieve impact van dreiging, verwaarlozing en trauma.

Dit vroege patroon van hersengroei betekent echter niet dat de ontwikkeling of organisatie van het brein voltooid is. Gedurende de jeugd en puberteit vinden er nog belangrijke neurologische ontwikkelingen plaats waardoor de hersensystemen complexer worden. Tot aan het begin van de volwassen leeftijd gaat de cortex door met grote herstructureringen en myelinisatie.

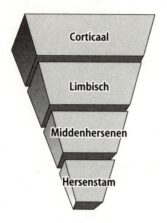

Abstract denken
Concreet denken
Affiliatie
Hechting
Seksueel gedrag
Emotionele reactiviteit
Motorische regulatie
Arousal
Eetlust/verzadiging
Slaap
Bloeddruk
Hartslag
Lichaamstemperatuur

AFBEELDING 2 *Hiërarchie van hersenfuncties*
Het menselijk brein ontwikkelt zich opeenvolgend in ruwweg dezelfde volgorde als waarin de diverse gebieden ontstaan. De primitiefste, in het midden gelegen gebieden, beginnend bij de hersenstam, ontwikkelen zich als eerste. Tijdens de groei van een kind ondergaat elk opeenvolgend hersengebied (bewegend vanuit het midden in de richting van de cortex) belangrijke veranderingen en groei. Maar voor een juiste ontwikkeling is het voor elk gebied nodig dat er goed getimede, herhaalde en patroonmatige ervaringen plaatsvinden. Binnen de neurosequentiële benadering voor het helpen van getraumatiseerde en mishandelde kinderen wordt eerst onderzocht welke gebieden en functies onderontwikkeld zijn of slecht functioneren, om dan de ontbrekende stimulansen te verschaffen zodat het brein een normalere ontwikkeling kan hervatten.

Gevoel voor tijd	Strekt zich uit naar de toekomst	Dagen, uren	Uren, minuten	Minuten, seconden	Geen gevoel voor tijd
Arousal-continuüm	Rust	Waakzaamheid	Weerstand Huilen	Opstandigheid Woedeaanvallen	Aggressie
Dissociatief continuüm	Rust	Vermijding	Gehoorzaamheid Robotachtig	Dissociatie Foetaal wiegen	Flauwvallen
Regulerend hersengebied	Neocortex Cortex	Cortex Limbisch	Limbisch Middenhersenen	Middenhersenen Hersenstam	Hersenstam Autonoom
Cognitieve stijl	Abstract	Concreet	Emotioneel	Reactief	Reflexmatig
Innerlijke staat	Kalm	Alert	Alarm	Angst	Paniek

AFBEELDING 3 *Het arousalcontinuüm, toestandafhankelijk leren en de reactie op dreiging*

Mensen verwerken, slaan informatie op en herinneren zich deze weer en reageren vervolgens op de wereld op een manier die afhangt van hun huidige fysiologische toestand (met andere woorden, hun reactie is 'toestandafhankelijk'). Als een kind is blootgesteld aan extreme of een alom tegenwoordige dreiging of stress, kan zijn stresssysteem gesensitiseerd raken en reageert hij wellicht op gewone ervaringen alsof ze bedreigend zijn. Afhankelijk van zijn individuele reactie op stress, verplaatst hij zich misschien vooral langs het dissociatieve continuüm of het arousalcontinuüm. Elke verandering zal zijn vermogen om cognitieve informatie op te nemen, zoals lesstof, verminderen.

Als gevolg hiervan kan zijn brein in een heel andere toestand zijn dan dat van andere kinderen in de klas. Zoals de grafiek illustreert, zal een rustig kind informatie heel anders verwerken dan een kind dat in een 'gealarmeerde' toestand verkeert, of hij nu neigt naar een dissociatieve of een hyper-arousalreactie. Zelfs als twee kinderen hetzelfde IQ hebben, kan het rustigere kind zich beter concentreren op de woorden van de leraar en, door zijn neocortex te gebruiken, meegaan met abstracte gedachten en leren.

Het gealarmeerde kind daarentegen zal minder efficiënt zijn bij het verwerken en opslaan van de verbale informatie die de leraar verschaft. Subcorticale en limbische gebieden zullen de cognitie van dit kind overheersen. Deze gebieden zijn gericht op non-verbale informatie, zoals de gezichtsuitdrukking van de leraar, zijn handgebaren en stemming. Omdat het brein op een 'gebruiksafhankelijke' wijze leert, zal dit kind bovendien een selectievere ontwikkeling van haar non-verbale cognitieve vermogens hebben doorgemaakt. Het getraumatiseerde of mishandelde kind heeft geleerd dat non-verbale informatie belangrijker is dan verbale, bijvoorbeeld: 'Wanneer papa naar bier ruikt en gek loopt, weet ik dat hij mama pijn zal doen.'

Terwijl een kind langs het arousalcontinuüm beweegt, verandert het deel van zijn brein dat zijn functies bestuurt; hoe angstiger of bedreigder het zich voelt, hoe primitiever zijn gedrag en zijn reacties zullen zijn. Tijdens deze toestandgerelateerde verschuiving in cognitie verandert het gevoel voor tijd van het kind en wordt het in de toekomst plannen ingekort. Het bedreigde kind denkt niet na (en zou dat ook niet moeten doen) over iets wat pas over maanden gaat gebeuren: het concentreert zich op de huidige dreiging.

Dit heeft verregaande gevolgen voor het begrip van de gedachten, reacties en gedrag van getraumatiseerde kinderen. Voor deze kinderen werkt onmiddellijke beloning het best; een uitgestelde beloning is bijna onmogelijk. Ze zijn werkelijk niet in staat om na te denken over de mogelijke gevolgen van hun gedrag vanwege de fysieke arousal van hun brein.

Hierdoor is het voor het gealarmeerde kind onmogelijk om na te denken over gedrag – ook niet over gewelddadig gedrag. Losgesneden van de interne regulerende vermogens van de cortex, reageert de hersenstam reflexmatig, impulsief en vaak agressief op elke waargenomen dreiging.

Door deze toestandafhankelijke manier van verwerken kunnen mishandelde kinderen een heel scala aan verwarrende en ogenschijnlijk onbelangrijke 'gevoeligheden' vertonen. Een te lang vastgehouden oogcontact kan als levensbedreigend signaal worden opgevat. Een vriendelijke aanraking van de schouder kan een kind herinneren aan het seksuele misbruik door zijn stiefvader. Een goed bedoeld, vriendelijk plagerijtje kan voelen als een vernedering, omdat het lijkt op de onafgebroken sarcastische en neerbuigende emotionele mishandeling die het thuis meemaakt. Een verzoek om een probleem op te lossen kan angstaanjagend zijn voor het meisje dat in een huis woont waar ze nooit iets goed doet. Een ook maar enigszins verheven stem kan overkomen als een schreeuw op het jongetje dat in een gewelddadige omgeving woont. Om getraumatiseerde kinderen te helpen moet er rekening gehouden worden met deze reacties en moeten hun stressreactiesystemen tot rust gebracht worden, zodat ze zich veilig genoeg voelen om te vertrouwen op hun hogere hersenfuncties en ze minder tijd doorbrengen verder in het arousalcontinuüm.

Overgenomen uit: Perry, B.D. (2006). Fear and learning: trauma-related factors in education. *New Directions for Adult and Continuing Education, 110*, 21–27.

Dankbetuiging

Dankbetuiging van Bruce D. Perry

De belangrijkste bijdragen aan dit boek kreeg ik van de personen die ik niet bij naam kan noemen: de honderden mishandelde en getraumatiseerde kinderen door wie mijn inzicht in hun situatie en therapeutische behoeften blijft groeien. Ik voel me vereerd met ieder van hen gewerkt te hebben en ik dank hen voor hun goedheid, hun moed en hun bereidheid om hun pijn te delen zodat anderen daar voordeel van kunnen hebben. Ik hoop dat hun kracht en hun pit op deze blad zijden doorkomen en dat we recht hebben gedaan aan hun verhalen.

Ik wil ook een reeks briljante wetenschappers en getalenteerde clinici-onderzoekers bedanken voor de wijsheid en leiding die ze verschaften in mijn professionele carrière. Het zijn dr. Seymour Levine, Charles Sorenson, David U'Prichard, Jon Stolk, Earl Giller en Steve Southwick. Ik bedank mijn clinici-mentoren voor hun inzichten, en vooral dr. Jarl Dyrud en dr. Richard Kaufman. Ook had ik het geluk te beschikken over een aantal bestuurlijke mentoren die tijd, laboratoriumruimte, bronnen en begeleiding boden, in het bijzonder dr. Bennett Leventhal en dr. Stuart Yudofsky. Mijn belangrijkste neurowetenschappelijke medewerkers dr. Lewis Seiden, dr. Al Heller en dr. Bill Woolverton verdienen het zeker ook vermeld te worden. Bovendien ben ik veel dank verschuldigd aan dr. Lenore Terr, dr. Robert Pynoos en dr. Frank Putnam, en veel andere pionierende clinici en onderzoekers die me inspireerden. De ruimte laat het niet toe ze hier allemaal op te noemen.

Ik wil hier ook aandacht vragen voor het werk en de niet-aflatende inspiratie van auteur en advocaat Andrew Vachss. In de loop der jaren heeft hij zijn wijsheid en adviezen gul met me gedeeld over de totstandkoming van mijn werk. Hij heeft me geholpen om de juiste vragen te stellen. Hij is een lichtbaken in een duistere wereld.

Ook ben ik de huidige en voormalige collega's en staf van de Child-Trauma Academy dankbaar. Het is inspirerend om te zien hoe ze met de probleemkinderen meeleven, en de intellectuele stimulans die ze bieden, is onbetaalbaar. De eerste onder gelijken is dr. Robin Fancourt, een opvallende, onzelfzuchtige kinderarts die een heel land heeft veranderd met haar werk. Speciale dank ben ik verschuldigd aan de huidige leiding van The ChildTrauma Academy, Jana Rosenfelt, dr. Chris Dobson en Stephanie Schick, en aan mijn huidige en voornaamste klinische onderzoeksmedewerkers bij de CTA, dr. Rick Gaskill en dr. Gizane Indart.

Ons werk is in de loop der jaren gesteund door vele gulle en betrokken individuen. Ik wil hier vooral Irving Harris, Jeffery Jacobs, Maconda Brown O'Connor en Richard en Meg Weekley bedanken.

Verder gaat mijn dank uit naar Jo Ann Miller, uitgeefster bij Basic Books, voor haar redactietalent en haar steun, en aan Andrew Stuart, onze agent, voor zijn harde werk en zijn aanmoediging tijdens dit project.

De meeste dank moet echter naar mijn familie gaan. Mijn vader Duncan en moeder Donna hebben veel talenten: nieuwsgierigheid, humor, compassie, inzet. Mijn eigen talenten zijn een weerspiegeling van de wereld die ze me als kind boden. Daarvoor, en voor nog veel meer, ben ik hen zeer dankbaar. Maar van mijn hele familie moet mijn grootste dankbaarheid toch wel uitgaan naar mijn vrouw Barbara. Ze heeft verhuizingen, tijd weg van huis, te veel tijd die ik thuis aan het werk doorbracht en mij in het algemeen getolereerd. Onze kinderen zijn mijn grootste vreugde en mijn grootste leraren. Mijn gezin blijft de liefde, kracht, steun en inspiratie geven die me op de been houdt.

Tot slot, dit boek bestaat vanwege Maia Szalavitz. Ik ben zeer dankbaar dat we op deze manier hebben samengewerkt. Ze is een hardwerkende en fantastische schrijfster met een opvallend vermogen om wetenschappelijke concepten uit talrijke disciplines te verwerken en deze te vertalen naar een breed publiek. Belangrijker nog is dat ze een groot hart heeft. Ik hoop dat jullie er evenveel van hebben genoten om dit boek te lezen als wij ervan hebben genoten om het te schrijven.

Maia's dankbetuiging

Het was echt een eer om met een van mijn wetenschappelijke helden, Bruce D. Perry, samen te werken, en ik had me geen betere coauteur kunnen wensen. Ik bedank hem vooral voor zijn vriendelijkheid, wijsheid, gulheid, steun en inspiratie, en voor het feit dat ik hem mocht helpen om dit boek tot stand te brengen. Als wetenschappelijk schrijfster waan ik me in de hemel dat ik betaald word om belangrijke vragen te stellen aan grote denkers – en dat is precies wat ik hiervoor moest doen. Dank ben ik ook verschuldigd aan onze agent Andrew Stuart voor zijn adviezen en hulp vanaf het voorstel bij het vormen van dit boek, en aan Jo Ann Miller voor haar verfijnde redactiewerk en ondersteuning. Mijn speciale dank gaat uit naar Lisa Rae Coleman voor haar goede transcriptie, vriendschap en scherpe geest, en naar Trevor Butterworth en stats.org voor hun niet-aflatende steun. Mijn moeder, Nora Staffanell, en vader, Miklos Szalavitz, mijn zussen Kira Smith (en haar kinderen, Aaron, Celeste en Eliana), Sarah en mijn broer Ari Szalavitz verdienen ook een woord van dank. Zoals altijd gaat mijn dankbaarheid ook naar Peter McDermott, die zowel mijn werk als mijn leven beter maakt.

Noten

Inleiding

10 *Bij minstens 7 procent van alle Amerikanen voorkomt:* Kessler, R.C., Berglund, P., Demler, O., Jin, R., Merikangas, K.R. & Walters, E.E. (2005). Lifetime prevalence and age-of-onset distributions of DSM-IV disorders in the National Comorbidity Survey Replication. *Archives of General Psychiatry, 62(6),* 593–602. Zie ook: Kessler, R.C. et al. (december 1995). Posttraumatic Stress Disorder in the National Comorbidity Survey. *Archives of General Psychiatry, 52(12),* 1048–1060.

10 *Ongeveer 40 procent van de Amerikaanse kinderen:* Franey, K., Geffner, R. & Falconer, R. (Eds.). (2001). *The Cost of Maltreatment: Who Pays? We All Do* (pp. 15–37). San Diego, CA: Family Violence and Sexual Assault Institute. Zie ook: Anda, R.F., Felitti, V.J., Bremner J.D., Walker, J.D., Whitfield, C.H., Perry, B.D., Dube, S.R. & Giles, W.H. (2006). The enduring effects of abuse and related adverse experiences in childhood: A convergence of evidence from neurobiology and epidemiology. *European Archives of Psychiatry and Clinical Neuroscience, 256(3),* 174–186. Epub, 29 November 2005.

11 *Ongeveer 872.000 van deze gevallen werden bevestigd:* http://www.acf.hhs.gov/programs/cb/pubs/cm04/index.htm

11 *Een op de acht kinderen onder de leeftijd van zeventien jaar:* Finkelhor, D., Ormrod, R., Turner, H. & Hamby, S.L. (2005). The victimization of children and youth: a comprehensive, national survey. *Child Maltreatment,* 10(1), 5–25.

11 *Ongeveer 27 procent van de vrouwen en 16 procent van de mannen als volwassene:* Finkelhor, D., Hotaling, G., Lewis, I.A. & Smith, C. (1990). Sexual abuse in a national survey of adult men and women: Prevalence, characteristics, and risk factors. *Child Abuse & Neglect, 14,* 19–28.

11 *6 procent van de moeders en 3 procent van de vaders: A statistical portrait of fathers and mothers in America* (2002) (p. 24). Washington, D.C.: ChildTrends. Onderzoeksresultaten van de in 1995 gehouden Gallup Survey over het straffen van kinderen in Amerika.

11 *Tien miljoen Amerikaanse kinderen jaarlijks blootgesteld aan huiselijk geweld:* Strauss, M. A. (1991). *Children as witnesses to marital violence: A risk factor for lifelong problems among a nationally representative sample of American men and women.* [Voordracht gehouden bij de Ross Roundtable over 'Children and Violence.'] Washington, D.C.

11 *4 procent van de Amerikaanse kinderen onder de vijftien jaar:* Strauss, M.A. (1991). Ibid.

11 *Brengen ongeveer 800.000 kinderen enige tijd door in een pleeggezin:* Child Welfare League of America. (5 juni 2005). Statement of the Child Welfare

275

League of America for House Subcommittee on Human Resources of the Committee on Ways and Means for the hearing on federal foster care financing. http://www.cwla.org/advocacy/fostercare050609.htm

11 *Meer dan acht miljoen Amerikaanse kinderen aan ernstige, te diagnosticeren, traumagerelateerde psychische problemen lijden*: Perry, B.D. & Pollard, R. (1998). Homeostasis, Stress, Trauma and Adaptation. *Child and Adolescent Psychiatric Clinics of North America, (7)1*, 33–51.

11 *Ruwweg eenderde van de kinderen die mishandeld worden*: Perry, B.D. & Azad, I. (1999). Posttraumatic stress disorders in children and adolescents. *Current Opinion in Pediatrics, 11(4)*, 310–316.

Hoofdstuk 1 Tina's wereld

33 *De ratten de rest van hun leven niet goed in staat waren om met stress om te gaan*: Perry, B.D., Stolk, J.M., Vantini, G., Guchhait, R.B. & U'Prichard, D.C. (1983). Strain differences in rat brain epinephrine synthesis and alpha-adrenergic receptor number: Apparent in vivo regulation of brain alphaadrenergic receptors by epinephrine. *Science, 221*, 1297–1299.

33 *De stressreactie van een rat voor altijd kon veranderen*: besproken in Levine, S. (2005). Developmental determinants of sensitivity and resistance to stress. *Psychoneuroendocrinology*, 30(10), 939–946. In het algemeen zie ook : Terr, L. (1990). *Too scared to cry: how trauma affects children and ultimately, us all.* New York: Basic Books.

Hoofdstuk 2 Voor je eigen bestwil

45 *Onderzoek naar aspecten van de stressreactiesystemen bij veteranen met PTSS*: Perry, B.D., Giller, E.L. & Southwick, S. (1987). Altered platelet alpha2-adrenergic binding sites in posttraumatic stress disorder. *American Journal of Psychiatry, 144(11)*, 1511–1512; Perry, B.D., Southwick, S.W., Yehuda, R. & Giller, E.L. (1990). Adrenergic receptor regulation in post-traumatic stress disorder. In E.L. Giller, (Ed.), *Advances in psychiatry: biological assessment and treatment of post traumatic stress disorder* (pp. 87–115). Washington, D.C.: American Psychiatric Press; Giller, E.L., Perry, B.D., Southwick, S.M., Yehuda, R., Wahby, V., Kosten, T.R. & Mason, J.W. (1990). Psychoendocrinology of posttraumatic stress disorder. In M.E. Wolf & A.D. Mosnaim (Eds.), *PTSD: biological mechanisms and clinical aspects* (pp. 158–170).Washington, DC: American Psychiatric Press.

46 *De schoolcijfers van de jongens begonnen zelfs te verbeteren, net als hun onderlinge sociale omgang*: Perry, B.D. (1994). Neurobiological sequelae of childhood trauma: Post traumatic stress disorders in children. In M. Murburg (Ed.), *Catecholamine function in post traumatic stress disorder: emerging concepts* (pp. 253–276).Washington, D.C.: American Psychiatric Press.

49 *Als het patroon van de inname anders is*: Kleven, M., Perry, B.D., Woolverton, W. & Seiden, L. (1990). Effects of repeated injections of cocaine on D1 and D2 dopamine receptors in rat brain. *Brain Research, 532*, 265–270; Farfel, G., Kleven, M.S., Woolverton, W.L., Seiden, L.S. & Perry, B.D. (1992). Effects of repeated

injections of cocaine on catecholamine receptor binding sites, dopamine transporter binding sites and behavior in Rhesus monkeys. *Brain Res, 578*, 235–243.

Hoofdstuk 3 *Trapje naar de hemel*

68 *Ooit opgewonden vergeleek met die van opgejaagde dieren*: Breault, M. & King, M. (1993). *Inside the cult: a member's chilling, exclusive account of madness and depravity in David Koresh's compound*. New York: Signet Nonfiction.

82 *De kans op posttraumatische stress na zo'n 'behandeling' twee keer zo groot is geworden*: Rose, S., Bisson, J., Churchill, R. & Wessely, S. (2002). Psychological debriefing for preventing post traumatic stress disorder (PTSD). *The Cochrane Database of Systematic Reviews*, 2.

87 *Als mechanismen om de gebeurtenis zelf aan te kunnen*: Perry, B.D., Pollard, R., Blakely, T., Baker, W. & Vigilante, D. (1995). Childhood trauma, the neurobiology of adaptation and 'use-dependent' development of the brain: How 'states' become 'traits'. *Infant Mental Health Journal, 16(4)*, 271–291.

Hoofdstuk 4 *Huidhonger*

97 *Gaat de gelegenheid op zicht en dieptewaarneming verloren*: Hubel D.H. & Wiesel, T.N. (1959). Receptive fields of single neurons in the cat's striate cortex. *Journal of Physiology, 148*, 574–591.

97 *Om de taal zelf normaal te spreken of te verstaan*: Rymer, R. (1994). *Genie: a scientific tragedy*. New York: Harper Paperbacks.

97 *Elke nieuwe taal die hij leert met een accent spreken*: Pinker, S. (2000). *The language instinct: how the mind creates language* (pp. 295–296). New York: Harper Perennial Modern Classics.

99 *Op tweejarige leeftijd overleed – een zeer hoog sterftecijfer*: Iwaniec, D. (2004). *Children who fail to thrive: a practice guide*. Chichester, UK:Wiley.

104 *Blijken vaak een verminderde hoeveelheid groeihormonen te hebben*: Stanhope, R., Wilks, Z., Hamill, G. (1994). Failure to grow: lack of food or lack of love? *Professional Care of the Mother and Child, 4(8)*, 234–7; Albanese, A., Hamill, G., Jones, J., Skuse, D., Matthews, D.R., Stanhope, R. (1994). Reversibility of physiological growth hormone secretion in children with psychosocial dwarfism. *Clinical Endocrinology, (Oxf), 40(5)*, 687–692.

Hoofdstuk 5 *Het kilste hart*

117 *Deze kloof tussen verbale en performale scores komt vaak voor bij mishandelde of getraumatiseerde kinderen*: Perry, B.D. (1999). Memories of fear: How the brain stores and retrieves physiologic states, feelings, behaviors and thoughts from traumatic events. In J.M. Goodwin & R. Attias (Eds.), *Splintered reflections: images of the body in trauma* (pp. 26–47). New York: Basic Books; Perry, B.D. (2001). The neurodevelopmental impact of violence in childhood. In D. Schetky & E.P. Benedek (Eds.), *Textbook of Child and Adolescent Forensic Psychiatry* (pp. 221–238). Washington, D.C.: American Psychiatric Press.

117 *Stijgt het aandeel naar ruim 35 procent*: Yeudall, L.T. (1977). Neuropsychological assessment of forensic disorder. *Canada's Mental Health, 25*, 7–15; Gillen,

R. & Hesselbrock, V. (1992). Cognitive functioning, ASP, and family history of alcoholism in young men at risk for alcoholism. *Alcoholism: Clinical and Experimental Research, 16(2)*, 206.

127 *Probleemgedrag meestal verder verergert wanneer een kind tussen andere probleemkinderen wordt gezet*: Dishion, T.J.; McCord, J. & Poulin, F. (1999). When interventions harm: Peer groups and problem behavior. *American Psychologist, 54(9)*, 755–764; Poulin, F.; Dishion, T.J. & Burraston, B. (2001). 3-year iatrogenic effects associated with aggregating high-risk adolescents in cognitive-behavioral preventive interventions. *Applied Development Science, 5(4)*, 214–224.

129 *In de linker mediale frontaalkwab liggen, net boven de ogen*: Frith, U. (1998). What autism teaches us about communication. *Logopedics, Phoniatrics Vocology, 23*, 51–58.

130 *Cortisol (dat in een speekseltest kan worden gemeten)*: Susman, E.J. (2006). Psychobiology of persistent antisocial behavior: stress, early vulnerabilities and the attenuation hypothesis. *Neuroscience Biobehavior Review, 30(3)*, 376–89. Loney, B.R., Butler, M.A., Lima, E.N., Counts, C.A. & Eckel, L. A. (2006). The relation between salivary cortisol, callous-unemotional traits, and conduct problems in an adolescent non-referred sample. *Journal of Child Psychology and Psychiatry and Allied Disciplines, 47(1)*, 30–36. van Bokhoven, I., Van Goozen, S.H., van Engeland, H., Schaal, B., Arseneault, L., Seguin, J.R., Nagin, D.S., Vitaro, F. & Tremblay, R.E. (2005). Salivary cortisol and aggression in a population-based longitudinal study of adolescent males. *Journal of Neural Transmission, 112(8)*, 1083–1096.

130 *En reageren alleen nog maar op extreme prikkels*: Unis, A.S., Cook, E.H., Vincent, J.G., Gjerde, D.K., Perry, B.D. & Mitchell, J. (1997). Peripheral serotonergic measures correlate with aggression and impulsivity in juvenile offenders. *Biological Psychiatry, (42)7*, 553–560; Perry, B.D. (1997). Incubated in terror: Neurodevelopmental factors in the 'cycle of violence.' In J. Osofsky (Ed.), *Children in a violent society* (pp. 124–148). New York: Guilford Press.

135 *Als ze de leeftijd hebben om bij de profs te kunnen spelen*: Dubner, S.J. & Levitt, S.D. (2006). A star is made. *New York Times Magazine*.

Hoofdstuk 6 *De jongen die opgroeide als hond*

138 'Neurosequentiële benadering van therapeutische diensten voor mishandelde en getraumatiseerde kinderen': Perry, B.D. (2001). The neuroarcheology of childhood maltreatment: the neurodevelopmental costs of adverse childhood events. In K. Franey, R. Geffner & R. Falconer (Eds.), *The Cost of Maltreatment: Who Pays? We All Do* (pp. 15–37). San Diego, CA: Family Violence and Sexual Assault Institute; Perry, B.D. (2006). Applying principles of neuroscience to clinical work with traumatized and maltreated children: the neurosequential model of therapeutics. In N.B. Webb (Ed.), *Working with traumatized youth in child welfare* (pp. 27–52). New York: The Guilford Press.

138 *Was veel, veel ernstiger verwaarloosd dan Leon*: onderzoek dat de neurosequentiële behandeling ondersteunt: Jones, N.A. & Field, T. (1999). Massage

and music therapies attenuate frontal EEG asymmetry in depressed adolescents. *Adolescence, 34(135)*, 529–534; Field, T. (1998).Maternal depression effects on infants and early interventions. *Preventive Medicine, 27(2)*, 200–203; Diego, M.A., Field, T., Hart, S., Hernandez-Reif, M., Jones, N., Cullen, C., Schanberg, S. & Kuhn, C. (2002). Facial expressions and EEG in infants of intrusive and withdrawn mothers with depressive symptoms. *Depress Anxiety, 15(1)*, 10–17; Field, T., Martinez, A., Nawrocki, T., Pickens, J., Fox, N.A., Schanberg, S. (1998). Music shifts frontal EEG in depressed adolescents. *Adolescence, 33(129)*, 109–116; Khilnani, S., Field, T., Hernandez-Reif, M. & Schanberg, S. (2003). Massage therapy improves mood and behavior of students with attention-deficit/hyperactivity disorder. *Adolescence, 38(152)*, 623–638.

142 *Een zichtbaar kleinere hoofdomvang en kleinere hersenen hebben*: Perry, B.D. (2002). Childhood experience and the expression of genetic potential: what childhood neglect tells us about nature and nurture. *Brain and Mind, 3*, 79–100; Johnson, R., Browne, K. & Hamilton-Giachritsis, C. (2006). Young children in institutional care at risk of harm. *Trauma Violence Abuse, (1)*, 34–60; Anda, R.F., Felitti, V.J., Bremner, J.D., Walker, J.D., Whitfield, C.H., Perry, B.D., Dube, S.R. & Giles, W.H. (2006). The enduring effects of abuse and related adverse experiences in childhood: A convergence of evidence from neurobiology and epidemiology. *European Archives of Psychiatry and Clinical Neuroscience, 256(3)*, 174–186. Epub, 29 november 2005. Additional background on effects of neglect: Smith, M.G. & Fong, R. (2004). *The children of neglect: when no one cares*. New York: Brunner-Routledge.

154 *Zijn in vergelijking met zicht, reuk, smaak en gehoor bij de geboorte het meest uitgebreid ontwikkeld*: Weiss, S.J. (2005). Haptic perception and the psychosocial functioning of preterm, low birth weight infants. *Infant Behavior and Development, 28*, 329–359.

154 *Gingen zelfs gemiddeld bijna een week eerder naar huis*: Field, T. (2002). Preterm infant massage therapy studies: an American approach. *Seminars in Neonatology, 7(6)*, 487–494.

154 *Doordat de hoeveelheid stresshormonen wordt verlaagd die wordt afgegeven door het brein*: Field, T., Hernandez-Reif, M., Diego, M., Schanberg, S., Kuhn, C. (2005). Cortisol decreases and serotonin and dopamine increase following massage therapy. *International Journal of Neuroscience, 115(10)*, 1397–1413.

154 *En daarmee de betrokkenheid van de ouders bij de therapie vergroten*: Cullen-Powell, L.A., Barlow, J.H., Cushway, D. (2005). Exploring a massage intervention for parents and their children with autism: the implications for bonding and attachment. *Journal of Child Health Care, 9(4)*, 245–255.

158 *Hetgeen doet vermoeden dat muziek en zang een belangrijke rol spelen in de ontwikkeling van baby's*: Mithen, S. (2005). *The singing neanderthals: the origins of music, language, mind and body*. London: Weidenfeld & Nicholson.

165 *Temperament, dat bepaald wordt door erfelijkheid en de intra-uteriene situatie*: Cowen, E.L.,Wyman, P.A. & Work, W.C. (1996). Resilience in highly stressed urban children: concepts and findings. *Bulletin of the New York Academy of Medicine, 73(2)*, 267–284.

165 *Intelligentie is ook een belangrijke factor*: Masten, A.S., Hubbard, J.J., Gest, S.D., Tellegen, A., Garmezy, N. & Ramirez, M. (1999). Competence in the context of adversity: pathways to resilience and maladaptation from childhood to late adolescence. *Development and Psychopathology, 11(1),* 143–169.

Hoofdstuk 7 Satanische paniek

170 *Zoals iemand te hebben gezien die bezeten was van de duivel*: Elizabeth Loftus, award for distinguished scientific applications of psychology. (2003). *American Psychologist, 58(11),* 864–867; Loftus, E.F. (2005). Planting misinformation in the human mind: a 30-year investigation of the malleability of memory. *Learning and Memory,* 12(4), 361–366. Epub 18 juli 2005.

171 *Tot de achterkant van zijn hoofd helemaal 'papperig was'*: Loe, V. (1993, 3 december). Satanic Cult Scare Takes Massive Human Toll on Texas Town. *Dallas Morning News.*

173 *Een op de vier volwassen inwoners kan niet lezen*: Wade, R.M. (1999). When Satan Came to Texas. *The Skeptic,* 7(4).

176 *Dat alle gebeurtenissen die ze zich herinneren ook waar zijn*: Loftus, E. (2003). Make believe memories. *American Psychologist*; Pendergrast, M. (1996). *Victims of Memory: Sex Abuse Accusations and Shattered Lives.* Vermont: Upper Access Books; Ofshe, R.J. (1992). Inadvertent hypnosis during interrogation: false confession due to dissociative state; mis-identified multiple personality and the Satanic cult hypothesis. *International Journal of Clinical and Experimental Hypnosis, 40(3),* 125–156. Ofshe, R. & Watters, E. (1996). *Making Monsters: False Memories, Psychotherapy and Sexual Hysteria.* Berkeley & Los Angeles: University of California Press.

177 *Aangeklaagd voor sterfgevallen (van slachtoffers van kindermisbruik) die verband hielden met hun 'therapie'*: Bowers, K. (2000, 27 juli). Suffer the children. *Westword (New Times).*

179 *'[...] De duivel ons dan zou komen halen.'*: Wade, R. M. (1999). When Satan came to Texas. *The Skeptic, 7(4).*

181 *Door te piekeren over negatieve gebeurtenissen uit het verleden*: Nolen-Hoeksema, S., Morrow, J., Fredrickson, B.L. (1993). Response styles and the duration of episodes of depressed mood. *Journal of Abnormal Psychology, 102(1),* 20–28; Lyubomirsky, S. & Nolen-Hoeksema, S. (1993). Self-perpetuating properties of dysphoric rumination. *Journal of Personality and Social Psychology, 65(2),* 339–349.

185 *'[...] Financieel en op elke andere manier ruïneren.'*: Vaughn, V. (1995, februari). Witch hunt. *North Texas Skeptic.*

Hoofdstuk 8 De Raaf

197 *En een rustgevend gevoel van afstand tot je problemen geven*: Perry, B.D. (1994). Neurobiological sequelae of childhood trauma: Post traumatic stress disorders in children. In M. Murburg (Ed.), *Catecholamine function in post traumatic stress disorder: emerging concepts* (pp. 253–276).Washington, D.C.: American Psychiatric Press.

197 *Bekend als endorfinen en encefalinen*: van der Kolk, B., Greenberg, M., Boyd, H. & Krystal, J. (1985). Inescapable shock, neurotransmitters, and addiction to trauma: toward a psychobiology of post traumatic stress. *Biological Psychiatry, 20(3)*, 314–325.

204 *Interessant genoeg wordt de zelfverminking niet erger wanneer ze eenmaal Goth zijn*: Young, R., Sweeting, H. & West, P. (2006, 13 april). Prevalence of deliberate self harm and attempted suicide within contemporary Goth youth subculture: longitudinal cohort study. *British Medical Journal.*

204 *Uit onderzoek onder drugs- en alcoholverslaafden*: Felitti, V.J. (2003). The origins of addiction: evidence from the adverse childhood experiences study. *Prax Kinderpsychology and Kinderpsychiatry, 52(8)*, 547–559; Dube, S.R., Felitti, V.J., Dong, M., Chapman, D.P., Giles, W.H. & Anda, R.F. (2003). Childhood abuse, neglect, and household dysfunction and the risk of illicit drug use: the adverse childhood experiences study. *Pediatrics, 111(3)*, 564–572; Clark, H.W., Masson, C.L., Delucchi, K.L., Hall, S.M. & Sees, K.L. (2001). Violent traumatic events and drug abuse severity. *Journal of Substance Abuse Treatment, 20(2)*, 121–127.

204 *Getuige zijn van ernstig geweld, lichamelijke mishandeling en verwaarlozing en andere trauma's*: Dansky, B.S., Byrne, C.A. & Brady, K.T. (1999). Intimate violence and post-traumatic stress disorder among individuals with cocaine dependence. *American Journal of Drug and Alcohol Abuse, 25(2)*, 257–268; Palacios, W.., Urmann, C. F., Newel, R. & Hamilton, N. (1999). Developing a sociological framework for dually diagnosed women. *Journal of Substance Abuse Treatment, 17(1–2)*, 91–102.

205 *Laten vaak afwijkingen zien in gebieden waar ook tijdens een verslaving veranderingen optreden*: Daglish, M.R.,Weinstein, A., Malizia, A.L.,Wilson, S., Melichar, J.K., Lingford-Hughes, A., Myles, J.S., Grasby, P.& Nutt, D.J. (2003, december). Functional connectivity analysis of the neural circuits of opiate craving: 'more' rather than 'different'? *Neuroimage, 20(4)*; Carey, P.D., Warwick, J., Niehaus, D.J., van der Linden, G., van Heerden, B.B., Harvey, B.H., Seedat, S., Stein, D.J. (2004). Single photon emission computed tomography (SPECT) of anxiety disorders before and after treatment with citalopram. *BMC Psychiatry, 4*, 30; Carlezon, W.A. Jr., Duman, R.S. & Nestler, E.J. (2005). The many faces of CREB. *Trends in Neuroscience, 28(8)*, 436–445; Astur, R.S., St. Germain, S.A., Tolin, D., Ford, J., Russell, D. & Stevens, M. (2006). Hippocampus function predicts severity of post-traumatic stress disorder. *Cyberpsychology and Behavior, 9(2)*, 234–240.

205 *Mensen die tijdens een vroeger trauma verlichting vonden in dissociatie*: Winchel, R.M. & Stanley, M. (1991). Self-injurious behavior: a review of the behavior and biology of self-mutilation. *American Journal of Psychiatry, 148(3)*, 306–317.

205 *Vinden de meeste mensen die deze drugs proberen ze niet overweldigend en paradijselijk*: Conley, K.M., Toledano, A.Y., Apfelbaum, J.L. & Zacny, J.P. (1997). The modulating effects of a cold water stimulus on opioid effects in volunteers. *Psychopharmacology, 131*, 313–320.

Hoofdstuk 9 'Mama liegt. Mama doet me pijn. Bel alsjeblieft de politie.'

223 *'[...] Bel alsjeblieft de politie.'*: Hanson, E. (2000, 14 april). Jurors are asked to terminate parental rights in abuse case. *Houston Chronicle*.

227 *Kunnen ook beïnvloed worden door de omgeving*: Read, J., Perry, B.D., Moskowitz, A. & Connolly, J. (2001). The contribution of early traumatic events to schizophrenia in some patiënts: a traumagenic neurodevelopmental model. *Psychiatry, 64(4)*, 319–345; Anda, R.F., Felitti, R.F., Walker, J., Whitfield, C., Bremner, D.J., Perry, B.D., Dube, S.R. & Giles,W.G. (2006). The enduring effects of childhood abuse and related experiences: a convergence of evidence from neurobiology and epidemiology. *European Archives of Psychiatric and Clinical Neuroscience, 256(3)*, 174–186.

228 *Uiteindelijk werd ze veroordeeld voor de moorden*: Talan, J. & Firstman, R. (1998). *The death of innocents: a true story of murder, medicine, and high-stake science*. New York: Bantam.

228 *Biechtten vier van de moeders op acht van de baby's te hebben vermoord*: Southall, D.P., Plunkett, M.C., Banks, M.W., Falkov, A.F. & Samuels, M.P. (1997). Covert video recordings of life–threatening child abuse: lessons for child protection. *Pediatrics, 100(5)*, 735–760.

228 *'[...] en drie is moord tot het tegendeel is bewezen.'*: Dyer, O. (2004). Meadow faces GMC over evidence given in child death cases. *British Medical Journal, 328(7430)*, 9.

229 *Op zijn minst drie veroordelingen zijn teruggedraaid*: UK Health Minister orders review of 285 cot death murders. (2004, 20 januari). *Medical News Today*; Sally Clark Doctor wins GMC Case. (2006, 17 februari). *BBC News*.

229 *Ongeveer negen procent van kinderen die een moeder met deze stoornis hebben*: Schreier, H. (1993). *Hurting for love: munchausen by proxy syndrome* (p. 25). New York: Guilford Press.

Hoofdstuk 10 De goedheid van kinderen

232 *Een scala een breingerelateerde, functionele problemen*: Perry, B.D. (2002). Childhood experience and the expression of genetic potential: what childhood neglect tells us about nature and nurture. *Brain and Mind, 3*, 79–100; Perry, B.D. & Pollard, D. (1997). Altered brain development following global neglect in early childhood. *Society For Neuroscience*, [Proceedings from Annual Meeting] New Orleans.

Hoofdstuk 11 Genezende gemeenschappen

250 *en in 1960 was dat aantal nog maar vijf*: Burguiere, A. & Klapisch–Zuber, C., et. al. (Eds.) (1996). *A history of the family, volume I: distant worlds, ancient worlds & A history of the family, volume II: the impact of modernity*. Boston: Harvard University Press.

250 *En een choquerende 26 procent van de Amerikanen woont alleen*: Morrow, J.A (2003, 11 november). Place for one. *American Demographics*.

251 *Maakte 6 procent op zijn vierentwintigste een periode van ernstige depressies door*: Klerman, G.L. & Weissman, M.M. (1989). Increasing rates of depres-

sion. *Journal of the American Medical Association. 261(15),* 2229–2235.
251 *gestegen met een ongelofelijke factor tien:* Burke, K.C., Burke, J.D. Jr., Rae, D.S. & Regier, D.A. (1991). Comparing age at onset of major depression and other psychiatric disorders by birth cohorts in five US community populations. *Archives of General Psychiatry, 48(9),* 789–795.
254 *'[...] als er 'alloparents', bijvoorbeeld een grootouder, aanwezig zijn.':* Else, L. (2006, 8 april).Meet the Alloparents. *New Scientist.*
258 *Het gemiddelde kind ongeveer 16.000 nagespeelde moorden en 200.0000 geweldsdaden op televisie heeft gezien tegen de tijd dat hij of zij achttien is:* American Psychiatric Association. (1998). Psychiatric effects of media violence. APA Online.

Index

*= (Betekent dat de naam een pseudoniem is)

291